災害時の要介護者へのケア

いのちとくらしの尊厳を守るために

後藤真澄・高橋美岐子=編集

中央法規

はじめに

　2011（平成23）年３月に発生した東日本大震災では、岩手・宮城・福島をはじめとする被災地で多くの方が犠牲となった。犠牲となられた方々のなかには津波などの被害に直接あわなくとも、その後の生活環境、衛生状態、心的要因等により亡くなられた方も多い。また、震災がきっかけで、これまでの持病、もしくは新たな疾病等を発症する人々や認知症の悪化、震災関連死等も多く発生した。その理由は、頻回な余震による恐怖やライフラインの破綻に伴う生活や環境の変化（施設によっては停電のためにホールでの集団生活、居宅介護者では、独居や老老介護などによる介護力の低下）、十分なサービスができなかったことなどが影響したと考えられる。発災直後から要介護者の医療のみならず、介護力の確保が重要であり、また、長期間のケアも必要とされる。

　私たちは、被災地の高齢者ケア施設・事業所への聞き取り調査や支援活動に取り組むなかで、介護職が、自分も被災者でありながら災害直後から奮闘し、急場を必死で切り抜け、活躍してきた姿を見聞きした。彼らの努力や経験は、賞賛に値するものであり、伝えられ活かされるべきものである。だが、彼らの真剣に取り組んできた様子を知るたびに、災害時のケアのあり方を深く考えさせられた。いまだ「災害介護」という概念も定義もないなかで、全体が見えない手探りの対応を迫られたのである。これまでの災害経験から災害時のケアの重要性が認知され始めている。

　本書は、介護福祉の領域において、災害時に果たす役割が大きいことを再確認し、これまでの経験や学びの蓄積を活かし、一人でも多くの人が苦しみから救われるお手伝いをしていきたいと考えまとめたものである。なお、本文中※が付してある語句は、巻末に災害関係用語集として収載しているので、学習や実務の際に参考にしていただきたい。いまだ未成熟であるが災害時のケアを一歩でも前進させることを願ってやまない。

　「最後までいのちとくらしの尊厳を守ることのできるケア」への取り組みをはじめていきたい。

2013年12月

中部学院大学人間福祉学部教授
後藤　真澄

> 　私は、震災当日スウェーデンで研修をしていた。町のレストランに入ると日本のために募金活動がなされていた。私たちのためにすぐさま動いていただけた気持ちに、こころから感謝し涙があふれた。
> 　日本に帰って私にもできることをしようとこころに誓った日である。
> 　　　　　　　　　　　　　2011．3．11

目 次
はじめに

I 災害の経験知から学んだこと

1 災害時における要介護者の支援の変遷 ... 2

2 東日本大震災から見えてきたこと
　―介護福祉の視点から― ... 5

3 震災報道からみる介護福祉の現状と課題 ... 7
　1 避難所、福祉避難所の状況 ... 7
　2 介護職派遣の状況 ... 8
　3 災害時の医療の状況 ... 9
　4 介護保障の基軸 ... 10

4 災害介護の果たした役割と活動内容 ... 11
　1 発災直後からの救護、避難活動 ... 12
　2 避難場所での避難生活開始 ... 12
　3 災害過程別（直後、1週間、1か月）の活動内容と役割 ... 13

II 災害についての基礎知識

1 はじめに ... 18

2 災害の定義 ... 19

3 災害の種類と特性　20

- 1　災害の種類　20
- 2　災害発生地域・特徴　21
- 3　災害の特性　21

4 自然災害の歴史　23

- 1　世界における自然災害の歴史　23
- 2　日本における自然災害の歴史　23

5 自然災害の今日的課題　25

- 1　国土の特徴（気象変動と地盤・地殻変動）　25
- 2　高齢化と災害脆弱性　25
- 3　都市化の進展と災害脆弱性　26
- 4　コミュニティの構成変化と災害脆弱性　27

6 災害がいのち、くらしに及ぼす影響　29

- 1　災害発生地域の特徴から起こる問題　29
- 2　被災別に起こる健康（いのち）問題　29
- 3　災害によって起こるくらしへの影響　30

III 被災者支援に関する法制度

1 被災者支援に関する法律の概要　34

2 包括的な法律としての災害対策基本法　36
―災害予防から災害復旧まで―

- 1　総則　36
- 2　災害予防　37
- 3　災害応急対策　39

4	災害復旧など	41
5	災害緊急事態	41

3 災害直後の法制度　43

1	災害救助法	43
2	その他の法律	50

4 生活再建に向けた法制度　52

1	災害弔慰金、災害障害見舞金、災害援護資金	52
2	住宅の再建等に関する法律	55
3	社会福祉施設の復旧への支援	58
4	まちづくりに関する法律	59

5 雇用に向けた支援　61

Ⅳ 支え合う関係

1 災害時要援護者とは　64

1	災害時要援護者の定義	64
2	要援護者が災害時に陥りやすいことがら	65

2 災害時要援護者への支援のあり方　66

1	支援者とは	66
2	要介護者の特徴と支援の留意点	66

3 災害情報の収集と伝達　68

1	災害情報の収集	68
2	災害時要援護者の情報の共有	68

4 災害時における連携とネットワーク　71

- 1　医療、行政機関、他部門との連携方法　71
- 2　地域のネットワーク構築事例　73

5 互助型「災害派遣ケアチーム」結成に向けて　80

- 1　学びと次への備え（BCP：事業継続計画）　80
- 2　地域における防災対策　80
- 3　全国老人保健施設協議会の動向　81

6 災害時のボランティア活動　82

- 1　災害時のボランティアのあり方　82
- 2　災害時のボランティア活動のあり方　84
- 3　介護福祉士会のボランティア活動の事例　85
- 4　福祉避難所「炭の家」での活動とチームケア　87

7 災害時介護の倫理　93

- 1　介護ボランティアの倫理　93
- 2　被災者への接し方　94
- 3　人としての倫理「ならぬことはならぬものです」　94

V　災害時の介護活動と役割

1 時間経過、時期別の介護活動と役割　98

- 1　準備期　98
- 2　災害発生時　107
- 3　避難期　117
- 4　復興・復旧期　123
- コラム　災害発生から避難生活までの生活実態—東日本大震災の体験レポートから—　127

2 ライフラインが停止した状態での介護活動と役割　135

- 1　避難所生活のケア　135
- 2　災害時の環境調整の工夫と応用　136
- 3　感染予防・保健衛生　139
- 4　栄養管理とケア　148
- 5　身だしなみのケア　156
- 6　皮膚、粘膜の清潔ケア　159
- 7　排泄ケア　163
- 8　活動と休息へのケア　167
- 9　移動へのケア　173

3 災害時の障害形態別による介護活動と役割　175

- 1　医療的ケアへの対応　175
- 2　薬に関する管理や対応、記録の管理　185
- 3　認知症状や精神症状への対応　189
- 4　災害時のグリーフケア　191

4 災害時の介護施設における役割と事業継続計画（BCP）活動　198

- 1　災害時に求められる介護施設の役割　198
- 2　介護施設におけるBCP　198
- 3　広域的な相互支援のしくみ　203

VI 災害時の介護過程

1 災害時個別事例の展開例　208

災害関係用語集
おわりに

I

災害の経験知から学んだこと

1 災害時における要介護者の支援の変遷

　わが国は、最も多くの自然災害が発生している国であり、阪神・淡路大震災以降、新潟県中越地震、新潟県中越沖地震等の教訓を活かして、総合的な防災対策を進めてきている（表1-1）。

　今までの災害時の支援過程を振り返ると、1995（平成7）年の阪神・淡路大震災では、6000人を超える方々が犠牲となった。その半数を占めたのが高齢者であり、要介護者※等への支援が不足することが顕在化した。

　そのため、厚生省（当時）内に発足した災害救助研究会は「災害救助マニュアル」（1997）を策定し、このマニュアルに基づき、社会福祉施設を障害者のための「福祉避難所※」として設置するよう通達を出し、避難所での生活が困難な災害時要援護者のための福祉避難所の整備を図ってきた（厚生省・災害救助研究会、1998）。

　また、全国社会福祉協議会では、「障害のある人への災害対策」（1996.3）および「社会福祉関係災害対策要綱」（1996.10）をまとめ、ボランティアの育成やコーディネーターの役割を明確にしてきた。

　これらの経験をもとに、2004（平成16）年の新潟県中越地震では、初めて虚弱高齢者専用の福祉避難所を設置した。しかし、それは災害救助法に基づく正式なものではなかった。福祉避難所のない一般の避難所の被災者から「高齢者向けの設備がない」「乳児の泣き声で周囲の被災者に迷惑がかかる」などの意見が出たことなどにより設置されたものであり、効果的には機能しなかったと報じられている。一般住民においても自動車の中で過ごす被災者にエコノミークラス症候群が多発するなどの問題も報道された。

　このことを受け、「災害時要援護者※の避難支援ガイドライン」（内閣府、2005）を策定し、同年9月からは「災害時要援護者の避難支援に関する検討会」も発足した。のち、「災害時要援護者の避難支援ガイドライン」が改訂され、災害時に「福祉避難所」としての機能を果たす社会福祉施設を、各市町村があらかじめ指定しておく取り組みを始めた。

　2007（平成19）年の新潟県中越沖地震（大震災でない）においては、福祉避難所が発災翌日から設置され、柏崎市および刈羽村、新潟市の計9か所が設置された。これらは、災害救助法に基づくものと位置付けられ、設置時期も極めて早く、組織的に行われたのが特徴であった。この時、新潟県保健福祉部①は、エコノミークラス症候群※や災害関連死※がほ

---

①新潟県福祉保健部「新潟県中越沖地震における福祉保健部の対応状況」2008年

表1-1 日本の震災の状況の比較

	東日本大震災	新潟県中越沖地震	新潟県中越地震	阪神・淡路大震災
発生年月日	2011.3.11	2007.7.16	2004.10.23	1995.1.17
マグニチュード	9	6.8	6.8	7.3
被害甚大地域	岩手、宮城、福島県	新潟県	新潟県	兵庫県
死者数/行方不明者数	15,883人/2,667人（＊1）	15人/0人（＊2）	68人/0人（＊3）	6,434人/3人（＊4）
負傷者数	6,145人	2,316人	4,805人	43,792人
被害総額/国家予算	約16兆円〜25兆円/85兆円	1.5兆円/1.5兆円	3兆円/3.3兆円	約10兆円/70兆円
災害の特徴	スーパー広域型、複合型（地震、津波、原発）軽い外傷や低体温症などが中心、長期化	原子力発電所の火災が発生、住宅による圧死	自家用車など車中で避難生活をしていたことによるエコノミークラス症候群が死因	都市型で住宅倒壊による圧死
高齢者施設被災状況	373	87	113	全壊1、半壊1
要介護者対策	DMAT派遣、災害援助の医師であふれかえる。避難所に常駐しての医療活動と自宅避難の方たちの巡回診療実施。介護保険導入しているがサービス事業所も被災しサービス提供が困難で介護生活が困窮した。	日本DMAT派遣、福祉避難所を設置し、避難所の災害時要援護者の支援を行う。震災6日目から保健師、介護士等による在宅者の健康福祉ニーズ調査をし、対応を図る。	全国的に要請されたDMATはなし。福祉避難所が初めて設置されるが、災害基本法に基づくものではなく、必要によって開設され十分な機能を果たせなかった。	介護保険導入されていないため、要介護者の対応ができていない。高齢者を救い出そうと地域の老人福祉施設が様々な対応を行った。

＊1　警察庁（2013年7月10日）
＊2　新潟県災害対策本部（2007年12月14日）
＊3　消防庁（2009年10月21日）
＊4　消防庁（2006年5月19日）

とんどなかったと伝えている。評価できる活動として、発災後6日目から全世帯を対象とした訪問による健康福祉ニーズ調査を開始したことである。厚生労働省等からの呼びかけに応じて全国各地から応援者が集まり、組織的な調査が行われたことは特記される。新潟県中越沖地震の際には、健康福祉ニーズ調査や介護職の派遣、エコノミークラス症候群対策、障害者相談支援センターの設置等の活動が、初めて組織的に行われ、福祉施設および福祉避難所の運営、避難所の災害時要援護者の支援等により、避難者等の福祉水準の確保を図ることに努めてきたといえよう。

　厚生労働省は、これらの経験を活かし「避難支援プラン全体計画」の策定を目標に掲げ「福祉避難所設置・運営に関するガイドライン」（厚生労働省、2008）を策定した。日本

I　災害の経験知から学んだこと

介護福祉士会においても新潟県中越沖地震の反省により介護福祉士が専門性を発揮してかかわれるように、生活ニーズをとらえるシートとして「介護福祉支援ボランティア・マニュアル」(2009.3)を出し、活用した。医療ニーズと同様に介護ニーズも早期から必要であることが理解され、専門的な訓練を受けた人による迅速な対応が求められるようになった。

──────────────────────────

②日本介護福祉士会「災害時における介護福祉支援ボランティア・マニュアル」2009年

2 東日本大震災から見えてきたこと
―介護福祉の視点から―

　東日本大震災で介護職ボランティアの派遣が遅れ、要介護者やその介護にあたる人たちが過酷な状況におかれた。その理由の1つには、災害時の要介護者への介護と介護する人を支えるしくみが確立していなかったためである。今まで災害時の医療ニーズに関しては、誰もがその重要性を認識していたが、介護ニーズに関しては後回しになっていた。

　2011（平成23）年3月に起こった東日本大震災では、阪神・淡路大震災の3倍にも上る未曾有の大災害であり、1年経過後も災害時要援護者が避難生活を余儀なくされ、介護福祉の必要性が叫ばれた。今回、厚生労働省統計[3]によると宮城県、岩手県、福島県の被災した高齢者入所施設の推計は52施設、入所者死亡・行方不明者485人、職員では173人にも及ぶ。そのなかでも、宮城県の被害が特に甚大であり、甚大被災施設の73％、入所者死亡・行方不明者64％にも及び、多くの要介護高齢者やその介護者が犠牲になった（図1－1）。また、福島は原発事故の影響で別の意味で大変な状況にあった。

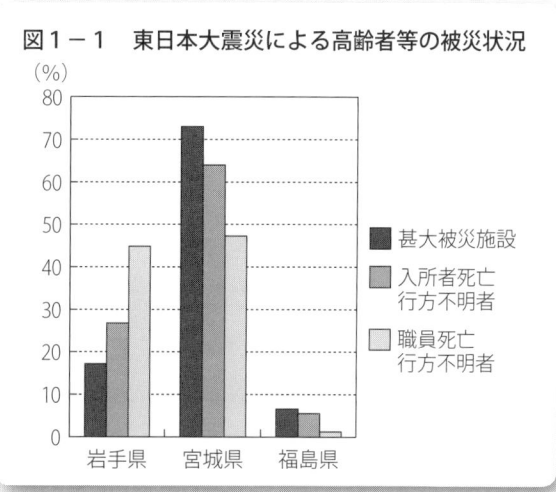

図1－1　東日本大震災による高齢者等の被災状況

（凡例）甚大被災施設／入所者死亡行方不明者／職員死亡行方不明者

写真1－1　甚大な被害：沿岸部の福祉施設
＜南三陸町　特別養護老人ホーム　慈恵園＞

入所者とショートステイ利用者計67人のうち46人が死亡、2人が行方不明になり、職員も1人が亡くなった。

──────────
[3] 厚生労働省老健局「第3回災害医療等のあり方に関する検討会資料1」2011年

一方、「医療に関しては、震災直後に全国から多くの災害派遣医療チーム（Disaster Medical Assistance Team：DMAT）④*が集結し、震災翌日には仙台は災害援助の医師であふれかえる状況であった」と久志本は述べている。2日後には沿岸部においても医療チームが派遣され、慢性疾患の救急患者や感染症患者の対応におわれたが、その他、被災地医療支援のために、多数の医療チームがさまざまな形で派遣され続けてきた。日本医師会災害医療チーム（Japan Medical Association Team：JMAT）⑤*は、主にDMAT撤収後の被災地医療を支援しており、国立病院機構も被災した機構内病院の支援だけでなく、DMATや避難所で医療支援等を行う医療班の派遣を行った。また、精神科医などの専門家からなる「心のケアチーム」⑥*も、避難所へ派遣され活躍した。

　このように災害医療チームは迅速に立ち上がり、その後の医療活動に関しても継続された。せっかく救ったいのちも、その後の生活のありようによって、守れないことを今回の震災で経験させられた。

　要介護者への医療と介護は、初動から必要であるにもかかわらず、介護の支援の手が遅れ、その量も不足した。その結果、高齢者の災害関連死や要介護状態の悪化、そして介護を支える被災地の介護職のバーンアウトや体調不良が起こってしまった。この経験からの学びを活かしていかねばならない。

　よって、災害時における「いのちやくらしの尊厳を守るケアとそのケアを支援する体制づくり」が喫緊の課題となる。

　これまでに「災害時要援護者」への対策と、これと関連させる形で「災害介護ボランティア」の受け入れを検討してきたが、今後は、自助、共助、公助を含めた総合的な支援対策が切に望まれる。

---

④ DMATとは、災害急性期に活動できる機動性をもったトレーニングを受けた医療チームであり、災害拠点病院に所属する医師、看護師、事務によって構成される。
⑤ 久志本成樹『石巻赤十字病院、気仙沼市立病院、東北大学病院が救った命』アスペクト、109頁、2011年
⑥ 心のケアチームとは、精神科医を中心としたメンバーで構成される精神医療チームであり、災害などにより精神的ダメージに対する治療やストレス反応を軽減するために精神科医、看護師、保健師、臨床心理士、精神保健福祉士などによって構成される。

3 震災報道からみる介護福祉の現状と課題

1 避難所、福祉避難所の状況

　災害救助法では、避難生活は原則として7日間を想定している。しかし、東日本大震災では、被災地の復旧に時間を要し、避難が長期化し災害関連死の増加が危惧された[7]。今回は、「関連死」と認定された人が、東北では岩手、宮城、山形、福島4県の56市町村で少なくとも1521人に及ぶ[8]。

　震災関連死とは、長期間の避難生活が続くと強いストレスを引き起こす場合が多く、劣悪な環境や介助が行き届かない避難所での生活において死亡することをいう。

　東日本大震災では被害が広範囲にわたり、多くの福祉施設が被災した。なかでも沿岸部地域の要介護者は福祉施設が全壊し、まずは近隣にある一般の避難所に避難した。避難所には要介護者や災害時要援護者と一般の避難者が混在するところも多く、手すりや障害者用トイレの設備がなく、生活が困窮していた。

　「福祉避難所」は、1995（平成7）年の阪神・淡路大震災のときに、介護の必要な高齢者・障害者も避難できるよう、避難所の体制を整えるために設置された避難所である。この時点においては、福祉避難所を指定している市町村は全国（全体）の34％にとどまっていた。被災した宮城県では40％であったが、岩手県では14.7％、福島県では18.6％であった[9]。仙台市では、事前に多数の福祉避難所を指定していたため、30か所を順次開設するなど、スムーズに始動したと報じられている。

　しかし、実際には、甚大な被害を受けた岩手、宮城、福島の3県の介護施設で、施設の入居定員を超える要介護高齢者が計937人に上ることが、各県への取材で分かっている[10]。一般の人たちと同じ避難所の生活が困難な要介護者は、いったん病院に運ばれたが、さらに病院から福祉避難所の指定を受けた遊学館やアリーナ（体育館等）に移された。要介護者は、自宅や施設に行くあてもなく、1か月以上にわたる避難所生活が続いた。そこでは看護師らが泊まり込み、ボランティアも多く集まってきたが、専門的知識をもった介護の

---

[7]「震災関連死の疑い282人」『読売新聞』2011年4月11日夕刊
[8]「心労募る／「あと5年生きられた」」『河北新聞』2012年3月25日
[9]厚生労働省社会・援護局関係主管課長会議資料「福祉避難所の指定状況について」2010年3月31日
[10]「要介護者支援」『河北新聞』2011年3月31日

Ⅰ 災害の経験知から学んだこと

手は不足であると指摘⑪、慣れない避難所生活で肺炎を繰り返し、病状が悪化する人や認知症の悪化など、多数出ていると報道された。また、車で２、３時間移動しないとたどり着けないような山の中に認知症専門の福祉避難所がおかれた⑫。

以上のように、「福祉避難所」が現実には介護の必要な高齢者・障害者だけを集めてひとところに収容する施設と化していたのである。行政機関は避難所等の拠点づくりへの対応で精一杯というところであり、専門職の派遣というところまで手が及ばなかった。

今後は、なじみの関係を崩さないように、地域の人たちの避難所の一角を福祉避難所として、介助員を配置するなど地域による支援体制、人員の確保を強化する工夫が求められる。

2 介護職派遣の状況

「介護の支援」は「医療の支援」と同様に必要であった。厚生労働省は、震災発生直後から現地の救援活動を円滑に行えるよう、規制緩和等を行い、医療・介護職の派遣を要請してきた。これは被災した要介護者の支援にとどまらず、その支援にあたる被災医療・介護職も休息をとり、自分自身の生活再建や医療・介護の復興を進めるために必要である。

厚生労働省は、被災県の社会福祉施設や避難所等に介護職等を派遣するため、各都道府県等に社会福祉施設等の職員派遣を依頼（3月15日）、派遣可能人数を把握して被災県に連絡（3月18日～）、派遣可能人数が7719人（介護施設等以外を含む）であったのに対し、実際の派遣状況は、1392人（岩手県289人、宮城県999人、福島県104人）であった。また、日本介護福祉士会より、宮城県に78人の介護福祉士を派遣（4月3日～）、岩手県に67人の介護福祉士を派遣（4月28日～）した⑬。また、宮城県の要請を受け宮城県介護福祉士会においても3月19日から、県内各地の避難所17か所に、介護ボランティアを派遣した。

震災前から災害時の派遣に対応できる会員の登録といった対策は進めていたが、初動態勢を含め多くの課題が生じた。まず、第一に派遣人数が不足した。日本介護福祉士会（東京）と連携し、全国のボランティアの応援を受け、5月末までに延べ500人を派遣したが、被災規模が大きすぎてすべてはカバーしきれなかった。また、外部からの応援体制づくりに加え、地元の調整役をどう配置するかなどの問題も残ったと指摘している。行政機関とともに、さまざまな職業団体が核となって動いたが、介護職派遣へのシステムがないために、派遣希望者とニーズとをマッチングさせ、調整することが難しい状況であったといえる。

本当は、介護ボランティアの需要は十分あったが、供給量が正確に把握できないことや

⑪「心身不安定／ほかの避難者もストレス限界」『河北新聞』2011年3月31日
⑫ NHK「TVシンポジウム：震災から見えてきた認知症の治療とケア」2010年10月22日
⑬厚生労働省老健局「第3回災害医療等のあり方に関する検討会」2011年

写真1-2　公立志津川病院

看護師ら4人の病院スタッフ、入院患者109人中67人が津波に飲み込まれた。救出に間に合わなかった患者7人が低体温症や低酸素症で死亡した。

派遣するための方法や調整などの機能が不十分であったことが問題であった。

　この問題を機に、介護や福祉の分野では、災害時、DMATのように自動的に動ける派遣システムがなく、DMATと対になる形の支援が必要ではないかという提起がなされた[14]。

3　災害時の医療の状況

　わが国の災害医療は、1995(平成7)年の阪神・淡路大震災で「避けられた災害死」が発生したことへの反省に立ち、災害拠点病院や災害派遣医療チーム(Disaster Medical Assistance Team：DMAT)が整備されてきた。DMATとは、自己完結型の医療チームで、災害後の急性期(おおむね48時間以内)に迅速に被災地に駆けつけ、①消防機関等と連携してのトリアージ、緊急治療等の現場活動、②被災地病院支援、③消防ヘリや救急車等による近隣・域内の後方搬送時の医療支援、④広域搬送を行う。東日本大震災では過去最大の約380チーム(計約1800人)が活動した[15]。今回の震災では津波被害が大きかったため、外科的救急医療に対する需要は相対的に小さく、慢性期・慢性疾患への対応が課題となった医療施設の被災や水道や電気等のライフラインの断絶、物流の混乱による医薬品不足が著しかったため、人工透析患者や糖尿病などの慢性病患者の症状悪化を防ぐ目的で、患者の域内搬送・広域搬送等で活躍することが多かった。

　その他には、日本医師会災害医療チーム(Japan Medical Association Team：JMAT)は、主にDMAT撤収後の被災地医療を支援しており、地元の医療体制が復旧す

[14]「介護支援、初動から必要／避難所で悪化例多数」『河北新聞』2012年2月18日
[15]「長期の医療ケア重要緊急チーム活躍難しく」『読売新聞』2011年3月17日

るまで支援が長期化する見通しである。⑯

　医療面においては、震災により医療過疎地になった地域の診療所に対する公的な支援が薄いことも、再建の歩みを鈍らせており、地域の医療システムの正常化につなげていく課題が残された。

4　介護保障の基軸

　今後は、いのちを守るレスキュー（DMAT）とくらしを守るレスキュー（Disaster Care Assistance Team：DCAT）＊が連動して、要介護被災者を支援するしくみが望まれる。

　これまでは医療が最優先、福祉は後のケアと考えられてきたが、要介護者にとっては、24時間365日という時間のなかで、くらしは連続し、繰り返し営まれるもので、1分たりとて止めることはできないのである。

　介護保障の基軸は「介護」や「生活」をいかにとらえるかという理念によって決められている。たとえ災害時であったとしても「いのちの保障」と連動し「くらしの保障」も迅速に行われる体制が必要不可欠となる。

　そういった理由からくらしを守るレスキュー（DCAT）の結成への提案をしたい。

図1-2　いのちを守るレスキューとくらしを守るレスキュー

いのちを守るレスキュー	くらしを守るレスキュー
●警察、自衛隊　災害派遣医療チーム ●Disaster Medical Assistance Team（DMAT） ●医師、看護師、救急救命士、薬剤師、等　専門的医療チーム	●Disaster Care Assistance Team（DCAT） ●介護福祉、慢性期の看護、リハビリ等によるチーム

⑯「医療が元通りになるまで」『医療介護CB　ニュース』2011年4月6日

4 災害介護の果たした役割と活動内容

　災害時の犠牲者の多くは高齢者であり、要介護者のケアにあたる介護職の災害時の役割の重要性はすでに認識されてきている。今後は、災害時に要介護者への支援として、災害派遣医療チーム（DMAT）と連動するように災害直後から活動できるケアチーム（Disaster Care Assistance Team：DCAT）の派遣システムへの構築をしなければならない。

　今回の東日本大震災で介護職が果たした役割と活動内容を、災害時の介護に実際あたった介護者へのインタビューを通して、災害過程別に整理し、さらに新たな挑戦として今後のあり方の全体像を示した（図1-3）。

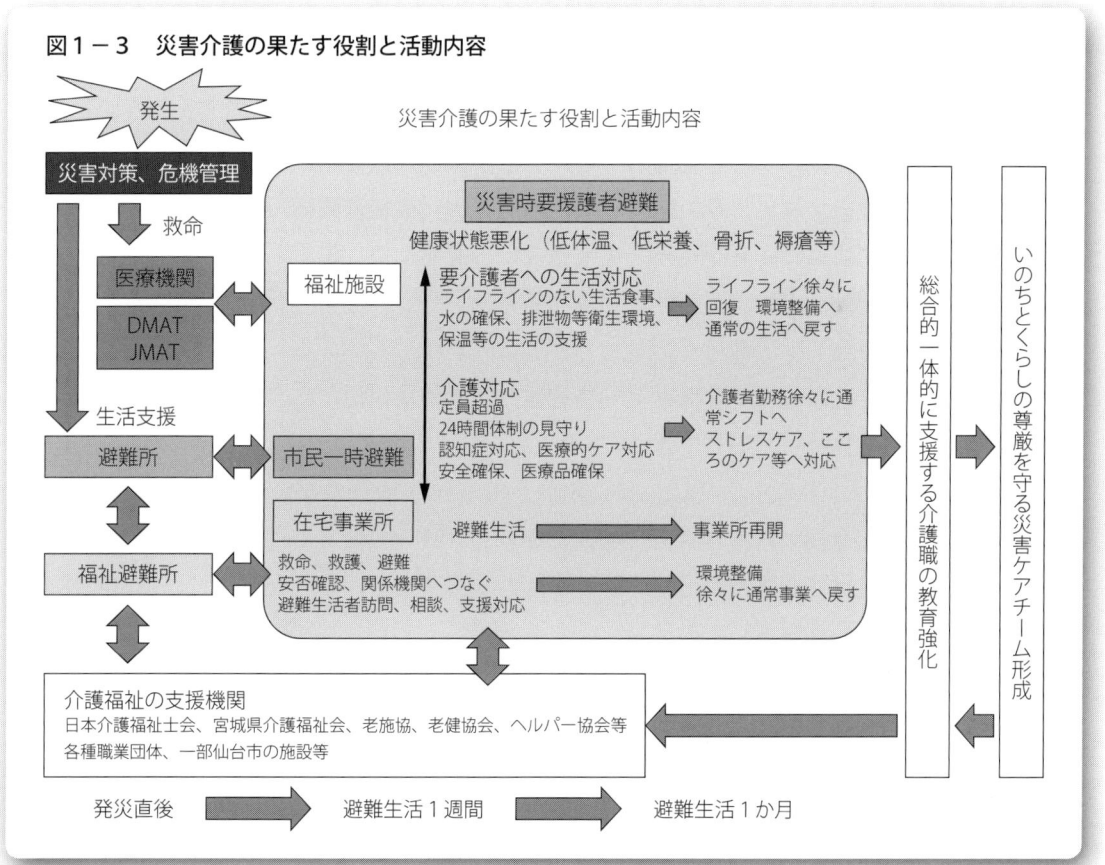

図1-3　災害介護の果たす役割と活動内容

1　発災直後からの救護、避難活動

　まず、発災直後は、大規模な複合的大災害であり、種類や程度、被害の状況は地域差（内陸と沿岸部）が大きかった。ひどいところでは情報が全く入らず、ライフラインが途絶し孤立状態となった。災害対策本部との連絡を取りながらも、はじめに利用者・職員の安否確認と緊急避難を行った。

　救護活動では、緊急事態の人や骨折等のけが人を医療機関に搬送し救命救急活動を行った。

　次に安全な場への避難誘導を開始した。津波のない内陸部の被害は、地盤沈下や亀裂が生じインフラは断絶したが施設の建物の被害は少なく、むしろホールなど共用部分に広いスペースがある施設は、地域の人も含め一時的緊急避難の場所として受け入れ、避難施設としての役割を果たした。

　その後、一般市民は避難所へ移動した。避難所のなかで生活に支障をきたしている人は、さらに福祉避難所への移動を余儀なくされた。

2　避難場所での避難生活開始

　沿岸部では、津波による地域の崩壊によって孤立状態となり、避難の場所も避難方法も①～⑤のようにさまざまであった。

① 被災地から全員の入所者を他県へ避難（沿岸部老人保健施設）
② 自治体の災害マニュアルに基づいて指定避難所（福祉避難所）へ避難
③ 事業者や同法人の安全な施設（福祉施設）へ避難
④ 避難所へ避難
⑤ 被災した自宅で生活継続

　とりあえずは、生命の安全確保を第一に避難し、その後状況に応じて、適切な場所と、さらに生活の場を移動し対応してきた。

　福祉施設における避難生活では、長い期間余震も続き情報のないなかで、状況判断に困った。また、交通網が遮断し物流が困難となり、3日分の備蓄では不足し不安と混乱状況にあった。職員は他機関との連絡・調整を図り、備蓄を分け合うなどして、不眠不休で3日間堪え忍び、介護職としての役割を果たした。

　災害時要援護者の居宅事業所となる地域包括支援センターや在宅介護支援センター等の相談機関では、一般高齢者・二次予防対象者・予防給付対象者の安否確認と避難所や担当部署へのつなぎ役を務めた。

　在宅事業所は、交通網が寸断されたために一時的に事業所は休業状態となったが、福祉避難所への応援に出向いたところが多い。

　福祉施設での対応は、施設の入所者のほか、受け入れた被災者へのケアに追われた。内

陸部では1～2週間後からライフラインが復旧し、通常の業務へ戻すように努力した。しかし、沿岸部は復旧までに1か月近くかかり、問題が長期化・複雑化し、心身や社会経済的なダメージを受けた人も多い。

　今回の震災では、全体像が見えないなかで応急的な対応がなされた。今後は、総合的・一体的な福祉のトリアージのもとに、適切な環境に避難誘導し、適切なケアが受けられるようにしたい。そのためにも災害時における介護福祉教育体制を整え、いのちとくらしを守るケアチームの編成が望まれる。

3　災害過程別（直後、1週間、1か月）の活動内容と役割

(1)　生活の状況

　避難所での被災生活は、内陸部、沿岸部ともにライフラインの停止で懐中電灯やろうそくの灯りでの生活となる。闇と寒さと飢えにより、多くの入所者は身体的、精神的に不安定に陥った。避難所は、人であふれ雑魚寝状態で身動きがとれず、高齢者の機能低下につながった。物資は3、4日目くらいから届き、物や人の支援を調整する人がいないと不満が続出し、逆に混乱状態に陥った。

　被災生活では、寒さのために低体温症に陥る人もいた。また、材料の調達や調理ができないことによる偏食や低栄養になった人や、水が出ないため入浴や洗濯ができず、身体の清潔の保持ができなくなり、皮膚障害や感染症にかかった人もいた。そのうえに、排泄物やゴミの処理等に困難で臭気等衛生上の問題が生じた。どのような状況下におかれても自然の資源活用をして生活するアウトドア的な生活への工夫が必要とされた。介護職は、有効に資源活用する能力が求められた。

　その後、一般の市民と災害時要援護者の避難を類別し、災害時要援護者の福祉避難所として施設への被災者の受け入れと対応が求められた。早いところでは、3か月後から仮設住宅＊が建ち始め、福祉避難所で避難していた利用者やその家族も仮設住宅へ移動した。

(2)　利用者の状況

　在宅サービス利用者は一次避難所から福祉避難所へと移動し、仮設住宅が建つまで避難生活を余儀なくされた。仮設住宅へ移動するまでの利用者の心身の状況は、低体温症や感染症、病状の悪化等で亡くなる人がいた（関連死）。施設入所者においても同様の関連死が見られたが、その数は少ない。

　むしろ、施設では1か所に集まり集団ケアをすることにより、人との関係をもつことで不安を和らげていた。逆に動きが制限されることによって筋力低下が進み日常生活動作（Activities of Daily Living：ADL）が低下した。静脈血栓の予防やエコノミークラス症候群、廃用症候群の予防を行うなどの対策を講じていたが十分でなかった。また、エアマットが使えず、職員の手も行き届かず褥瘡を発生させたなど、介護力の不足から予防的

(3) 介護職の対応

　介護職の対応では、ライフラインのないなかでの生活として環境の調整と工夫が求められた。第一に環境衛生面への対応である。集団生活による感染症（インフルエンザ、ノロウイルス）が発生し、感染予防対策や保健衛生の管理が重要となった。介護職の支援では、調理・食事介助の方法として、食卓用コンロで汁物や雑炊等をつくり、食べやすくしたが、嚥下困難な人が誤嚥を起こしたこともあった。1日2回通常の半分（700kcal）を維持するも、栄養不足で体調を崩す人もいた。水不足のため洗い物を出さないように食器にラップを巻いて使用し工夫をした。排泄は汚物処理が困難であり衛生面に問題があった。トイレが遠い避難所も特段の配慮はなく、間に合わず失禁が多くなった。身体はウェットティッシュで清拭し、ドライシャンプーで対応した。安眠の対応は、利用者が不安にならないように職員が見守り付き添う。介護職は、利用者に寄り添い、コミュニケーションを中心とする対応を優先し、アクティビティやリハビリへの対応は遅れた。

　障害形態別ケアでは、要介護者はさまざまな健康障害があり薬を服用しているが、記録が消失し、薬への対応や薬の入手が難しくなり困ったが、早くから災害派遣医療チーム（Disaster Medical Assistance Team：DMAT）の巡回診療等で対応してもらえた。その後も医療面では潤沢にサービスを受けることができた。呼吸器利用の人へのケアは自家発電を利用し、吸引は手動式で対応した。経管栄養の人へのケアは栄養剤が不足し、糖水やミルクで代用した。精神面のケアでは、家屋や家族が流され、大きな心的障害（PTSD）[*]に陥る人もいたが、パニックやうつなどの対応方法がわからず、こころのケアチームにつないで対応してもらった。

　認知症の行動・心理症状（BPSD）[*]は、リロケーションによって出るケースが多く、なじみの関係が崩れると症状が悪化する。なかには、認知症であっても戦争中のほうが大変だったと話し皆を励ます人もいた。

(4) ボランティア等の支援

　軽微な被害で済んだ仙台市の施設では、より大きな被害の地域へ支援に出向き、被災地へのボランティアとして指導的な役割を果たした。その結果、受け入れ先では介護ボランティアに頼り切る傾向があり、自立へ向けた支援も必要であることが反省点としてあがった。

　その一方で、多くの受け入れ施設・事業所では、介護ボランティアの依頼や調整ができずにいた。介護ボランティアを受け入れた施設は、あらかじめ施設間提携をしていた施設であった。また、ある施設では、行政から1名の介護ボランティアの派遣があり認知症高齢者の話し相手、見守りをしてもらった。その他の施設・事業所では、介護ボランティアの受け入れや対応の仕方がわからず、対応を危惧し受け入れを躊躇した。

　また、一部の施設では「利用者と関係が構築できている職員がかかわることが望まし

い」と判断し、要請しなかった。3日間不眠不休24時間泊まり込みで働く職員もいた。介護は日勤で勤務したものがそのまま泊まり込み、24時間、2交代等の特別勤務等を1週間～1か月近くまで継続したが、1か月の間に体調を崩す職員が出てきた（沿岸部）。人手は不足していたにもかかわらず、支援を有効に活用できずに、介護職の負担を増大させた。

(5) 見えてきた課題

 以上のように介護職の果たした役割は大きく、日頃の実践の応用として急場を切り抜けてきたといえよう。今回の介護福祉の活動から、多くの教訓を得ることができた。これらの教訓を活かし、今後の災害時の要介護者へのケアへつなぐための示唆として、以下の5つの課題に取り組む必要がある。

① 災害時のマネジメント能力の育成

 災害の犠牲になるか否かは、人間の災害に対するマネジメント能力との関係によって決まるということである。

 日頃から避難訓練をし、事業所は全壊したが1人も被害者を出さなかったところがあった。また、トップが不在で指示が出せずに、皆で考え工夫した施設もあった。社会福祉施設は、安全であり災害に強い施設として、一般の被災者や職員家族を受け入れ避難所の役割を果たした。どのような状況の人を何人受け入れ、どれくらいの期間継続したかによってもマネジメントの状況は異なる。

 今回の災害を機に、さまざまな思いや負担感をぬぐいきれずに退職者や休職者が数名いた施設もあった。介護職の担える役割を理解し、全体状況を見据えたマネジメント力をつける訓練が求められる。

② 情報収集と管理システムの構築

 大規模な災害では、情報が伝わらずに不安や混乱が増大する。どのように情報を得るかを平時から訓練しておく必要がある。

 また、被災者の個人情報についても守秘義務があり自治組織のなかでも共有されずにいた。いざというときに備えて迅速、安全な支援を提供するための情報の管理システムが重要である。福祉施設の記録の管理に関しても、電子カルテのみならず、記録でも残す工夫が必要であった。個人の健康状態に関する記録（薬や処置の情報）が喪失し、対応に困った。

 福祉避難所においても被災者へのケアを行うにあたって個人記録を残す必要があったが、その記録を管理するしくみが不十分であり、後に、事務処理に忙殺されたという経験があった。災害時の記録の管理システムを整備しておく必要がある。

③ 災害時ネットワークの強化

　災害により交通網や情報網が断絶し、地域が崩壊したような状況のなかでは、まず自分たちができることから行うことが鉄則である。今回の震災経験からは、近隣地域住民とは災害によってつながりを強めた。このことは、東北という地域性にあったといえる。

　また、医療的な活動も迅速に対応したが、ボランティア団体などの支援機関やそれをバックアップする行政機関等との連携・協働はスムーズに行えなかった所も多い。これらの要因は、被害に伴う環境的要因が大きいが、平時からの職業団体やボランティア団体、行政関係等のネットワークが構築されていなかったことも影響していた。医療のように迅速に動くネットワークを強化しておくことが大切である。

④ 災害時の倫理と価値の形成

　災害時は、集団生活であるため人間関係に対するトラブルが発生しやすい状況にある。災害時は現場で混乱をきたさないように指示命令系統を守り組織的に行動しなければならない。個別のケアにおいては、被災者への気持ちを配慮した対応が求められた。被災者のストレスとこころのケアでは、家族の心配をしてうつ状態で体調が悪くなる利用者や殺されるなどの妄想からパニックを起こした人もあった。

　なお、介護職のストレスとこころのケアでは自己管理に任された。職員のストレスマネジメントも重要だが、その余裕は現場にはなかった。家屋が流され、家族が亡くなりグリーフケアが必要な人もいたが、予想し得ない緊急時に目の前のことに追われ、介護職へのこころのケアへの対応が不十分であった。

　介護職は「いのち」や「くらし」を守っている仕事であり、仕事の使命感や倫理感への自覚はあったが、自分の生活を犠牲にしなければならない葛藤もあった。災害時の倫理的課題について考える必要性があった。

⑤ 災害時の介護福祉教育への再検討

　介護福祉養成教育には、災害時の支援における体系的な学習が組み込まれていないことが大きく影響していた。介護職への災害時介護の教育・研修のあり方への検討が必要である。

　現任教育においては、防災・救護・避難訓練等がほとんどであり、災害介護の教育や研修の必要性を感じている介護職が7割を超えている。しかし、いまだ対応できていないことも私たちの調査から得られている。

　以上のことから、災害時に対応し得るケアチームの派遣システムの結成に向けて介護職への一体的、体系的な災害時の教育が必要である。主な教育内容は、被災時の環境のなかで、資源を無駄なく活用できる応用力や判断力、近隣の地域住民とのつながりのほか、行政との連携や関係機関や関係団体との連携のもとに協働するマネジメント能力、自己の健康管理と共に、1人の命をも大切にする災害時の倫理等の教育内容が必要である。

　この経験をもとに災害時の新たな介護福祉への変革を行うことが必要である。

II 災害についての基礎知識

1 はじめに

　地震や津波、台風による豪雨など自然災害は人間の生命を脅かし、日常性に大きな打撃を与える。その時々の災害に多くの教訓を得、歴史とともに災害対策や災害時の対応などにより、災害医療や災害看護を中心として発展してきている。しかし、少子化・高齢化の進展や人口減少の問題、大都市への人口の集中、地方の過疎化等の社会環境の大きな変化は、災害時においても多くの課題をかかえている。そのなかでもとりわけ災害時要援護者（災害弱者）の災害発生時の救援・避難に関すること、避難所生活に関すること、その後の生活支援に関することなどは喫緊の課題ともいえる。2011（平成23）年に発生した東日本大震災においてもこのことは切実な問題として取り上げられ、多岐にわたる支援が実施されたところである。

　介護職は、日常的に支援が必要な高齢者や障害をもつ人を中心としてかかわり、それぞれの状況に即した支援をすることをその役割としている。災害時において介護職には、災害発生時の救援や避難はもとより、災害時要援護者の日常性を維持・回復するための支援が求められる。

　本章では、高齢者や障害をもつ要援護者を中心として、過去の反省も踏まえながら、「介護福祉は何をなしえるか」を確認するためにも基礎知識から整理して考えてみたい。

2 災害の定義

　災害とは、広辞苑によると「異常な自然現象や人為的原因によって、人間の社会生活や人命に受ける被害」とある。また、自然災害辞典では「自然作用または人為的作用が誘因で、地域の人間社会生活環境に損害や危害をあたえ、かつ人命に関わる現象もしくは人命に関わるおそれのある現象をいう」とされている。

　災害は、ある現象が生じて人間生活がなんらかの形で破壊されることをいうのであり、広範囲な破壊の結果、何らかの援助を必要とする程の規模で生じた深刻かつ急激な出来事である。

　災害対策基本法（昭和36年法律第223号）では、災害の定義を次のように示している。災害とは、「暴風、竜巻、豪雨、豪雪、洪水、崖崩れ、土石流、高潮、地震、津波、噴火、地滑りその他の異常な自然現象又は大規模な火事若しくは爆発その他その及ぼす被害の程度においてこれらに類する政令で定める原因により生ずる被害」をいう。近年、竜巻による大きな被害が発生していることを受け、また、竜巻による災害の特殊性などを考慮し、異常な自然現象の例示として、2012（平成24）年6月の法律の一部改正では「竜巻」が追加された。

　日本列島は自然条件から災害に見舞われやすい国土で、毎年のように地震、津波、台風、豪雨、火山噴火、竜巻などによる災害が起こっている。今後30年以内に巨大地震の発生する確率は、「東海地震」88％、「東南海地震」70％、「南海地震」60％と予測されている。世界の地震の約20％が日本付近で発生していることを知り、十分な地震への意識を高め、備えることが大切である。

3 災害の種類と特性

　わが国の防災行政で把握される災害の種類にはどのようなものがあり、世界の状況はどのようになっているのか、過去の主な災害から現在の災害の実態をとらえてみる。
　災害を大きく分けると自然災害と人為的災害の2つになる（表2-1）。自然災害には、台風等の風災や降雨災害、豪雪による雪害などからなる気象災害、地震災害や火山災害や地滑り災害などからなるものがあり、日本の災害として代表的なものは、地震や台風等にみられる風水害である。ゆえに、わが国では一般的に「地震」「火災」「台風」を災害因であるととらえる。しかし、世界的な災害統計を紐解くと、その犠牲者の数が最も多いのは、「飢餓」「疫病」「革命」「戦争」を災害因としてとらえている。

1 災害の種類

＜自然災害＞
　地殻の変動や気象変化によって引き起こされる災害をいうものであり、自然災害はさらに短期型と長期型に分けることができる。
①短期型……地震、津波、火山噴火、台風、竜巻など
②長期型……洪水、豪雪、干ばつ、森林火災など
　一般的には以上のように分類されているが、災害は短期型であっても2011（平成23）年に発生した東日本大震災のように、人々の生活への影響は長期にわたることも多い。
＜人為的災害＞
　何らかの人為的要素が加わって起きた災害をいう。

表2-1 災害の種類

	自然災害	人為的災害
気象変化	台風、豪雨、洪水、暴風、竜巻、鉄砲水、土石流、地滑り、高潮、豪雪、干ばつ、熱波、寒波など	大型交通災害（航空機、列車、船舶）、多重衝突交通事故、工場爆発、化学物質の漏洩、炭鉱事故、放射能漏出事故、テロリズム、紛争、大火災、オイルの海洋汚染など
地盤・地殻変動	地震、津波、火山噴火、火砕流など	

2　災害発生地域・特徴

　災害がどのような地域において発生したかによって、ニーズや支援内容は異なる。したがって、介護職は災害発生地域の特徴を十分理解しておくことが必要である。災害発生地域をその特徴から都市型と地方型に分類し概観する（表2-2）。

表2-2　災害発生地域・特徴

	人口密度	建築物	交通	病院	被災者	ライフライン
都市型	高い	複雑（高層ビル、地下街）	発達	多い	多数	途絶
地方型	低い	分散	悪い	少ない	少ない	・孤立しやすい ・救援物資や搬送が困難

3　災害の特性

　災害の種類や規模、発生が突発的であったか、あるいは緩徐であったか、短期間・単回性であったか、長期間・持続性であったか、その災害に対する事前の防災体制が十分であったかどうかによって、災害の特性がある。

　被害の範囲は、直接的な災害による地理的な広がり、被災地の人口、一時的な要因によって起こる被害と、その後の避難環境などの二次的要因によって起こる被害があり、これらが混在して死傷者数や被害者数が決定する。

　東日本大震災では、巨大自然災害としての①スーパー広域災害、②複合災害、③長期化災害、巨大難対応災害としての④大規模津波災害、⑤社会脆弱災害、⑥対策不全災害、巨大社会災害としての⑦市町村再編災害、⑧専門家不在災害、⑨物流災害、の9つの特徴があったと述べられている。[1]

（1）スーパー広域災害

　複数の都道府県において同時に発生した災害をスーパー広域災害という。スーパー広域災害では、①競合の問題、②対応限界の問題、③応援限界の問題、④組織的な調整の必要性、⑤広域的な支援体制が対応の課題と考えられているが[2]、東日本大震災ではこれらのすべてが被災地で問題になった。新潟県中越地震では61の孤立集落、東日本大震災におい

---

①河田惠昭「東日本大震災と関東大震災、阪神・淡路大震災との違い」阪神・淡路大震災記念　人と防災未来センター、2011年
②公益財団法人ひょうご震災記念21世紀研究機構『平成23年度 21世紀文明シンポジウム報告書―スーパー広域災害・スーパー都市災害と危機管理』2011年

Ⅱ　災害についての基礎知識

表2-3　スーパー広域災害

		巨大性		
		中・小規模		大規模	
広域性	局地的	集中豪雨 100人未満　単独府県	秋田県田沢湖土石流災害（2013）	阪神・淡路大震災 1000人以上　単独府県	フィリピン台風（2013）
	広域的	2010年チリ津波 100人未満　複数府県	台風18号（2013）	東日本大震災 1000人以上　複数府県	インド洋大津波災害（2004）

資料：河田惠昭「東日本大震災と関東大震災、阪神・淡路大震災との違い」に一部加筆

ては死者は12道都県で発生した。また、今後発生するといわれている東海・東南海・南海地震においては、被害は21都府県、4300が孤立集落になると予測されている。さらに、災害の規模（巨大性）と範囲（広域性）によって災害を分類する見解もあり、スーパー広域災害の例示として東日本大震災があげられている。今後予測されている「東海地震」「東南海地震」「南海地震」もスーパー広域災害と予測されている（表2-3）。

(2)　複合災害

災害が1つにとどまらず複数にわたる場合を複合災害という。新潟県中越地震（2004年）では大雨―地震―豪雪、東日本大震災（2011年）においては地震―津波―原子力災害などといったように、いわば、災害のダブルパンチ、トリプルパンチの状況をいう。

(3)　長期化災害

ライフラインが長期にわたって機能不全（道路、鉄道、電気、電話、ガス、水道等）に陥る場合をいう。東日本大震災では、特に津波による被害を受けた太平洋沿岸部での損害は甚大であり、地域によっては長期にわたって電気、水道、ガスなど生活に必要とされる重要なライフラインが寸断される事態となった。停電率は、2011（平成23）年3月11日20時現在で青森県99％、岩手県95％、秋田県98％、宮城県96％、山形県74％、福島県22％であった。すべての地域の停電復旧は、地震から約3か月が経過した6月2日以降である。また、津波流出や原発の警戒区域内など復旧が不可能な地域を除いた、復旧が可能な地域において断水がほぼ復旧されたのは、7月から8月下旬にかけてである。このように、東日本大震災では、月単位でライフラインが寸断されることが現実となり、人間の生活が脅かされる事態が起こった。

4 自然災害の歴史

1 世界における自然災害の歴史

　地震や火山の噴火、豪雨など世界中で自然災害が発生し、災害発生時にはその規模に応じて国際的な支援が行われている。日本の場合、環太平洋変動帯に位置していることもあり、マグニチュード6.0以上の地震回数を世界と比較するとその約20％が日本周囲で発生している。

　近年、世界で発生した巨大地震と火山の噴火は図２－１の通りである。

2 日本における自然災害の歴史

　1945（昭和20）年以降のわが国における自然災害を死者・行方不明者数の推移をみてみる。

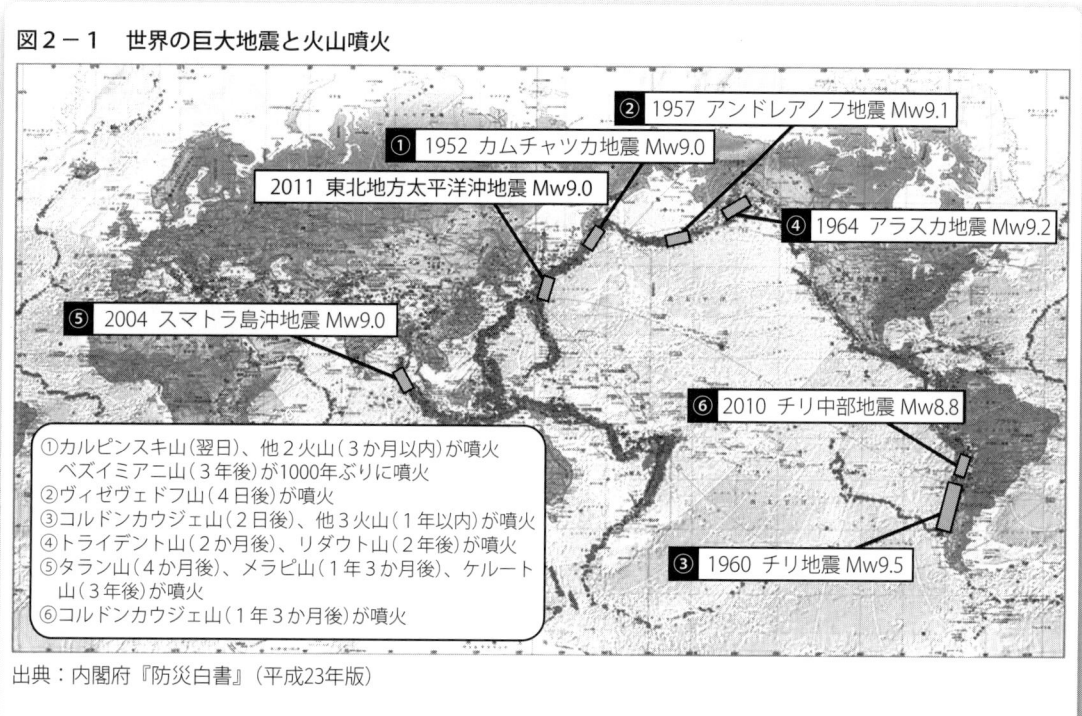

図２－１　世界の巨大地震と火山噴火

出典：内閣府『防災白書』（平成23年版）

Ⅱ 災害についての基礎知識

　地震災害では、三河地震（1945（昭和20）年）2306人、福井地震（1948（昭和23）年）3769人となっている。台風・豪雨では、枕崎台風（1945（昭和20）年）3756人、伊勢湾台風（1959（昭和34）年）5098人、南紀豪雨（1953（昭和28）年）1124人、洞爺丸台風（1954（昭和29）年）1761人などとなっている。

　平成の時代に入ってからの災害をみてみると、地震や台風のほか、短時間強雨（ゲリラ豪雨）や豪雪による死者・行方不明者も多数発生している。

　地震災害では、1995（平成7）年に発生した阪神・淡路大震災で6437人、世界中を震撼させた東日本大震災（2011（平成23）年）では、1万8550人の犠牲者や行方不明者がでており、いまだ身元が判明しない方や行方不明の方が多数いる。

　豪雪による死者・行方不明者は、2006（平成18）年152人、2010（平成22）年11月から2011（平成23）年にかけて128人、2012（平成24）年には132人であった。

　近年、日本においては短時間強雨の発生頻度が増加し、水関連災害が多発している。1976（昭和51）年以降2010（平成22）年までの30年間、1時間降水量50mm以上の発生回数は10年ごとの平均でみると168回／年、195回／年、226回／年となっており増加している。

　さらに、2011（平成23）年以降に発生した災害では竜巻とみられる突風や火山の噴火などがある。

　このように、わが国は長い歴史のなかで多くの災害に遭遇しながら多くの教訓を得て、今日に至っている。

5 自然災害の今日的課題

1 国土の特徴（気象変動と地盤・地殻変動）

　日本における災害の歴史からもわかるように、昨今の気象変動に伴う災害発生は、台風、豪雨（特に短時間強雨）、竜巻、豪雪など多岐にわたっている。また、地盤・地殻の変動による地震、津波、火山噴火、火砕流なども多く発生し、日本が災害を受けやすい国土であることを今一度認識したいものである。災害は、ある程度予測していても被害の規模は予想をはるかに上回ることが多い。これらの過去の経験を活かし、防災・減災の意識を高めるとともに、非常時の持ち出し準備を行うことや避難訓練の実施など、われわれ日本人にとって災害への備えは必要不可欠なことといえる。

2 高齢化と災害脆弱性

　日本は世界に類のないスピードで長寿社会となった。今後日本の総人口が減少するといわれるなかで日本の高齢化率は、2040（平成52）年に30％を超えると予測されている。これらのことから、災害時における高齢化の問題と災害の脆弱性について以下の2つの観点から考えてみたい。

(1) 過疎地域の高齢化、孤立集落

　過疎地域においては高齢者の割合が高く、集落は中国・九州・四国に多い。また東北では高齢化が急速に進んでいる現状にあり、地理的には山間部に多いため、災害時の孤立が危惧される。また、そのなかには過疎化などで人口の50％以上が65歳以上の高齢者で占められる限界集落も含まれる。
　2008（平成20）年の岩手・宮城内陸地震においては、過疎地域である栗原市栗駒地区と花山地区が孤立状態となったが、その地区における高齢化率はそれぞれ34.2％、41.2％で、宮城県の21.2％を大きく上回っていた。若年者と比較して有病率が高い、身体機能の低下という高齢者の特性を考えたとき、災害時の支援をどうするのか、全国にわたる過疎地域の共通した課題といえる。

Ⅱ　災害についての基礎知識

(2) 都市部における住民の一斉高齢化

　高度経済成長期には若い世代が都市部へ大量に流入した。それらの人の住宅確保のため東京都の多摩、大阪府の千里ニュータウンなどでは開発が行われ、比較的短期間で多数の住宅が建設された。その結果、同年代層が同時期に大量に入居した。このような地域では今後一斉に高齢化が進展することが見込まれている。たとえば、開発40年を経過した千里ニュータウン地域では、高齢化社会に突入した1970（昭和45）年、全国平均7.1％に対し、千里ニュータウンは2.8％、高齢社会となった1995（平成7）年では全国平均14.5％に対し千里ニュータウンは11.9％、2008（平成20）年には29.2％となり、全国平均を大きく上回った。

　また、首都圏周辺、特に神奈川県、埼玉県では30年後、75歳以上の高齢者が激増すると予測されている。

　以上の状況から、都市部における住民の一斉高齢化の現状と予測のもとに、今後、地域の特性に即した災害対策が求められる。

3　都市化の進展と災害脆弱性

　ここでは、2011（平成23）年に発生した東日本大震災の例を中心として、その課題について述べる。

(1) 湾岸部の埋め立て地、造成宅地（傾斜地、窪地）の液状化、滑動崩落

　関東地方の沿岸部でも液状化によるインフラ等の被害が広範囲でみられ、大都市災害における液状化予測の必要性が改めて求められた。

　この地震を契機に、専門家などで構成する委員会を設置し、東京都全域での液状化予測図の見直しを行った。

(2) 帰宅困難者の発生と混乱

　東日本大震災では首都圏を中心として多くの帰宅困難者がいた。東京都では352万人、神奈川県67万人など約515万人といわれている。これには10歳代が含まれておらず実際はさらに多いと予測されている。また、地震発生時の外出者の約28％が当日中に帰宅できなかった。

　この状況下で、自治体が用意した施設を利用した人は東京都で9万人以上、横浜市で1万8000人、川崎市で5500人などと報じられた。

　地震発生後の夕方までに、当面鉄道等の復旧が見込めず、交通混乱により二次的被害が発生するおそれがあるため、首都圏で中長距離を帰宅する者は無理に帰宅せず、職場等で待機するよう呼びかけを行ったが、ほとんど効果はなかったといわれている。これらの影響で地震発生後から翌日にかけて東京23区内を筆頭に各地で猛烈な渋滞が発生し、災害現

場に向かう緊急車両の通行が妨げられる問題が多発した。

(3) 高層建築物への長周期振動による被害

東日本大震災で震度5弱だった東京・新宿の超高層ビル「新宿センタービル」（54階建て、高さ223メートル）が国の耐震基準の約13倍の約13分間、最大108cmにわたって揺れ続けたことがわかっている。また、震源域から数百キロメートル離れた大阪市内（最大震度3）の超高層ビルでも大きな揺れが発生し、エレベーターの停止や閉じこめ、内装材等の破損が生じた。

日本では近年大都市を中心として高層ビルが建築されており、とりわけ地震災害への具体的かつ実際的な対策が望まれる。

(4) 地下空間の利用：地下電力設備、地下街、地下鉄への影響

一般に、地震の揺れは地下深くなるほど小さくなるといわれている。阪神・淡路大震災で神戸の街は壊滅的な被害を受けたが、地下街の多くは被害が少なかった。また、東日本大震災では、仙台駅が甚大な被害を出しながら、仙台駅周辺の地下通路の被害はほとんどなかった。東京駅八重洲地下街、新宿、池袋、日本橋、東京国際フォーラムなどは地下を避難所として開放した。

以上のように地震災害では、地下街は比較的安全といってもいい。しかし、近年各地で発生しているゲリラ豪雨では被害が出ている。地下は地面より低いため、洪水時に浸水しやすいという難点があることを認識する必要がある。つまり、地下の水害は、急激に水がたまりやすい、急に深くなる場所が出てくる、避難に時間がかかるなどリスクが高いということを認識することが大切である。したがって、水害時は早急に地下から離れることが重要となる。

4 コミュニティの構成変化と災害脆弱性

(1) 住民の居住形態、家族構成と助け合い意識

一人暮らしや高齢者夫婦のみの世帯の増加、居住年数、転勤などで居住地域が変わり隣人との面識がないなど、住民の居住形態や家族構成は様変わりしている。

このように、現代の特徴ともいえる現実のなかで、「いざ」というときに声を掛け合い、助け合えるかという課題が見え隠れする。災害発生時に頼りになるのは「家族」や「近所の住民」との調査結果があるが、具体的な行動としては必ずしも確実な手段とはなっていない実態が明らかになっている。

(2) 地域の交流と災害リスクの認識

現代社会は、住民の移り変わりが激しいなどにより、コミュニティの交流が希薄化して

Ⅱ 災害についての基礎知識

いるといわれている。特に、その地域に移り住んで日の浅い住民は、地域の特徴やそれに伴って発生する災害リスクを認識できていない場合があり、災害リスクは高くなりやすい。

東日本大震災の経験からわれわれは、家族や近隣の住民との絆を強くもつ必要性を学んだ。日頃からのコミュニティにおける交流が災害時の共助につながることはいうまでもない。

(3) 外国人への正確な情報伝達と防災知識

近年、外国人がわが国に居住し、また、観光などでわが国を訪問する外国人も増加している。外国人は災害時要援護者に位置付けられている。外国人にとっては言葉の問題や災害の特徴、特に地域における災害リスクの認識不足など情報の不足が考えられる。したがって、安否確認をはじめ、その後の情報提供、帰国のための支援など多様な対応が必要となる。

表2-4 自然災害の今日的課題

1	国土の特徴	①気象の変動 ②地盤・地殻の変動
2	高齢化	①過疎地域の高齢化・孤立集落、 ②都市部における住民の一斉高齢化
3	都市化の進展	①湾岸部の埋め立て地、造成宅地（傾斜地、窪地）の液状化、滑動崩落 ②帰宅困難者の発生と混乱 ③高層建築物への長周期振動による被害 ④地下空間の利用：地下電力設備、地下街、地下鉄への影響
4	コミュニティの構成変化	①住民の居住形態、家族構成と助け合い意識 ②地域の交流と災害リスクの認識 ③外国人への正確な情報伝達と防災知識

6 災害がいのち、くらしに及ぼす影響

1 災害発生地域の特徴から起こる問題

　災害発生時の被害はその種類により特徴があり、ニーズもさまざまである。同じ種類の災害でも、都市型・地域型、時間帯、地形などの違いで被害の程度やあり方は大きく異なる。

　また、ライフライン、交通の便、救急搬送体制、医療施設数、情報や通信の違いにより被害の程度も異なる。都市型の地震では、人口過密でビルや家屋の倒壊という物理的被害により帰宅困難者であふれかえり、その対応に追われる。中山間地の地震では、山地崩壊と、河道閉塞、その後の決壊の恐怖と集落の孤立が起こりやすく、支援が遅れる。

　大きな災害では、ライフラインの途絶や行政機関、医療機関のまひが起こるため、地域の対応能力を超えた人的・物的被害となる。

　最近では、要介護高齢者の増大や地域共同の崩壊等の問題もあり、公共機関の責任が重大となってきている。医療・保健・福祉の関係機関および住民リーダー、ボランティア等の支援関係者と連携を図り活動を展開するため、日頃からの関係の構築が必要である。

2 被災別に起こる健康（いのち）問題

　被災者の避難生活に伴う不安や悩みは、共同生活で生じるものが大きい。不安や悩みが身体に症状（胃腸炎やうつ的傾向）となって出ることもある。

　体調を崩すきっかけは、①避難生活の不安、不満、②家族の安否が気になること、③ゆっくり休めないこと、④食事への不満、⑤排泄への気兼ね、⑥経済的な不安などである。

　将来に不安を感じ暗い気持ちになり閉じこもったりすることで孤立死を招くこともある。

　こころとからだのケアでは、まず「安全の確保」を図り、「十分な休養」「栄養」をとることなど、生活環境条件の整備をし、体調を整える。

　それとともに支援者は、「気分転換」「喪の作業」を行うこと、「不安や悩みを傾聴」することなどが大切である。

　災害時に起こりやすい健康障害と被災後の生活から起こる二次的（関連する）健康障害

Ⅱ　災害についての基礎知識

表2－5　災害時に起こりやすい被災別健康障害と被災生活に関連する健康障害

災害	主な健康被害	関連する健康障害
地震	骨折、挫創、打撲などの外傷 火災による熱傷、気道障害、一酸化炭素中毒 粉じんによる呼吸器障害	① 感染症（インフルエンザ、ノロウイルス、食中毒等） ② クラッシュ症候群 ③ エコノミークラス症候群 ④ 廃用症候群 ⑤ 慢性疾患の増悪 ⑥ 熱中症、低体温症 ⑦ 心的外傷（PTSD、PTSR） ⑧ リロケーションダメージ ⑨ アルコール依存症 ⑩ 孤独死
水害	汚水等による伝染性の疾患（肺炎等） 感冒ぜんそくなどの呼吸器疾患 水にぬれることによる低体温症 がれきの飛散による外傷 皮膚疾患	
火山噴火	火砕流等による負傷、熱傷 熱風による気道熱傷 ガス、火山灰の吸入による呼吸障害	

注：②クラッシュ症候群、③エコノミークラス症候群、⑦心的外傷（PTSD、PTSR）、⑧リロケーションダメージについては、223頁以降の災害関係用語集参照。

についてあらかじめ理解しておき、災害に応じた予防的対応を図ることが大切である。

　特に慢性疾患をもつ高齢者や精神疾患をもつ人、身体に障害をもつ人は、環境の変化によるストレスに弱く、保健、医療や介護のニーズが高いため、緊急支援のあり方を検討することが大切である。問題の早期発見、早期対応により自立に向けた支援を行い、健康障害や合併症を予防する。

3　災害によって起こるくらしへの影響

　ひとたび災害に見舞われると、今まで築いてきた大切な住まいや財産、最悪な場合には自分のいのちや大切な人も失うことになり、一度に今まで継続してきたくらしが崩壊する危機に陥る。そして、自分だけで「生活の再建」を行うことが困難となる。

　大災害からの生活の再建に際して最も重要な基軸は、幸福追求権（個人の尊厳）である。つまり、一人ひとりの個人、家庭、地域を大切に、自立に向けて支援されなければならない。

　生存権（生活保護）は、健康で文化的な最低限度の生活を保障するものである。災害で大きな被害を受け住居も仕事も財産も失うことによって、生活困難に陥った場合に適応される。

　そのほか、被災者に対する融資や援護として、現金給付では、「災害弔慰金の支給等に関する法律（災害弔慰金支給法）」（昭和48年法律第82号）に基づき遺族に支給される「災害弔慰金」、障害を受けた者に支給される「災害障害見舞金」のほか、「被災者生活再建支援法」（平成10年法律第66号）に基づき住宅が全壊または半壊した世帯等に支給される「被災者生活再建支援金」がある。また、各種資金の貸し付けとして「災害援護資金」のほか、「母子福祉資金」「寡婦福祉資金」等、「生活福祉資金貸付制度要綱」に基づき都道

府県社会福祉協議会により実施される「生活福祉資金貸付制度」がある。仕事を失った人には「雇用保険」が適応される。

　以上の経済、生活面の支援に関する制度に関しては第Ⅲ章で詳しく記す。これらの制度を利用するには「罹災証明」の取得が必要となる。罹災証明とは、震災で発生した「住宅」の被害の程度を証明するため、市町村が発行するものである。生活再建支援制度の支援金の申請、義援金の分配、損保会社等への保険金請求、住宅支援機構等からの低金利融資、仮設住宅や公営住宅への入居についての優先順位、住宅の応急修理制度の利用、税金や学費の減免などで、必要となる書類である。

　被害の程度は、市町村が、屋根や柱、外壁などの被害状況をチェックし、被害があれば「全壊」「大規模半壊」「半壊」「一部損壊」と認定する。

　また、応急危険度判定は、二次災害を防止するために、市町村が、建物の傾き、構造物の落下、地盤沈下などを総合的にみて、「危険（赤）」「要注意（黄）」「調査済み（緑）」の貼り紙を建物に貼り付けて、「危険」の建物内には入らないように求めるもので罹災証明とは異なる。

　このほかにも、被災者に対しては、保険料の減免や税金の軽減措置、医療、介護、障害福祉の利用料負担軽減措置等の制度もある。また、住居に関しても被災者生活再建支援制度、災害復興住宅融資などの保障制度がある。このほかにも生活を支える金銭給付の制度として義捐金、地震保険等がある。一人ひとりの被災者の人権を細やかに保障するための法・制度が、地域でくらしを立て直す大きな力となる。

参考文献

- 第14回中央防災会議東南海・南海地震等に関する専門調査会（平成15年9月17日資料）
- 日本赤十字社事業局看護部『系統看護学講座 災害看護学・国際看護』医学書院、2011年
- 警察庁緊急災害警備本部広報資料「東日本大震災における死者・行方不明者数及びその率（県別）」2013年3月11日
- 内閣府『高齢社会白書』（平成24年版）
- 総務省自治行政局地域振興課過疎対策室「過疎地域における集落の現状と総務省の取組」
- 東京の液状化予測
- 内閣府『防災白書』（各年版）

III 被災者支援に関する法制度

1 被災者支援に関する法律の概要

　地震に限らず自然災害の多い日本においては、大規模な災害の発生により法制度が充実してきた側面がある。このこともあり、被災者支援に関して、いくつもの法律にまたがって規定がされている。被災地域の産業を支援する法律や地方自治体の財政支援に関する法律もあるが、本章では、被災した個人や家族を支援する法律に焦点をあてる。

　被災者支援に関する主な法律は、表3－1の通りである。「災害救助法」（昭和22年法律第118号）は戦後まもなく成立し、避難所や応急仮設住宅などについて規定をしている重要な法律である。同じ年、「災害被害者に対する租税の減免、徴収猶予等に関する法律」（昭和22年法律第175号）が成立している。この法律は、被災者の「納付すべき国税の軽減若しくは免除、その課税標準の計算若しくは徴収の猶予」と「災害を受けた物品について納付すべき国税の徴収若しくは還付」に関する事項を規定している。さらに東日本大震災に関しては、「東日本大震災の被災者等に係る国税関係法律の臨時特例に関する法律」（平成23年法律第29号）が制定され、個人の所得税、相続税、贈与税、自動車重量税、印紙税などの減免が定められている。

　災害対策基本法は、災害発生前の取り組みから災害復旧までを規定する包括的な法律ということができる。1961（昭和36）年11月に制定されたこの法律は、1959（昭和34）年に発生した伊勢湾台風による大規模な災害を契機として制定されている。

　1973（昭和48）年9月に「災害弔慰金の支給等に関する法律」が制定され、被災者遺族への弔慰金の支給が開始された。

　1978（昭和53）年6月には「大規模地震対策特別措置法」が制定された。これは、大規模な地震に対する防災の取り組みについて規定した法律であり、現在、東海地方に適用されている。

　1995（平成7）年1月に発生した阪神・淡路大震災は都市部での大規模な災害であったため、復興に向けた土地、建物の権利関係を整理する法律ができている。また、災害発生から3年後、「被災者生活再建支援法」（平成10年法律第66号）が成立している。この法律は、それまで十分な支援がなかった住宅の建築、補修の費用の一部を給付するというものである。住宅は個人の財産と考えられていたため、これまで支援が行われていなかったことから、同法は、画期的な法律であるといえる。

　2011（平成23）年3月の東日本大震災に対しては、「東日本大震災復興基本法」（平成23年法律第76号）が制定され、同法に基づき復興庁が設置された。同年11月には「東日本大

震災復興特別区域法」（平成23年法律第122号）が制定された。これは、東日本大震災復興基本法第10条「復興特別区域制度の整備」の規定に基づきできた法律で、「復興特別区域基本方針、復興推進計画の認定及び特別の措置、復興整備計画の実施に係る特別の措置、復興交付金事業計画に係る復興交付金の交付等について定める」（第1条）法律である。

　また、2012（平成24）年3月には「東日本大震災の被災者に対する援助のための日本司法支援センターの業務の特例に関する法律」（平成24年法律第6号）も成立している。これは、「総合法律支援法」（平成16年法律第74号）の第13条で規定されている日本司法支援センター（通称、法テラス）の業務の特例として、2012（平成24）年度から3年間「東日本大震災法律援助事業」が実施されるというものである。これにより裁判その他の法による紛争の解決のための手続および弁護士等のサービスを円滑に利用することが期待されている。

　2013（平成25）年6月、災害対策基本法の改正と合わせて「大規模災害からの復興に関する法律」（平成25年法律第55号）が成立した。この法律は、復興に向けた取り組みに関する枠組みを規定している。これまで復興に関する法律は、大規模な災害が起こるたびに特別立法という形をとっていた。前述の「東日本大震災復興基本法」「東日本大震災復興特別区域法」のほか「東日本大震災による被害を受けた公共土木施設の災害復旧事業等に係る国等による代行に関する法律」などの内容を含む法律である。

表3−1　被災者支援に関する主な法律

年月	法律名称	立法に関係する災害
1946（昭和21）年12月		南海地震
1947（昭和22）年10月	災害救助法	
1947（昭和22）年12月	災害被害者に対する租税の減免、徴収猶予等に関する法律	
1959（昭和34）年9月		伊勢湾台風
1961（昭和36）年11月	災害対策基本法	
1962（昭和37）年9月	激甚災害に対処するための特別の財政援助等に関する法律	
1967（昭和42）年8月		羽越水害
1973（昭和48）年9月	災害弔慰金の支給等に関する法律	
1978（昭和53）年6月	大規模地震対策特別措置法	
1995（平成7）年1月		阪神・淡路大震災
1995（平成7）年2月	被災市街地復興特別措置法	
1995（平成7）年3月	被災区分所有建物の再建等に関する特別措置法	
1996（平成8）年6月	特定非常災害の被害者の権利利益の保全等を図るための特別措置に関する法律	
1998（平成10）年5月	被災者生活再建支援法	
2011（平成23）年3月		東日本大震災
2011（平成23）年4月	東日本大震災の被災者等に係る国税関係法律の臨時特例に関する法律	
2011（平成23）年6月	東日本大震災復興基本法	
2011（平成23）年12月	東日本大震災復興特別区域法	
2012（平成24）年3月	東日本大震災の被災者に対する援助のための日本司法支援センターの業務の特例に関する法律	
2013（平成25）年6月	大規模災害からの復興に関する法律	

2 包括的な法律としての災害対策基本法
―災害予防から災害復旧まで―

　災害対策基本法（昭和36年法律第223号）は、防災計画の作成、災害予防から災害応急対策、災害復旧までを定めた法律である。その概要について、住民の視点から取り上げる。

1　総則

　第2条に用語の定義が示されている。このなかで、災害とは「暴風、竜巻、豪雨、豪雪、洪水、崖崩れ、土石流、高潮、地震、津波、噴火、地滑りその他の異常な自然現象又は大規模な火事若しくは爆発その他その及ぼす被害の程度においてこれらに類する政令で定める原因により生ずる被害をいう。」としている。また、防災を「災害を未然に防止し、災害が発生した場合における被害の拡大を防ぎ、及び災害の復旧を図ること」と定義しており、被災時の取り組みも「防災」に含むこととしている。

　第2条の2には基本理念が示されている。第1号には、「災害の発生を常に想定するとともに、災害が発生した場合における被害の最小化及びその迅速な回復を図ること。」、第3号には、「災害に備えるための措置を適切に組み合わせて一体的に講ずる」とともに「科学的知見及び過去の災害から得られた教訓を踏まえて絶えず改善を図ること」が示されている。また、第4号において、情報収集が困難な状況でも「できる限り的確に災害の状況を把握」し、「人材、物資その他の必要な資源を適切に配分」することで、「人の生命及び身体を最も優先して保護する」としている。

　特に、住民に関する事柄としては、国、地方公共団体などの役割分担、連携協力を示すとともに、「住民一人一人が自ら行う防災活動及び自主防災組織（住民の隣保協同の精神に基づく自発的な防災組織をいう。以下同じ。）その他の地域における多様な主体が自発的に行う防災活動を促進すること（第2号）」が挙げられている。大規模災害時には行政機関も十分に機能しない。このような状況に備えて、住民が防災組織をつくり、備えておくことは重要であるといえる。第5号には「被災者による主体的な取組を阻害することのないよう配慮しつつ、被災者の年齢、性別、障害の有無その他の被災者の事情を踏まえ、その時期に応じて適切に被災者を援護すること。」とあり、支援については、住民が主体であることを踏まえたうえで、住民の一人ひとりに応じた援護を行うことが示されている。このためには、個人情報を集約しておく必要があり、この点は、「避難行動要支援者

名簿の作成（第49条の10　2014（平成26）年4月1日施行）」とも関連する。これについては、後述する。

第3条に国、第4条に都道府県、第5条に市町村の責務を示したうえで、第5条の3には、「国及び地方公共団体とボランティアとの連携」として、「国及び地方公共団体は、ボランティアによる防災活動が災害時において果たす役割の重要性に鑑み、その自主性を尊重しつつ、ボランティアとの連携に努めなければならない。」と規定されている。被災した住民の取り組みだけでは限界があり、ボランティアは大きな支えとなる。特に、阪神・淡路大震災以降、災害時にボランティア活動を行う人が増えてきている。連携は重要であるといえるが、混乱する被災地において、どのようにボランティアを受け入れ、コーディネートしていくかが、大きな課題になるといえる。第7条第3項には、「地方公共団体の住民は、基本理念にのつとり、食品、飲料水その他の生活必需物資の備蓄その他の自ら災害に備えるための手段を講ずるとともに、防災訓練その他の自発的な防災活動への参加、過去の災害から得られた教訓の伝承その他の取組により防災に寄与するように努めなければならない。」と定めている。

第8条には、「施策における防災上の配慮等」として、国、地方自治体は「その施策が、直接的なものであると間接的なものであるとを問わず、一体として国土並びに国民の生命、身体及び財産の災害をなくすることに寄与することとなるように意を用いなければならない。」とある。そして第2項には、「災害の発生を予防し、又は災害の拡大を防止するため、特に次に掲げる事項の実施に努めなければならない。」とあり、第13号に「自主防災組織の育成、ボランティアによる防災活動の環境の整備、過去の災害から得られた教訓を伝承する活動の支援その他国民の自発的な防災活動の促進」、第15号に「高齢者、障害者、乳幼児等特に配慮を要する者に対する防災上必要な措置」が挙げられている。

2　災害予防

災害予防に関する事項は、第2章に、「防災に関する組織」として「中央防災会議（第11条―第13条）」「地方防災会議（第14条―第23条の2）」が定められている。また、「非常災害対策本部及び緊急災害対策本部（第24条―第28条の6）」の設置運営や、「災害時における職員の派遣（第29条―第33条）」についても定めている。さらに第3章には防災計画（第34条―第45条）、第4章には災害予防（第46条―第49条の13）が規定されている。

なお、2013（平成25）年6月21日法律第54号で次の(1)、(2)における改正が行われた（2014（平成26）年4月1日施行）。

(1)　指定緊急避難場所と指定避難所

第49条の4から第49条の9には、「指定緊急避難場所」と「指定避難所」について定め

ている。「指定緊急避難場所」は、東日本大震災において、避難場所において津波の犠牲となった事例を踏まえたもので、「洪水、津波その他の政令で定める異常な現象の種類ごとに、指定緊急避難場所として指定（第49条の４）」するものである。

「指定避難所」は、避難のための立退きをした居住者、滞在者、自ら居住の場所を確保することが困難な被災住民などその他の被災者をある程度の期間、滞在させるための施設とされており（第49条の７）、指定緊急避難場所とは、相互に兼ねることができるとしている（第49条の８）。

そして、市町村長は、災害に関する情報の伝達方法や指定緊急避難場所および避難路その他の避難経路に関する事項など周知するために、印刷物の配布などの措置を講ずるよう努めなければならないとしている（第49条の９）。

(2) 避難行動要支援者名簿の作成

これまで、災害時の要支援者名簿の作成が必要であることが言われながら、個人情報保護の壁があり、十分行われることがなかった。しかし、2013（平成25）年６月の法改正により、「避難行動要支援者名簿」という形で市町村長に作成が義務づけられた。

「災害が発生し、又は災害が発生するおそれがある場合に自ら避難することが困難な者であつて、その円滑かつ迅速な避難の確保を図るため特に支援を要するもの」を「避難行動要支援者」と定義、そして、市町村長は、その把握に努めるとともに、避難行動要支援者の避難の支援、安否の確認その他の避難行動要支援者の生命又は身体を災害から保護するために必要な措置を実施するための基礎とする名簿を作成しておかなければならない、とされている（第49条の10）。

避難行動要支援者名簿には、①氏名、②生年月日、③性別、④住所又は居所、⑤電話番号その他の連絡先、⑥避難支援等を必要とする事由、⑦その他市町村長が必要と認める事項が記載され、記録されることとなっている。

名簿情報の利用にあたっては、災害の発生に備えるための避難支援等の実施については、本人の同意を得たうえで、①消防機関、②都道府県警察、③民生委員、④市町村社会福祉協議会、⑤自主防災組織その他の避難支援等の実施に携わる関係者に提供することとしている。しかし、災害が発生し、または発生するおそれがあり、生命または身体を災害から保護するために特に必要があると認めるときは、本人の同意を得ることなく、避難支援等の実施に携わる関係者に対し、名簿情報を提供することができるとしている。

第49条の12には、「名簿情報を提供する場合における配慮」として、「名簿情報の提供を受ける者に対して名簿情報の漏えいの防止のために必要な措置を講ずるよう求めること」などの本人や第三者の権利利益の保護に必要な措置を講ずるよう努めることが示され、第49条の13には「秘密保持義務」が規定されている。

高齢者や障害者の生命を守るための規定であり、積極的な取り組みであるといえるが、名簿の適切な管理、必要最小限の情報提供など運用していくうえで十分な配慮が必要であ

るといえる。[①]

3　災害応急対策

第5章にある災害応急対策について、住民の視点から見てみる。

(1)　避難勧告

　災害発生時に避難勧告等が出されることがあるが、これは第60条に規定されている。同条において、「人の生命又は身体を災害から保護し、その他災害の拡大を防止するため特に必要があると認めるときは、市町村長は、必要と認める地域の居住者、滞在者その他の者に対し、避難のための立退きを勧告し、及び急を要すると認めるときは、これらの者に対し、避難のための立退きを指示することができる。」としている。また、第2項において、「避難のための立退きを勧告し、又は指示する場合において、必要があると認めるときは、市町村長は、その立退き先を指示することができる。」とされている。

(2)　警戒区域の設定

　災害発生時に警戒区域が設定され、退去が命じられたり、立ち入りが制限されたりすることがあるが、これは、第63条によって、市町村長に与えられた権限である。警戒区域の設定については、「人の生命又は身体に対する危険を防止するため特に必要があると認めるとき」として限定している。

(3)　道路の通行制限

　また、道路の通行が制限されることがある。これは、第76条において、都道府県公安委員会が、災害応急対策が的確かつ円滑に行われるようにするため緊急の必要があると認めるときに道路の区域または区間を指定して、緊急通行車両以外の車両の通行を禁止もしくは制限することができる、とされている。

(4)　大規模災害時の特例

　災害対策基本法では、大規模災害が発生し、政令で指定された場合に適用される特例が示されている。避難所、応急仮設住宅に対する「消防法」の規定の特例（第86条の2）、臨時の医療施設における「医療法」の規定の特例（第86条の3）、埋葬・火葬を行う際の「墓地、埋葬等に関する法律」の手続きに関する規定の特例（第86条の4）、廃棄物処理に関する「廃棄物の処理及び清掃に関する法律」の規定の特例（第86条の5）がある。

[①]内閣府は、市町村に対し、「避難行動要支援者の避難行動支援に関する取組指針」を示しており、名簿情報の提供に同意した者については、個別計画を策定することとしている。

(5) 被災者の保護

　被災者の保護に関する規定は、「生活環境の整備」「広域一時滞在」「被災者の運送」の3点となっている。

　「生活環境の整備」（第86条の6、第86条の7）とは、避難所における生活について規定したものであり、市町村長などの災害応急対策責任者は、①法令又は防災計画の定めるところにより、遅滞なく、避難所を供与する、②当該避難所に係る必要な安全性及び良好な居住性の確保、③当該避難所における食糧、衣料、医薬品その他の生活関連物資の配布、④保健医療サービスの提供などについて必要な措置を講ずるよう努めなければならない、としている。

　また、「避難所以外の場所に滞在する被災者についての配慮」が示されている。自宅が残っている場合など、避難所に移ることが心情的に難しい場合がある。しかし、食事や生活必需品の配布などは避難所にいる人に対して行われるため、受け取りにくい状況となってしまう。また、必要な情報が入ってこないということも起こっていた。

　自宅等避難所以外にいる場合にも生活関連物資の配布、保健医療サービスの提供、情報の提供が行われることが努力義務であっても、規定されたのは大きな意義があるといえる。

　「広域一時滞在」（第86条の8―第86条の13）は、当該被災住民が同一都道府県内の他の市町村の区域において一時的に滞在する必要がある場合には、当該被災住民の受入れについて、市町村長間で協議できるという規定である。この場合、正当な理由がない場合、被災住民を受け入れなければならず、被災住民に対して避難所を提供することとなっている。

　また、被災地の市町村長は、都道府県知事と協議し、「都道府県外広域一時滞在」をすることも可能となっている。

　このとき、災害の発生により、市町村が事務を行うことができなくなった場合には、都道府県が、市町村、都道府県ともに事務を行うことができなくなった場合には内閣総理大臣がその事務を代行することが可能となっている。

　「被災者の運送」（第86条の14）については、都道府県知事が、被災者の保護の実施のため緊急の必要がある場合に、運送事業者に対して、運送すべき人並びに運送すべき場所及び期日を示して、被災者の運送を要請することができ、正当な理由がなく要請に応じないときは、被災者の運送を行うべきことを指示することができる、とされている。

　さらに、安否情報の提供等についても規定されている（第86条の15）。都道府県知事又は市町村長は、当該都道府県又は市町村は、被災者又は第三者の権利利益を不当に侵害することのないよう配慮しつつ、安否に関する情報について回答することができるとされている。安否情報の提供のために、被災者に関する情報を利用することができるとし、また、関係地方公共団体の長、消防機関、都道府県警察その他の者に対して、被災者に関する情報の提供を求めることができるとしている。

4　災害復旧など

　第6章では、災害復旧（第87条─第90条）として、行政機関などの災害復旧の実施責任とその費用に関する規定がある。第7章（第90条の2─第90条の4）では、市町村長は、被災者からの申請に応じて、遅滞なく罹災証明書を交付しなければならないと規定している（第90条の2）。市町村長は、被災者の援護を総合的かつ効率的に実施するため必要とする場合には、「被災者台帳」を作成することができるとされている（第90条の3）。

　被災者台帳には、①氏名、②生年月日、③性別、④住所又は居所、⑤住家の被害その他市町村長が定める種類の被害の状況、⑥援護の実施の状況、⑦要配慮者であるときは、その旨及び要配慮者に該当する事由、⑧その他内閣府令で定める事項が記載されることとなっている。

　台帳情報の利用及び提供については、①本人に提供するとき、②本人の同意があるとき、③市町村が被災者に対する援護の実施に必要な限度で台帳情報を内部で利用するとき、④他の地方公共団体に台帳情報を提供する場合において、台帳情報の提供を受ける者が、被災者に対する援護の実施に必要な限度で提供に係る台帳情報を利用するときとされている。第8章では、財政金融措置（第91条─第104条）として、災害予防、応急措置、災害時応急対策、災害復旧事業などの費用について規定している。

5　災害緊急事態

　災害緊急事態については、第9章（第105条─第109条の2）に示されている。「非常災害が発生し、かつ、当該災害が国の経済及び公共の福祉に重大な影響を及ぼすべき異常かつ激甚なものである場合において、当該災害に係る災害応急対策を推進し、国の経済の秩序を維持し、その他当該災害に係る重要な課題に対応するため特別の必要があると認めるときは、内閣総理大臣は、閣議にかけて、関係地域の全部又は一部について災害緊急事態の布告を発することができる。」としている（第105条）。

　また、緊急措置として、「災害緊急事態に際し国の経済の秩序を維持し、及び公共の福祉を確保するため緊急の必要がある場合において、国会が閉会中又は衆議院が解散中であり、かつ、臨時会の召集を決定し、又は参議院の緊急集会を求めてその措置をまついとまがないときは、内閣は、次の各号に掲げる事項について必要な措置をとるため、政令を制定することができる。」とされている（第109条）。具体的には、以下の3点が示されている。

①　特に供給が不足している生活必需物資の配給、譲渡、引渡しの制限もしくは禁止
②　災害応急対策、災害復旧、国民生活の安定のため必要な物やサービスの価格、給付の対価の最高額の決定
③　金銭債務の支払の延期もしくは権利の保存期間の延長（ただし、賃金や災害補償の

給付金などの労働関係に基づく金銭債務の支払およびその支払のためにする銀行その他の金融機関の預金等の支払は除く。)

このように災害緊急事態についての規定はあるが、東日本大震災においても発動されることはなかった。国民の財産権を制限するため、適用は慎重に行わなければならないが、震災直後のガソリンをはじめとした生活必需品の不足が生じたことを考えると、この規定の適用のあり方について議論する必要があるだろう。

3 災害直後の法制度

1 災害救助法

(1) 適用基準と救助の内容

被災直後に行われるさまざまな救助は、災害救助法（昭和22年法律第118号）によって定められている。災害救助法の目的は、以下のように定められている。

> **第1条** この法律は、災害に際して、国が地方公共団体、日本赤十字社その他の団体及び国民の協力の下に、応急的に、必要な救助を行い、被災者の保護と社会の秩序の保全を図ることを目的とする。

国、地方公共団体に関する規定ではなく、国が地方公共団体や日本赤十字社をはじめとした民間団体、国民とともに必要な救助、被災者の保護などを行うという法律である。

救助については、都道府県知事が、政令で定める程度の災害が発生した市町村（特別区を含む。以下同じ。）において被災し、救助を必要とする者に対して行うとされている（同法第2条）。

「政令で定める程度の災害」については、同法施行令第1条に基準が示されており、「住家の滅失の状況によるもの」か、「多数の者が生命又は身体に危害を受け、又は受けるおそれが生じた場合であつて、内閣府令で定める基準に該当すること」である。

① 住家の滅失の状況による基準

住家の滅失の状況による基準は3つある。第一に、被災した市町村の人口に対し、表3－2の世帯数以上の住家が滅失した場合である（同法施行令第1条第1項第1号）。

第二に都道府県の区域内で、表3－3の世帯数以上の世帯の住家が滅失しており、市町村の区域内で表3－4の世帯数以上の住家が滅失した場合に適用される。一つひとつの市町村で見た場合の被災世帯数が少ないが、都道府県の単位で見た場合の被災世帯数が多い場合に適用されるといえる（同法施行令第1条第1項第2号）。

第三に都道府県の区域内で、表3－5にある世帯数以上の住家が滅失するか、「当該災害が隔絶した地域に発生したものである等被災者の救護を著しく困難とする内閣府令で定める特別の事情がある場合であつて、多数の世帯の住家が滅失した」場合である（同法施行令第1条第1項第3号）。この場合市町村単位での被災状況は関係なく、都道府県の区域

Ⅲ 被災者支援に関する法制度

表3-2

市町村の区域内の人口	住家が滅失した世帯の数
5,000人未満	30
5,000人以上15,000人未満	40
15,000人以上30,000人未満	50
30,000人以上50,000人未満	60
50,000人以上100,000人未満	80
100,000人以上300,000人未満	100
300,000人以上	150

表3-3

都道府県の区域内の人口	住家が滅失した世帯の数
1,000,000人未満	1,000
1,000,000人以上2,000,000人未満	1,500
2,000,000人以上3,000,000人未満	2,000
3,000,000人以上	2,500

表3-4

市町村の区域内の人口	住家が滅失した世帯の数
5,000人未満	15
5,000人以上15,000人未満	20
15,000人以上30,000人未満	25
30,000人以上50,000人未満	30
50,000人以上100,000人未満	40
100,000人以上300,000人未満	50
300,000人以上	75

表3-5

都道府県の区域内の人口	住家が滅失した世帯の数
1,000,000人未満	5,000
1,000,000人以上2,000,000人未満	7,000
2,000,000人以上3,000,000人未満	9,000
3,000,000人以上	12,000

内での住家滅失世帯数で見ている。

特別な事情は、「被災者に対する食品若しくは生活必需品の給与等について特殊の補給方法を必要とし、又は被災者の救出について特殊の技術を必要とすること」(基準省令第1条[2])とされている。

これらの規定については、住家が半壊、半焼の場合は、2世帯を1世帯として、床上浸水、土砂のたい積などで一時的に居住することができない状態は3世帯を1世帯として算定する。

② 多数の者が生命または身体に危害を受け、または受けるおそれが生じた場合

基準省令によって、①災害が発生し、または発生するおそれのある地域に所在する多数の者が、避難して継続的に救助を必要とすること、もしくは②災害にかかった者に対する食品もしくは生活必需品の給与等について特殊の補給方法を必要とし、または災害にかかった者の救出について特殊の技術を必要とする場合とされている。

具体的な救助の内容としては、同法第4条によって規定されている。

（救助の種類等）
第4条　救助の種類は、次のとおりとする。
　一　避難所及び応急仮設住宅の供与
　二　炊き出しその他による食品の給与及び飲料水の供給
　三　被服、寝具その他生活必需品の給与又は貸与
　四　医療及び助産
　五　被災者の救出
　六　被災した住宅の応急修理
　七　生業に必要な資金、器具又は資料の給与又は貸与
　八　学用品の給与
　九　埋葬
　十　前各号に規定するもののほか、政令で定めるもの
2　救助は、都道府県知事が必要があると認めた場合においては、前項の規定にかかわらず、救助を要する者（埋葬については埋葬を行う者）に対し、金銭を支給してこれを行うことができる。
3　救助の程度、方法及び期間に関し必要な事項は、政令で定める。

同条第1項第10号については、同法施行令第2条に次の2点が示されている。

---

[2]災害救助法施行令第1条第1項第3号の内閣府令で定める特別の事情等を定める内閣府令（平成25年10月1日内閣府令第68号）

Ⅲ 被災者支援に関する法制度

> （救助の種類）
> **第2条** 法第4条第1項第10号に規定する救助の種類は、次のとおりとする。
> 一 死体の捜索及び処理
> 二 災害によって住居又はその周辺に運ばれた土石、竹木等で、日常生活に著しい支障を及ぼしているものの除去

　災害救助法による救助は、現物によるものが原則となっている。その例外として、都道府県知事が必要であると認めた場合に、金銭による支給が可能となっている。被災時において金銭による給付を行っても物資が不足している場合、購入することが困難であるということからこのような規定となっている。災害発生時においては、現物の必要があるといえるが、物流の再開などに応じて、金銭給付の可能性も検討する必要があるといえる。

　救助の具体的な内容については政令で定めるとされており、政令においては、「救助の程度、方法及び期間は、応急救助に必要な範囲内において、内閣総理大臣が定める基準に従い、あらかじめ、都道府県知事が、これを定める。」としている（同法施行令第3条第1項）。また、「前項の内閣総理大臣が定める基準によっては救助の適切な実施が困難な場合には、都道府県知事は、内閣総理大臣に協議し、その同意を得た上で、救助の程度、方法及び期間を定めることができる。」とされている（同法施行令第3条第2項）。

　内閣総理大臣の定める基準は、「災害救助基準」として詳細が示されている。救助の程度、方法や期間が原則として定められているが、都道府県知事の判断により、内閣総理大臣との協議を行い、同意を得られれば柔軟な対応ができるといえる。特に、阪神・淡路大震災や東日本大震災のように大規模な災害の場合には、被災状況に応じて救助の程度、方法、期間を決定していく必要があるといえる。

　次に、救助の内容について見ていく。[3]

（2）避難所の設置・運営

　被災直後から、住民は避難所に集まってくる。この避難所の設置・運営に関しては、災害救助法第4条に規定されている。

　まず、「避難所の設置」についてであるが、対象者を「現に被害を受け、又は被害を受けるおそれのある者」としている。「被害を受けるおそれのある者」との規定があることから、台風接近時に水害等の発生が予想される場合に、避難所が開設され、住民が避難をするということが可能となっている。避難所設置費としては、1日1人あたり300円、冬季の場合は加算があることが規定されている。また、福祉避難所の設置については、実費を支出することができるとされている。避難所の設置は、災害発生の日から7日以内とされているが、これは内閣総理大臣との協議で延長することが可能となっている。

・・
[3]ここでは、「平成24年度災害救助基準」を基に記述をしている。

避難所において行われる炊き出しについては、「炊き出しその他による食品の給与」として規定されている。対象者は、「避難所に収容された者、住家が全半壊（焼）、流失、床上浸水で炊事ができない者」とされている。自宅にいる住民が炊き出しの食事を受けてもいいことになっているが、現実的には、積極的に避難所に取りに行くということは難しい。住民に対する援助を行う者が自宅で暮らす被災者の状況を把握し、炊き出しを受けるよう声かけすることも必要であろう。

炊き出しの費用については、1日1人あたり1010円とされており、災害発生の日から7日以内となっている。経費については、1食は3分の1日とし、食品給与のための総経費を延給食回数で除した金額が限度額以内であればよいこととしている。

飲料水の供給については、飲料水、炊事の水を得ることができない者に対して、災害発生の日から7日以内で当該地域における通常の実費で行われる。輸送費、人件費は別途計上されることとなっており、給水車での供給となった場合、飲料水を確保するための実費より輸送費、人件費の費用が必要であるといえる。

避難先については、2011（平成23）年6月2日の調査では、公民館・学校等の避難所に4万1143人が避難しているのに対して、旅館・ホテルに2万8014人が避難をしていた。[④]旅館・ホテルでの避難に対しては、1日5000円までが支給される。避難所では、プライバシーの確保が難しいほか、室温などの管理が難しい。避難所での生活における課題が指摘されており、それらを踏まえて必要な備品をそろえるなどし、ホテル・旅館への避難者との差を小さくすることが必要である。

(3) 被服、寝具その他生活必需品の給与または貸与

避難所においても、衣食住を満たすことは生活していくうえで不可欠である。被服、寝具などについては、住家の全半壊、全半焼、流失、床上浸水等で生活上必要な被服、寝具、その他生活必需品を喪失または毀損し、直ちに日常生活を営むことが困難な者に対して、災害発生時から10日以内の期間、現物給付で行われる。費用については、表3－6の通り規定されている。

表3－6

区分		1人世帯	2人世帯	3人世帯	4人世帯	5人世帯	6人以上は1人増すごとに加算
全壊全焼流失	夏	17,200	22,200	32,700	39,200	49,700	7,300
	冬	28,500	36,900	51,400	60,200	75,700	10,400
半壊半焼床上浸水	夏	5,600	7,600	11,400	13,800	17,400	2,400
	冬	9,100	12,000	16,800	19,900	25,300	3,300

夏季は4月～9月、冬季は10月～3月。災害の発生日によって決定する。（平成24年4月6日現在）

---

④ 「第5回東日本大震災における災害応急対策に関する検討会　資料3」

(4) 医療・助産

　医療については、対象を「医療の途を失った者（応急処置）」としている。期間は災害発生の日から14日以内とされている。費用は、①救護班は、使用した薬剤、治療材料、医療器具破損時の実費、②病院・診療所は国民健康保険の診療報酬の額以内、③施術者は協定料金の額以内である。

　助産については、災害発生の日以前または以後7日以内に分べんした者で、助産を要する状態であるが災害のため助産の途を失った者が対象となる。費用については、救護班は、使用した衛生材料等実費、助産師は慣行料金の8割以内の額とされている。

(5) 災害にかかった者の救出

　対象としては、「現に生命、身体が危険な状態にある者」もしくは「生死不明な状態にある者」とされている。期間は、災害発生の日から3日以内とされ、当該地域における通常の実費が費用となる。3日以内に生死が明らかとならない場合は、「死体の捜索」として取り扱われることとなる。

(6) 死体の捜索、死体の処理、埋葬

　災害発生後3日経ち行方不明の場合、死亡した者と推定され、死体の捜索となる。期間は、災害発生から10日以内で、費用は当該地域における通常の実費とされる。死体の処理については、災害発生10日以内を期間とし、費用は、洗浄・消毒等は1件3300円以内、一時保存については、既存建物を使用する場合は借上費の実費、それ以外は、1体当たり5000円以内とされている。ドライアイスなどが必要な場合には、当該地域における実費が加算される。検案については、原則救護班が行うこととなっているが、救護班以外が行った場合は、慣行料金となっている。

　埋葬については、「災害の際死亡した者を対象にして実際に埋葬を実施するものに支給」される。また、災害発生の日以前に死亡した者であっても対象となる。期間は、災害発生から10日以内で、費用については、12歳以上の者は20万1000円以内、12歳未満の者は16万800円以内とされている。

(7) 災害にかかった住宅の応急修理・障害物の除去

　住家が半壊・半焼し、自らの資力により応急修理ができない者、大規模な補修を行わなければ居住することが困難である程度に住家が半壊・半焼した者が対象とされている。災害発生の日から1か月以内で居室、炊事場、トイレなど日常生活に必要最小限度の部分の修理に対して、1世帯あたり52万円以内で支給される。

　居室、炊事場、玄関などに障害物が運びこまれているために生活に支障をきたしており、自力で除去できない場合には、災害発生から10日以内の期間で、1世帯あたり13万4200円以内で費用が支給される。

(8) 学用品の給与

　住家の全半壊、全半焼、流失、床上浸水等で学用品を喪失また毀損し、就学上支障のある小学校児童、中学校生徒及び高等学校等生徒が対象となる。教科書や教材は、教育委員会に届出または承認を受けて使用している教材、正規の授業で使用している教材は実費が支払われる。文房具、通学用品については、1人当たり、小学校児童で4100円、中学校生徒で4400円、高等学校等生徒で4800円以内となっている。

(9) 応急仮設住宅

　避難所は、公民館や学校の教室、体育館などが指定されており、長期間生活をする場としては適当ではない。自宅を失った者に対して、応急仮設住宅を提供し、安定した生活の場を提供する必要がある。

　対象は、「住家が全壊・全焼又は流失し、居住する住家がない者で、自らの資力では住宅を得ることができない者」とされている。半壊・半焼の場合は、住家を修理し、暮らすこととなる。

　応急仮設住宅については、災害発生の日から20日以内に着工することとされている。面積1戸当り29.7㎡（9坪）が基準とされており、1戸当り240万1000円以内が基準額となっている。50戸以上設置の場合には集会施設が設置可能となっている。供与期間は、2年以内とされているが、状況に応じて柔軟な対応がされている。

　また、民間賃貸住宅の借り上げ（みなし仮設、応急借上げ住宅）についても対象となっている。この場合も供与期間は2年以内となっている。東日本大震災においては、2011（平成23）年4月に1年間の延長を認め、さらに復興住宅の建設状況などにより自治体の判断で、さらに1年延長することが可能になっている。

　2013（平成25）年4月1日現在、仮設住宅は4万8102戸、公営住宅1万474戸に対して、民間住宅は5万9098戸となっている。[5]これまではプレハブによる仮設住宅が中心であったが、東日本大震災は大規模な被害をもたらし、早期に避難所から移るためには、仮設住宅の建設と合わせて「みなし仮設」の活用が積極的に行われた結果であるといえる。

　民間賃貸住宅の借り上げは、プレハブによる応急仮設住宅よりもよい環境が確保されるが、どれだけの住宅が必要なのかは発生した災害の規模によって決まるため、迅速に契約をしていくことが難しかったこと、通常の賃貸住宅であることから、入居期間の延長に貸主が応じないことが課題である。これに対し国土交通省は、2012（平成24）年12月「災害時における民間賃貸住宅の活用について」という文書をまとめ、民間賃貸住宅の借り上げ（当該文書においては「応急借上げ住宅」としている）の運用上の手引きとしている。これによれば、災害発生前から都道府県と不動産関係団体との協定の締結、定期的な会議の開催、提供意思の確認と物件情報管理が示されている。これが機能することによって、民

---

[5] 復興庁「復興の現状と取り組み」2013年4月25日

間賃貸住宅をスムーズに活用することができるといえる。

しかし、当該文書においても、契約期間は原則2年とされている。契約が更新されない場合、住居を失う可能性があることが課題である。

2 その他の法律

(1) 航空機からの物資の投下

災害発生時に、道路が寸断され孤立した地域が発生することがある。陸路での物資の輸送が難しい場合、航空機による物資の投下も考えられる。東日本大震災の発生時、航空機からの物資の投下について誤った認識が広まった。

民間機からの物資の投下については、航空法（昭和27年法律第231号）第89条に「何人も、航空機から物件を投下してはならない。」と規定されている。しかし、ただし書きがあり、「地上又は水上の人又は物件に危害を与え、又は損傷を及ぼすおそれのない場合」に国土交通大臣に届け出たときには、物資（物件）の投下は可能である。あくまでも法律上のことであり、物資投下が技術的に可能かどうかという課題が残るが、不可能ではない。

また、自衛隊については、自衛隊法第107条第1項に航空法の除外規定があり、この項目は適用されない。直接、物資を運ぶことができれば、リスクのある航空機からの物資の投下は避けたほうがよいが、状況に応じて報道用ヘリコプターなどからの投下も検討する必要があるだろう。

(2) 消防・警察の活動

災害発生時に消防団や水防団の活動が行われるが、これは災害対策基本法第58条で規定されており、市町村長は、災害が発生するおそれがあるときは、法令又は市町村地域防災計画の定めるところにより、消防機関若しくは水防団に出動の準備をさせ、若しくは出動を命じる、としている。また、警察官若しくは海上保安官の出動を求める等災害応急対策責任者に対し、応急措置の実施に必要な準備をすることを要請し、若しくは求めなければならない、としている。

消防団や水防団が出動し、避難誘導が実施される。しかし、東日本大震災においては、消防団員が命を落とすということが起こった。活動の継続、中止などの指揮・命令系統を明確にし、活動する団員を守ることも必要である。

警察に関する法律、警察法においては、災害時についての特段の定めはない。平時と変わらず防犯等の活動が行われているといえる。

(3) 自衛隊の活動

災害時には自衛隊が活躍する姿がテレビ等で報道される。がれきの整理や被災者の救

護、水の配給や風呂の設営など、生命を守り、生きるための支援が行われるといえる。

　自衛隊の災害派遣については自衛隊法第83条に定められている。被災した場合に、都道府県知事が「自衛隊に対して災害派遣の要請をした」というような報道がされるが、法律上、都道府県知事等が「天災地変その他の災害に際して、人命又は財産の保護のため必要があると認める場合に」要請をし、「事態やむを得ないと認める場合」にのみ、防衛大臣等が部隊等を派遣できるという規定になっている。これにはただし書きがあり、「事態に照らし特に緊急を要し、前項の要請を待ついとまがないと認められるときは、同項の要請を待たないで、部隊等を派遣することができる。」とも規定している。大規模災害時に、都道府県も機能しなくなることを想定した規定であるといえる。

　自衛隊の派遣については、災害対策基本法第68条の2でも規定されている。同条では、原則としては、「都道府県知事に対し、自衛隊法第83条第1項の規定による要請をするよう求める」とされている。例外として、この要求ができない場合には、その旨および当該市町村の地域に係る災害の状況を防衛大臣などに通知し、当該通知を受けた防衛大臣などが「その事態に照らし特に緊急を要し、要請を待ついとまがないと認められるときは、人命又は財産の保護のため、要請を待たないで、自衛隊法第8条に規定する部隊等を派遣することができる。」とされている。

　自衛隊法には、地震防災派遣の規定もある。大規模地震対策特別措置法（昭和53年法律第73号）に基づく自衛隊の派遣についても規定しており（第83条の2）、これにより、大規模地震対策特別措置法に基づいて設置される地震災害警戒本部長からの派遣要請による自衛隊の派遣を可能としている。

　大規模地震対策特別措置法は、「大規模な地震による災害から国民の生命、身体及び財産を保護するため」の法律として、①地震防災対策強化地域の指定、②地震観測体制の整備その他地震防災体制の整備に関する事項、③地震防災応急対策その他地震防災に関する事項について特別の措置を定め、「地震防災対策の強化を図り、もつて社会の秩序の維持と公共の福祉の確保に資すること」を目的とした法律である。主に地震による災害への対策についての法律であるといえる。

　このなかで、「警戒宣言」の規定がある（同法第9条）。「内閣総理大臣は、気象庁長官から地震予知情報の報告を受けた場合において、地震防災応急対策を実施する緊急の必要があると認めるときは、閣議にかけて、地震災害に関する警戒宣言を発する。（以下略）」と規定されている。この警戒宣言を発したとき、内閣府に地震災害警戒本部が設置され、内閣総理大臣が地震災害警戒本部長となる（同法第11条第1項）。

　この本部長の権限として、「地震防災応急対策を的確かつ迅速に実施するため、自衛隊の支援を求める必要があると認めるとき」に防衛大臣に対し自衛隊の派遣を要請することができるとされている（同法第13条第2項）。

　対象地域は、現在東海地域となっている。これらの規定はまだ適用されたことはないが、東海・東南海地震への備えとしてこのような規定がされているといえる。

4 生活再建に向けた法制度

1 災害弔慰金、災害障害見舞金、災害援護資金

　死亡した者の遺族に対して支給される「災害弔慰金」、災害により精神または身体に著しい障害を受けた者に対して支給される「災害障害見舞金」、災害により被害を受けた世帯の世帯主に対して貸し付ける「災害援護資金」がある。これらは、災害弔慰金の支給等に関する法律（昭和48年法律第82号）で規定されている。これらの支給は、市町村が条例を定め、住民に対して支給を行うしくみである。

　対象となる災害は、災害弔慰金の支給等に関する法律施行令（昭和48年政令第374号）第１条第１項及び第２項で定められている。

> （法第３条第１項に規定する政令で定める災害）
> 第１条　災害弔慰金の支給等に関する法律（以下「法」という。）第３条第１項に規定する政令で定める災害は、一の市町村（特別区を含む。以下同じ。）の区域内において生じた住居の被害が内閣総理大臣が定める程度以上の災害その他これに準ずる程度の災害として内閣総理大臣が定めるものとする。
> ２　前項の規定により内閣総理大臣が定める住居の被害の程度は、住居の被害が生じたことにより災害救助法（昭和22年法律第118号）による救助（以下「救助」という。）を行うことができる最小の災害の当該住居の被害の程度を超えるものであつてはならない。

　第２項には、災害救助法の対象よりも広く対象とすることが明確に示されている。内閣総理大臣の定める程度の災害とは、①市町村において住居が５世帯以上滅失した災害、②都道府県内において住居が５世帯以上滅失した市町村が３以上ある場合の災害、③都道府県内において災害救助法が適用された市町村が１つ以上ある場合の災害、④災害救助法が適用された市町村のある都道府県が２つ以上ある場合の災害とされている。

(1) 災害弔慰金

　災害弔慰金は災害により死亡した場合に、金銭を支給する制度である。対象となる遺族は、下記のとおりである。

① 死亡当時における配偶者（事実上の婚姻関係、婚姻の届出をしていないが事実上婚姻

関係と同様の事情にあった者を含み、離婚の届出をしていないが事実上離婚したと同様の事情にあった者を除く。）
② 子
③ 父母
④ 孫
⑤ 祖父母
⑥ 兄弟姉妹（死亡した者の死亡当時その者と同居し、又は生計を同じくしていた者に限る。また、配偶者、子、父母、孫又は祖父母のいずれもが存しない場合のみ。）

東日本大震災が発生する前は、兄弟姉妹は対象とされていなかった。平成23年8月30日の法改正（法律第100号）により、対象となっている。

災害弔慰金の額は、「死亡者1人当たり500万円を超えない範囲内で死亡者のその世帯における生計維持の状況等を勘案して政令で定める額以内とする。」とされている（同法第3条第3項）。災害弔慰金の支給額は、災害弔慰金の支給等に関する法律施行令第1条の2で定められており、災害弔慰金を受け取る者の生計を主として維持していた場合には500万円、その他の場合は250万円とされている。

ただし、死亡者が災害障害見舞金の支給を受けている場合は、その額を差し引いた額となる。

(2) 災害障害見舞金

災害による負傷もしくは疾病にかかり、精神、身体に障害が残った場合に災害障害見舞金が支給される。

災害障害見舞金の額は、「障害者1人当たり250万円を超えない範囲内で障害者のその世帯における生計維持の状況を勘案して政令で定める額以内とする。」とされている（同法第8条第2項）。災害障害見舞金は、災害弔慰金の支給等に関する法律施行令第2条の2によって、当該災害により負傷しまたは疾病にかかった時点で、世帯の生計を主として維持していた場合は250万円、その他の場合は125万円と規定されている。

対象となる障害の程度については、次のとおり示されている。

一　両眼が失明したもの
二　咀嚼及び言語の機能を廃したもの
三　神経系統の機能又は精神に著しい障害を残し、常に介護を要するもの
四　胸腹部臓器の機能に著しい障害を残し、常に介護を要するもの
五　両上肢をひじ関節以上で失つたもの
六　両上肢の用を全廃したもの
七　両下肢をひざ関節以上で失つたもの
八　両下肢の用を全廃したもの

> 九　精神又は身体の障害が重複する場合における当該重複する障害の程度が前各号と同程度以上と認められるもの

　これに対して、日本弁護士連合会は、「これら後遺障害は、労働者災害補償保険法施行規則の別表第一として掲げられている『障害等級表』の1級に該当する極めて重篤な障がいである。」とし、「障害年金の受給資格のある身体障害者手帳及び精神保健福祉手帳の障害等級1ないし3級程度の障害者まで支給対象者を拡げるのが相当である」との意見書を出している。⑥

(3)　災害援護資金の貸付

　災害援護資金は、災害により①療養に要する期間がおおむね1月以上である世帯主の負傷、②政令で定める相当程度の住居または家財の損害被害を受けた世帯で、所得の合計額が一定の基準以下の世帯主に対し、生活の立て直しに資するために貸し付けられる（同法第10条）。対象となる災害は「当該市町村をその区域に含む都道府県の区域内において生じた災害で救助が行われたものとする。」と規定されている（同法施行令第3条）。また、「政令で定める相当程度の住居又は家財の損害被害」については、「被害金額が当該住居又は家財の価額のおおむね3分の1以上である損害とする。」とされている（同法施行令第6条）。

　貸し付けの限度額は、同法施行令第7条において、350万円と規定されており、内閣総理大臣が被害の種類および程度を勘案して定める場合は、270万円、250万円、170万円または150万円とされている。

　償還期間は、同法においては「10年を超えない」としているが、同法施行令第7条第2項において償還期間を10年、据置期間はそのうちの3年、内閣総理大臣が被害の程度その他の事情を勘案して定める場合にあっては5年としている。利子は、据置期間中は無利子、据置期間経過後は延滞の場合を除き年3％と定めている。

　償還は、年賦償還または半年賦償還で（同法施行令第7条第3項）、それぞれ元利均等償還を原則とし、いつでも繰上償還できるとしている（同法施行令第7条第4項）。また、災害援護資金の貸付けを受けた者が死亡したとき、または精神若しくは身体に著しい障害を受けたため、災害援護資金を償還することができなくなったと市町村が認める場合には、災害援護資金の償還未済額の全部または一部の償還を免除することができる（同法第13条第1項）。

---

⑥「災害弔慰金の支給等に関する法律等の改正を求める意見書」日本弁護士連合会、2011年6月23日

2　住宅の再建等に関する法律

(1)　被災市街地復興特別措置法（平成7年法律第14号）

　阪神・淡路大震災のあと、復興に向けた取り組みとして「迅速に良好な市街地の形成と都市機能の更新を図り、もって公共の福祉の増進に寄与することを目的」に定められた法律である。具体的には、「被災市街地復興推進地域」における「市街地の計画的な整備改善」と「市街地の復興に必要な住宅の供給」について定めている。当該地域において自宅を再建する場合は、地階のない、2階建てまでのものに制限される。

　著しく住宅が不足する場合には、当該に対する被災市街地復興土地区画整理事業として復興共同住宅区が定めることができるとされている。

　また、公営住宅への入居条件の特例についても定められている。

(2)　被災区分所有建物の再建等に関する特別措置法（平成7年法律第43号）

　この法律も、阪神・淡路大震災のあとの復興に向けた取り組みのなかで定められた。「区分所有建物」つまり、マンションなどが被災した場合の再建に関する法律である。マンション等が全壊もしくは居住が不可能なほど被災した場合、建物を撤去し、再建しなければならない。全壊した場合に住民に残るのは、「敷地利用権」だけになるが、これに基づき建物を再建しようとすると、共有者全員の合意が必要となる（民法第251条　共有物の変更）。

　しかし、これでは迅速な再建が難しいため、敷地共有持分等の価格の割合により定められた議決権を5分の1以上有する共有者等が招集する「再建の集会」により、敷地共有者の5分の4以上の多数議決により再建を可能とした法律である。

(3)　被災者生活再建支援法（平成10年法律第66号）

　本法律は、阪神・淡路大震災による住宅への被害があった者に対して、震災があってから3年後の1998（平成10）年に成立をした。

　この法律ができるまで、個人が所有する住宅の修繕に対する支給は、災害救助法による応急修理の規定しかなかった。これは、公的資金を用いて個人の財産である住宅の大規模な補修、再建を行うことに消極的であったからである。

　同法の目的は、「この法律は、自然災害によりその生活基盤に著しい被害を受けた者に対し、都道府県が相互扶助の観点から拠出した基金を活用して被災者生活再建支援金を支給するための措置を定めることにより、その生活の再建を支援し、もって住民の生活の安定と被災地の速やかな復興に資することを目的とする。」とある。

　支給の仕方について「都道府県が相互扶助の観点から拠出した基金を活用して」とあり、都道府県から直接支給する形をとっていない。

　また、「自然災害」については、同法第2条第1項で定められており、「暴風、豪雨、豪

Ⅲ 被災者支援に関する法制度

雪、洪水、高潮、地震、津波、噴火その他の異常な自然現象により生ずる被害をいう。」としている。

支援金の支給の対象となる市町村は、被災者生活再建支援法施行令（平成10年政令第361号）第1条に以下のとおり規定されている。

> 1　災害救助法施行令（昭和22年政令第225号）第1条第1項第1号また第2号に該当する被害が発生した市町村
> 2　10世帯以上の住宅が全壊する被害が発生した市町村
> 3　100世帯以上の住宅が全壊する被害が発生した都道府県
> 4　1か2に該当する被害が発生し、同じ都道府県内の人口10万人未満の市町村で5以上の世帯の住宅が全壊する被害が発生した場合
> 5　3か4に規定する都道府県に隣接する都道府県にある人口10万人未満の市町村で、1から3までの区域のいずれかに隣接し、かつ、5つ以上の世帯の住宅が全壊する被害が発生した場合
> 6　3か4に規定する都道府県が2つ以上ある場合で、人口10万人未満の市町村で5世帯、人口5万人未満の市町村の場合は2世帯以上の住宅が全壊する被害が発生した場合

対象となる「被災世帯」は、上記の自然災害により被害を受けた次の条件に該当する世帯（同法第2条第1項第2号）に定められている。

> イ　当該自然災害によりその居住する住宅が全壊した世帯
> ロ　当該自然災害によりその居住する住宅が半壊し、又はその居住する住宅の敷地に被害が生じ、当該住宅の倒壊による危険を防止するため必要があること、当該住宅に居住するために必要な補修費等が著しく高額となることその他これらに準ずるやむを得ない事由により、当該住宅を解体し、又は解体されるに至った世帯
> ハ　当該自然災害により火砕流等による被害が発生する危険な状況が継続することその他の事由により、その居住する住宅が居住不能のものとなり、かつ、その状態が長期にわたり継続することが見込まれる世帯
> ニ　当該自然災害によりその居住する住宅が半壊し、基礎、基礎ぐい、壁、柱等であって構造耐力上主要な部分として政令で定めるものの補修を含む大規模な補修を行わなければ当該住宅に居住することが困難であると認められる世帯（ロ及びハに掲げる世帯を除く。次条において「大規模半壊世帯」という。）

被災者生活再建支援金の支給額については、同法第3条第2項に規定されている。被災世帯については、世帯人員が1人の「単数世帯」とそれ以外に分けられている。まず、単数世帯以外の世帯について述べる。

被災世帯のうち、単数世帯は75万円、それ以外の世帯は100万円、大規模半壊世帯の場

合は、単数世帯で37万5000円、それ以外で50万円となっている。さらに、下記の条件を満たす場合には、加算が行われる。複数該当する場合に、最も高いものが加算される（同法第3条第3項）。

❶ 住宅を建設、購入する場合　200万円
❷ 住宅を補修する場合　100万円
❸ 公営住宅以外の住宅を賃借する場合　50万円

「当該自然災害により火砕流等による被害が発生する危険な状況が継続することその他の事由により、その居住する住宅が居住不能のものとなり、かつ、その状態が長期にわたり継続することが見込まれる世帯」であって、住宅を建設もしくは購入せず、下記の条件にあてはまる世帯は「特定長期避難世帯」と呼ばれる（同法施行令第3条）。

（特定長期避難世帯に係る支援金の額の特例）
第3条　法第3条第4項の政令で定める世帯は、次に掲げる世帯（同条第2項第1号に掲げる世帯であるものを除く。以下「特定長期避難世帯」という。）とする。
一　当該自然災害について災害対策基本法（昭和36年法律第223号）第60条第1項若しくは第6項の規定による立退きの勧告若しくは指示又は同法第61条第1項の規定による立退きの指示（以下「避難勧告等」という。）がその区域の全部について行われた市町村（特別区を含む。以下同じ。）の区域内に当該避難勧告等が行われた時に居住していた者が属する世帯で当該避難勧告等が行われている期間が通算して3年を経過したもののうち、当該市町村の区域の全部又は一部について同法第60条第5項（同法第61条第4項において準用する場合を含む。）の規定による公示がされた日から起算して2年以内に当該市町村の区域内に再度居住することとしているもの
二　当該自然災害について災害対策基本法第63条第1項（同条第3項において準用する場合を含む。）若しくは第2項の規定による警戒区域への立入りの制限若しくは禁止又は警戒区域からの退去の命令（以下「立入制限等」という。）がその区域の全部について行われた市町村の区域内に当該立入制限等が行われた時に居住していた者が属する世帯で当該立入制限等が行われている期間が通算して3年を経過したもののうち、当該市町村の区域の全部又は一部が警戒区域でなくなった日から起算して2年以内に当該市町村の区域内に再度居住することとしているもの

この特定長期避難世帯については、前述の額に70万円を加えた額となる。しかし、その額が300万円を超えるときは、同法第3条第4項の規定により300万円となる。単数世帯の場合は、加算額が52万5000円となり、上限は225万円となる。

3 社会福祉施設の復旧への支援

　激甚災害法、正式名称は「激甚災害に対処するための特別の財政援助等に関する法律」（昭和37年法律第150号）によって社会福祉施設の復旧への財政的支援について規定されている。「激甚災害」には、「激甚災害指定基準」による「本激」と「局地激甚災害指定基準」「局激」の２種類があり、社会福祉施設への助成の他、地方公共団体に対する国庫補助の増額、中小企業者への保障の特例などの財政的な措置について規定されている。具体的な措置については、被害の状況に応じて、以下のものが適用される。

① 　公共土木施設災害復旧事業等に関する特別の財政援助
② 　農林水産業に関する特別の助成
③ 　中小企業に関する特別の助成
④ 　その他の特別の財政援助及び助成

　その他の特別の財政援助及び助成には「公立社会教育施設」「私立学校施設」の災害復旧事業に対する補助と、罹災者公営住宅建設等事業に対する補助、災害債に係る元利償還金の基準財政需要額への算入等が含まれる。

　社会福祉関係施設については、公共土木施設災害復旧事業に含まれ、第３条第１項第５号から第８号に規定されている。

（特別の財政援助及びその対象となる事業）
第３条第１項

　　五　生活保護法（昭和25年法律第144号）第40条又は第41条の規定により設置された保護施設の災害復旧事業

　　六　児童福祉法（昭和22年法律第164号）第35条第２項から第４項までの規定により設置された児童福祉施設の災害復旧事業

　　六の二　老人福祉法（昭和38年法律第133号）第15条の規定により設置された養護老人ホーム及び特別養護老人ホームの災害復旧事業

　　七　身体障害者福祉法（昭和24年法律第283号）第28条第１項又は第２項の規定により都道府県又は市町村が設置した身体障害者社会参加支援施設の災害復旧事業

　　八　障害者の日常生活及び社会生活を総合的に支援するための法律（平成17年法律第123号）第79条第１項若しくは第２項又は第83条第２項若しくは第３項の規定により都道府県又は市町村が設置した障害者支援施設、地域活動支援センター、福祉ホーム又は障害福祉サービス（同法第５条第７項に規定する生活介護、同条第13項に規定する自立訓練、同条第14項に規定する就労移行支援又は同条第15項に規定する就労継続支援に限る。）の事業の用に供する施設の災害復旧事業

4 まちづくりに関する法律

(1) 東日本災害復興基本法と復興特別区制度

　2011（平成23）年3月11日に発生した東日本大震災からの復興に関する法律として、「東日本大震災復興基本法」（平成23年法律第76号）が制定されている。

　この法律は、「東日本大震災からの復興についての基本理念を定め」「東日本大震災からの復興のための資金の確保」や「復興特別区域制度の整備」「東日本大震災復興対策本部の設置及び復興庁の設置に関する基本方針」などを定めることで「東日本大震災からの復興の円滑かつ迅速な推進と活力ある日本の再生を図ること」を目的としている（第1条）。

　その第2条に示された基本理念は、国民の共同連帯を基本としながら、21世紀半ばまでを見据え、食糧問題やエネルギー問題、環境問題というグローバルな視点をもったものとなっている。また、持続可能で活力ある社会経済の再生、文化の振興、共生社会の実現を示している。

　復興を「被害を受けた施設を原形に復旧すること等の単なる災害復旧にとどまらない活力ある日本の再生を視野に入れた抜本的な対策」であるとし、「一人一人の人間が災害を乗り越えて豊かな人生を送ることができるようにすることを旨として行われる復興のための施策の推進により、新たな地域社会の構築」するとしている（第1号）。また、「被災地域の住民の意向が尊重され、あわせて女性、子ども、障害者等を含めた多様な国民の意見が反映されるべき（第2号）」とし、住民主体が明確に示されている。その取り組みとしては、「被災者を含む国民一人一人が相互に連帯し、かつ、協力することを基本とし（第3号）」、「人類共通の課題の解決に資するための先導的な施策への取組が行われるべき（第4号）」としている。

　基本理念としては重要な事柄が列挙されているが、本法律において具体的な取り組みとして定められているのは、復興債の発行等（第8条）、復興特別区域制度の整備（第10条）、復興庁の設置に関する基本方針（第4章）のみである。[7]

　復興特別区域制度については、東日本大震災復興特別区域法（平成23年法律第122号）によって詳細が定められている。この法律により、政府は復興特別区域基本方針を作成することとなっている（第3条）。東日本大震災の被災自治体においては、この基本方針に沿って復興推進計画を策定し、内閣総理大臣の認定により特別の措置を受けることができることとしている（第3章）。

　また、復興整備計画等に係る特別の措置（第4章）、復興交付金事業計画に係る特別の措置（第5章）についての規定がある。

---

[7] 東日本大震災復興基本法制定での議論において各党が出した意見については、岩崎忠「東日本大震災復興基本法の制定過程」『自治総研394号』地方自治総合研究所、2011年8月に詳しく紹介されている。

Ⅲ　被災者支援に関する法制度

(2)　大規模災害からの復興に関する法律（平成25年法律第55号）

東日本大震災からの復興に向けた「東日本大震災復興基本法」を基に、「大規模な災害を受けた地域の円滑かつ迅速な復興を図るため」の法律としてつくられた。具体的には、①復興対策本部の設置、②復興基本方針の策定、復興計画の作成、③復興のための特別の措置などが定められている。

①　復興対策本部の設置

内閣府に内閣総理大臣を本部長とする、復興対策本部を設置することができると規定されている（第4条─第5条）。

②　復興基本方針と復興計画

大規模な災害からの復興を進めるため、政府は復興基本方針を定めることとしている（第8条）。そして、被災した都道府県知事が復興基本方針に即して「都道府県復興方針」を定めることができる（第9条）、としている。そして、災害により、土地利用の状況が相当程度変化した地域等のある市町村は、復興基本方針、都道府県復興方針に即して「復興計画」を作成することができると規定している（第10条）。このとき、市町村は「復興協議会」を設置できるものとしている（第11条）。

③　復興のための特別の措置

土地利用基本計画の変更、復興整備事業、土地区画整理事業、土地改良事業、住宅地区改良事業、漁港漁場整備事業、地籍調査事業などを復興計画に盛り込むことによって、一元的に進めることができるよう規定されている。復興整備事業は、復興計画に記載されていることによって、許認可がなされたものとなる（第3章）。

また、復興の拠点として市街地を整備するため、都市計画に「一団地の復興拠点市街地形成施設」を定めることができる、としている。

5 雇用に向けた支援

　大規模な災害が発生すると、衣食住という生活の基盤が失われるとともに、事業所が被災するため、仕事も失ってしまう。

　仕事中、被災した場合には労働者災害補償保険の給付対象となる。行方不明となり、民法の規定で1年後、死亡とみなされた場合には遺族補償給付も行われる。

　東日本大震災においては、雇用保険法による失業手当の延長措置が取られた。通常の給付期間に加え、被災者に対しては、120日間の延長措置を取った。さらに2011（平成23）年9月、被害の大きかった岩手、宮城、福島の沿岸部と福島第一原子力発電所の周辺地域については、90日の延長を決定した。しかしながら、2012（平成24）年9月に給付措置が終了する時点で4200人から4500人の被災者が仕事を見つけられないでいた[8]。また、被災したことにより解雇や派遣労働者の雇い止めも大きな問題となった。

　復興に際して雇用に結びつかない背景としては、被災地での求人と就職者の職種や雇用条件に対するニーズが合わないということがある。特に復興関連の土木工事に関する求人が増加し、求人倍率は上がるなか、これに応える求職者がいない状況であった。

　雇用創出基金事業による震災対応事業も行われた[9]。自治体が直接、もしくは企業、NPO*、商工会、農協、漁協等に委託によって被災した人を雇用し、避難所・仮設住宅での活動、行政事務、復旧・復興事業を行うというものである。

　避難所・仮設住宅での活動については、「被災者自身による避難所等の運営」「避難所・仮設住宅での安全・安心の確保」などが挙げられている。具体的には、飲食の配膳・清掃、食料・資材の調達・運搬、安全パトロール、高齢者・障害者の見守りなどがある。これらについては、住民の自主的な活動やボランティアの支援もあるなか、当該事業で雇用されて活動する人とのすみ分けが難しいといえる。

---

[8]「朝日新聞」2012年9月28日夕刊2面
[9]「第5回東日本大震災における災害応急対策に関する検討会」資料3

Ⅲ　被災者支援に関する法制度

参考文献

- 津久井進・出口俊一・永井幸寿・田中健一・山崎栄一著、兵庫県震災復興研究センター編『「災害救助法」徹底活用』クリエイツかもがわ、2012年
- 秋山靖浩・河崎健一郎・杉岡麻子・山野目章夫編『別冊法学セミナー　3・11大震災　暮らしの再生と法律家の仕事』日本評論社、2012年
- 国税庁ホームページ「東日本大震災により被害を受けた場合等の税金の取扱いについて」
  URL http://www.nta.go.jp/sonota/sonota/osirase/data/h23/jishin/tokurei/zeikin.htm
- 厚生労働省社会・援護局「平成22年度災害救助担当者全国会議資料」平成22年5月31日
  URL http://www.mhlw.go.jp/bunya/seikatsuhogo/saigaikyujo6.html
- 内閣府ホームページ「災害対策法制のあり方に関する研究会」（第1回資料）
  URL http://www.bousai.go.jp/kaigirep/kenkyu/saigaitaisakuhousei/1/index.html

IV

支え合う関係

Ⅳ 支え合う関係

1 災害時要援護者とは

1 災害時要援護者の定義

　災害時要援護者とは「必要な情報を迅速かつ的確に把握し、災害から自らを守るために安全な場所に避難するなどの災害時の一連の行動をとるのに支援を要する人々をいい、一般的に高齢者、障害者、外国人、乳幼児、妊婦等があげられている[①]」と定義されている。また、「情報援護者」と「行動援護者」とに分けて「災害の認知が困難」「十分かつ適切な避難行動等ができない人」と区別してとらえるという考え方もある[②]。

　2004（平成16）年に発生した一連の風水害では、犠牲者の半数以上が高齢者であった。また、東日本大震災における死者と地域人口の年齢構成比較をみてもわかるように、高齢者の被害が多い（図4－1）。

　もちろん高齢者であっても自分自身の力で避難行動をとることができる人は災害時要援護者ではない。しかし、災害時要援護者の占める割合は、高齢者の数が多いことは否めない。

　具体的には、以下の人を指す。

① 心身障害者（肢体不自由者、知的障害者、内部障害者、視覚・聴覚障害者）
② 認知症や体力的に衰えのある高齢者
③ 日常的には健常者であっても理解力や判断力の乏しい乳幼児
④ 日本語の理解が十分でない外国人
⑤ 一時的な行動支障を負っている妊産婦や傷病者

　国（内閣府）は、高齢者等の災害時要援護者の避難支援などについて検討を進め、「災害時要援護者の避難支援ガイドライ

図4－1　東日本大震災における死者と地域人口の年齢構成比較（岩手県・宮城県・福島県）

出典：内閣府『防災白書』（平成23年版）

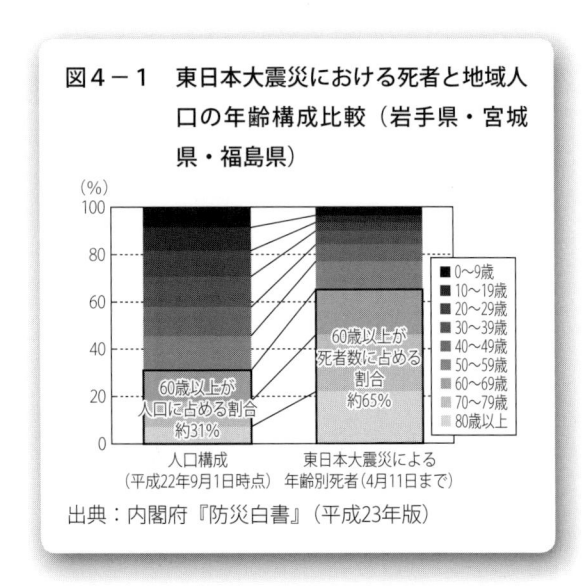

①内閣府　災害時要援護者の避難対策に関する検討会「災害時要援護者の避難支援ガイドライン」2006年
②廣井脩「災害弱者（災害時要援護者）対策の実態と課題」『Labor Research Library』3号、7～10頁、2005年

ン」(内閣府、2006)を取りまとめ、同年9月からは「災害時要援護者の避難対策に関する検討会」も発足させた。厚生労働省の補助を受けて、日本赤十字社では「災害時要援護者対策ガイドライン」を出して、地方公共団体が災害時に必要とされる援助活動および援護者(支援者)に必要な留意事項等をとりまとめた。

2 要援護者が災害時に陥りやすいことがら

要援護者が災害時に遭遇する支障についての特徴は、障害によってそれぞれ異なる。日本赤十字社の「災害時要援護者対策ガイドライン」では次のように分類している。

表4−1 災害時に遭遇する支障

情報が伝達・理解されにくい「情報支障」	・情報を受けたり伝えたりすることが困難である。 ・情報を理解したり、判断することが不可能だったり、理解するまでに長時間を要する。 ・通常の緊急情報伝達手段だけでは、一般の人への情報伝達漏れが生じやすく、特に視覚・聴覚障害をもつ人への情報伝達漏れが生じ(緊急情報、災害後の生活情報とも)、緊急時の情報入手がむずかしい。 ・外国語による情報伝達がなされないため、情報伝達漏れが生じたり、避難指示情報等が理解されにくい。 ・外国人、旅行者・観光客等は、その地域特有の災害の知識が不十分な傾向があるうえ、避難路や避難場所を知らないことが多い。
被災をまぬがれるための「危険回避行動支障」	・瞬発力に欠けるため危険回避が遅れ、倒れた家具などから身を守れない。 ・風水害時の強風や濁流等に抗することができず、死傷しやすい。 ・危険回避しようとあわてて行動することで、逆に死傷してしまう。
日常の移動空間、被災したことによる「移動行動支障」(「避難行動支障」も含む)	・体力不足などによる避難の遅れが生じる。 ・移動が困難なため、被災により日常の移動行動に支障が生じる。 ・自宅の被害により、自宅内での行動に支障が生じる。 ・独自の補助具などが入手しにくいことによる移動支障が生じる。 ・被災した道路の段差、冠水などによる移動の支障が生じる。 ・バリアフリー建物等が被災することによる移動支障が生じる。
被災により日常生活行動が狭められる「生活行動支障」(避難所等も含む)	・薬や医療用具・機器がないと生命・生活の維持がむずかしい。 ・自宅や周囲が被災することにより、日常生活に支障が生じる。 ・避難所がバリアフリー化されておらず、生活行動に支障がある人が必要とする手すりや洋式トイレがないなどの避難所が多い。また、市区町村などの福祉避難所の準備・整備が不十分なこともあり、環境の整った施設等が不十分。
急激な生活環境の変化へ心理的・精神的に対応できない「適応支障」	・心理的動揺が激しいこともあり、適切な危険回避行動をとりにくい。 ・精神的障害による不安定な状態が被災により増幅される。 ・日常生活の変化への適応力が不足しており、回復が遅い。 ・感染症等への抵抗力が弱く、避難所で病気にかかることが多い。
生活環境面からは住宅・建物構造等の「構造支障」 生活再建に向けた「経済支障」	・住宅構造上の問題(非耐震化、家具等の転倒防止策が不十分)により、地震時の死傷者が多い。 ・広報・相談・カウンセリングが不十分なための救援の遅れが生じる。 ・経済支障による復旧・復興への支障が生じる。

Ⅳ　支え合う関係

2 災害時要援護者への支援のあり方

1　支援者とは

　災害時要援護者に対する支援者とは、家族や地域等の住民の共助のほか、公助としての国、都道府県、地方自治体、福祉関連サービスにかかわる組織などである。

　災害時要援護者の支援対策を進めていくために、災害時要援護者の避難支援に関する検討会による報告書が出された。災害時要援護者の避難支援に関する検討会では、避難所における支援とともに、医療機関、保健師、看護師、社会福祉協議会、介護保険制度関係者等の福祉サービス提供者、自主防災組織、民生委員、障害者団体、関係企業、ボランティア、NPO等のさまざまな関係機関等の間の連携を向上し、避難支援ガイドラインに沿った取り組みを更に発展させていくことが重要としている。

2　要介護者の特徴と支援の留意点

　要介護者が災害時に受ける支障は、災害別、災害のサイクルなどの時間的経過によっても異なる。なかでも要介護者は、介護者がいなければ、日常生活活動が行えない人であり、一般の人々に比べて、災害による被害が大きく、災害からの回復・生活再建も遅くなる。支援体制上の不備、周囲の人々の無理解により支障が生じることもあるので、要介護者のニーズと支援の留意点への理解が必要である。

　要介護者とは、身体障害者（児）では、身体障害者手帳の１、２級の交付を受けている人、知的障害者では療育手帳Aの交付を受けている人、精神障害者では、精神障害者手帳１級の交付を受けている人、高齢者では、要介護の認定を受けている人、一人暮らしの人で、要支援の認定を受けている人、難病患者では、特定疾患医療受給証を受けている人等である。

　これらの人は、自分で対応できる範囲に限りがあるため、不安が強くなる。障害の特徴をとらえて、安心感を与えるために長期的な支援を行う（表４-２）。

　一方、援助者（介護者）は、自己の生活を顧みず被災者の援助にかかわろうとする。自らも被災者であることを自覚し、援助ができる状態になってから援助を始めることが大切

③内閣府　災害時要援護者の避難支援に関する検討会「災害時要援護者の避難支援に関する検討会報告書」

である。また、自分自身の限界を知り、ペースを守り、自分を誉めてやることも大切である。

表4-2　要介護者の特徴と支援の留意点

障害別	特徴	支援の留意点
身体障害者（児）	肢体不自由者では、体幹障害や足が不自由な場合、自力歩行や素早い避難行動が困難なことが多い。視覚障害者では、視覚による覚知が不可能な場合や、置かれた状況がわからず、瞬時に行動をとることが困難だったり、他の人がとっている応急対策などがわからない場合が多い。聴覚障害者は、音声による避難・誘導の指示が認識できない。補聴器を使用する人もいるが、コミュニケーション手段としては、手話、筆記等である。言語障害者には、自分の状況等を伝える際の音声による会話が困難である。	肢体不自由者は、歩行の補助や、車いす等の補助器具が必要となる。視覚障害者は、音声による情報伝達や状況説明が必要であり、介助者がいないと避難できないため、避難誘導等の援助が必要となる。聴覚障害者は、補聴器の使用や、手話、文字、絵、図等を活用した情報伝達および状況説明が必要となる。言語障害者には、音声による会話が困難である。災害時には、伝わる手段を確認して状況を伝えることが必要となる。
知的障害者	緊急事態等の認識が不十分な場合や、環境の変化による精神的な動揺が見られる場合があり、自分の状況を説明できない人もいる。自力で歩行できるが遅く介助が必要となる場合もある。誰かの支援がないと行動できないため問題を起こすことが多い。	気持ちを落ち着かせながら安全な場所へ誘導したり、生活行動を支援するなどが必要となる。通所していた施設・作業所等の復旧を早め、被災前の生活に一刻も早く戻す。
精神障害者	多くの人は自分で判断し、行動できる。適切な治療と服薬により、症状をコントロールできる。精神的動揺が激しくなる場合があるので、気持ちを落ち着かせ、適切な治療と服薬を継続することで症状をコントロールすることが必要となる。	精神的動揺により、状態が急変することもあるので、避難行動のため、場合によっては車いす等を用意したり、車などの移動手段が必要となる。自ら薬の種類を把握しておくとともに、医療機関による支援が必要となる。
要介護高齢者	食事、排泄、衣服の着脱、入浴などの日常生活をするうえで他人の介助が必要であり、自力で移動できない。災害時には、安否確認、生活状況の確認が必要となる。認知症高齢者では、記憶が抜け落ちたり、幻覚が現れたり、徘徊するなど、自分の状況を伝えたり、自分で判断し、行動することが困難なことがある。	災害時には、安否確認、状況把握、避難誘導等の援助が必要となる。避難する際は、車いす、担架、ストレッチャー等の補助器具が必要なことがある。高齢者は居住環境が変わると認知症が急速に進むということ（リロケーションダメージ）が起こりやすいので環境に留意する。
一人暮らしの要支援高齢者	基本的には自力で行動できるが、地域とのつながりが薄く、緊急事態等の覚知が遅れる場合がある。	迅速な情報伝達と避難誘導、安否確認および状況把握等が必要となる。
難病患者	医療依存の強い難病患者は、在宅酸素器、人工呼吸器、腹膜透析装置などの医療機器を使用している場合があり、医療関係者、自治体、保健所とは、緊急時の連携体制が必要となる。	平常時から移動手段を確保し個別対応への準備をしておく。必要な医療機材（バッテリー等を含む）を持ち出せるようにしておくことや常備治療薬等の携帯をする。

Ⅳ　支え合う関係

3 災害情報の収集と伝達

　大規模な災害では、情報が伝わらずに不安や混乱が増大する。どのように情報を得るか、伝えるかを平時から心得ておきたい。
　被災者の個人情報については、守秘義務があり自治組織のなかでも共有されずにいる。しかし、最近では、いざというときに備えて迅速、安全な支援を提供するための情報の管理システムが重要であるという認識に立ち、防災関係部局と福祉関係部局、自主防災組織、福祉関係者との間の連携強化に努めてきている。

1　災害情報の収集

災害時の情報収集では、必要な情報を迅速に集めることが安心材料となる。
① 　災害直後や津波情報の収集では、放送型ツール（ラジオ、テレビ）の利用率が高い。災害発生時は即時性の高いラジオが有効。テレビの利用も多い。一方、生活情報など地域の細かい情報については限界である。
② 　防災無線は、被災者の意識を避難行動へと切り替える。初動を促す重要な役割をする。
③ 　双方向性を有する携帯電話・メールの利用は安否確認のために利用する人も多いが、災害直後以降、輻輳と物理的な損壊で長期間使用不能となるなどの影響を受ける。
④ 　被災地でのインターネット利用は限定的であるが、先進ユーザー間では、Twitter等を活用して、生活情報収集など即時性・地域性の高い情報を収集できる[④]。

広範囲にインフラが障害されたときは、
⑤ 　口コミ、人づて、手紙。
⑥ 　伝言板やお知らせ板への張り紙などを利用する。

2　災害時要援護者の情報の共有

災害により交通網や情報網が断絶し、地域が崩壊したような状況のなかでは、まず自分

[④]総務庁ホームページ　http://www.soumu.go.jp/menu_news/s-news/01tsushin02_02000036.html

たちができることから行うことが鉄則である。今回の震災経験からは、近隣地域住民とは災害によってつながりを強めた。このことは、東北という地域性にあったといえる。

一方、自治体の役割では、災害時要援護者の避難支援ガイドライン⑤において、「市町村は、要援護者への避難支援対策と対応した避難準備（要援護者避難）情報を発令するとともに、要援護者及び避難支援者までの迅速・確実な避難勧告等の伝達体制の整備、一人ひとりの要援護者に対して複数の避難支援者を定める等、具体的な避難支援計画「避難支援プラン」を策定しておく」と述べている。避難支援プラン等をもとに計画的・組織的な避難支援を行うことになっている。

そのためにも、災害等の緊急時における個人情報の取り扱いについて、迅速な対応の実施と行政業務の円滑化の観点から、具体的な運用面のルールや基準等の整理の必要性が示唆されている。情報の共有に際しては以下の方式がある。

① 関係機関共有方式

　　災害時要援護者本人から同意を得ずに、平常時から福祉関係部局等が保有する災害時要援護者情報等を防災関係部局、自主防災組織、民生委員などの関係機関等の間で共有する方式。

② 手上げ方式

　　自ら災害時要援護者名簿等への登録を希望した者の情報を収集する方式。実施主体の負担は少ないものの、災害時要援護者への直接的な働きかけをせず、災害時要援護者本人の自発的な意思に委ねているため、支援を要することを自覚していない者や障害等を有することを他人に知られたくない者も多く、十分に情報収集できていない傾向にある。

③ 同意方式

　　防災関係部局、福祉関係部局、自主防災組織、福祉関係者等が災害時要援護者本人に直接的に働きかけ、必要な情報を収集する方式。災害時要援護者一人ひとりと直接接することから、必要な支援内容等をきめ細かく把握できる反面、対象者が多いため、効率的かつ迅速な情報収集が困難である。

憲法13条「生命、自由及び幸福追求に対する国民の権利」のなかで、「自己決定権」があるが、逃げたくても逃げることができない状況下（災害時要援護者）では、自己決定というものは存在せず、関係機関共有方式を採用している自治体も増えてきている。

⑤前掲①

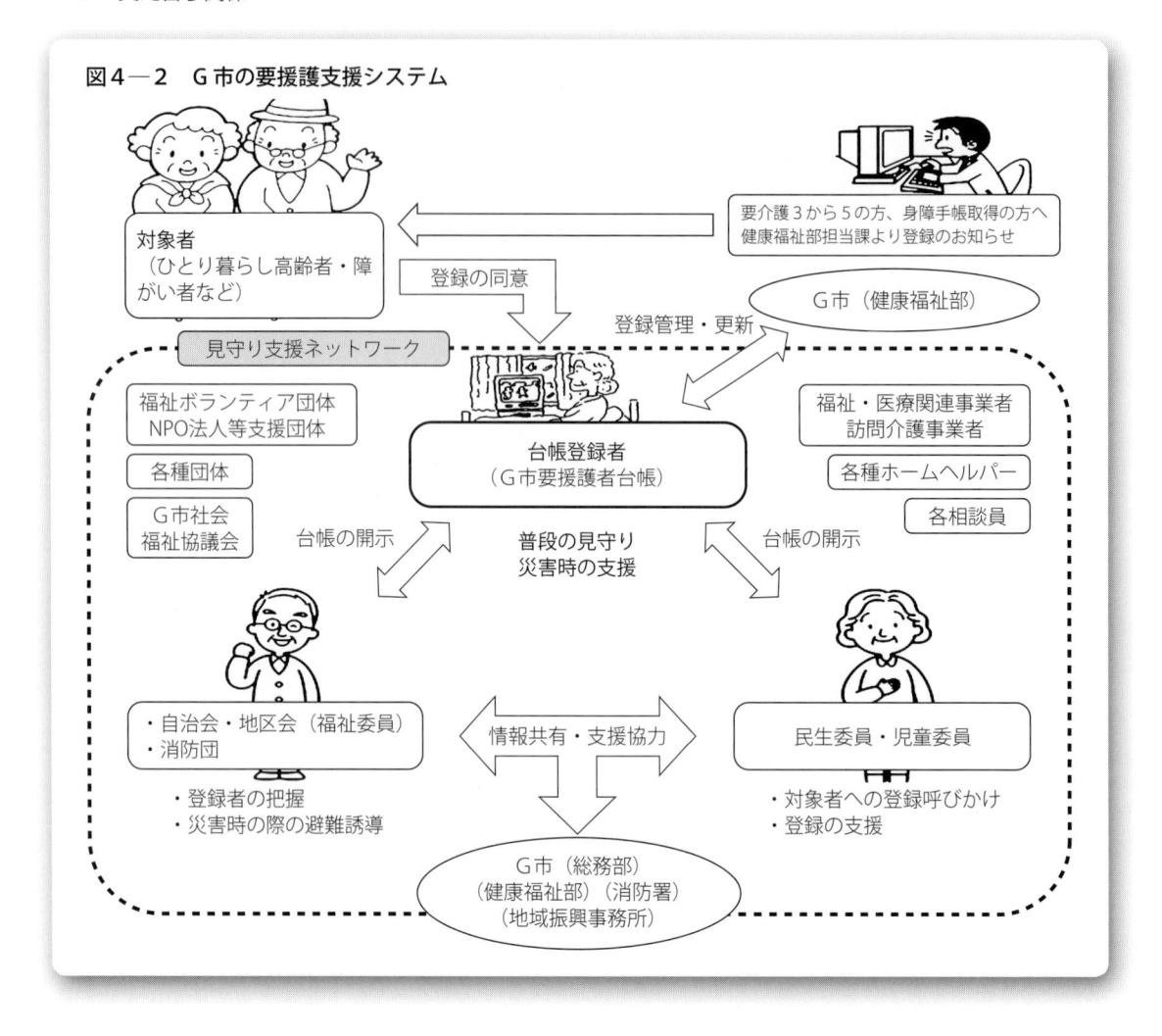

Ⅳ　支え合う関係

図4－2　G市の要援護支援システム

対象者
（ひとり暮らし高齢者・障がい者など）

要介護3から5の方、身障手帳取得の方へ健康福祉部担当課より登録のお知らせ

登録の同意

G市（健康福祉部）

登録管理・更新

見守り支援ネットワーク

福祉ボランティア団体
NPO法人等支援団体

各種団体

G市社会福祉協議会

台帳登録者
（G市要援護者台帳）

福祉・医療関連事業者
訪問介護事業者

各種ホームヘルパー

各相談員

台帳の開示　　普段の見守り　災害時の支援　　台帳の開示

・自治会・地区会（福祉委員）
・消防団

・登録者の把握
・災害時の際の避難誘導

情報共有・支援協力

民生委員・児童委員

・対象者への登録呼びかけ
・登録の支援

G市（総務部）（健康福祉部）（消防署）（地域振興事務所）

4 災害時における連携とネットワーク

　ネットワークとは、「網状の組織」という意味であり、そのネット（社会）から一人もこぼれ落ちないよう支援する体制を目指す。

　ネットワークの資源は、災害時にはいのちを守る医療、くらしを守る行政機関、民生委員、自治会、ボランティア団体、NPO法人、企業等がある。また、介護を提供する福祉施設や介護事業所等がある。これらのすべては地域に密着しており、情報、資源、人をもたらし、大きな「支援力」となる。

　これらは、日頃からのネットワークの構築によって、いざというときの力になり得る。よりきめの細かいネットワークをつくるには、日々の連携への努力が重要となるであろう。

　ここでは、災害時への情報、資源、人をつなぐ連携の方法について要介護者を支援する視点からまとめてみる。

1　医療、行政機関、他部門との連携方法

(1)　医療との連携

　災害時の拠点病院として都道府県に1つは基幹災害医療センターを設置している。二次医療機関として地域災害医療センターや拠点病院などとして指定された病院もある。そのほかに、主治医や近医の関係も重要であり、緊急時に迅速に対応してもらえる関係を日頃から築いておく。

　そのほかに、DMAT（専門的訓練を受けた災害派遣医療チーム）による災害時医療サービスの提供や被災地外からの医療チームの派遣（JMAT（日本医師会災害派遣チーム）、こころのケアチーム等）による医療などが提供してもらえる。

(2)　行政機関（市役所、消防、警察、自治組織）との連携

　地方自治体は、初期対応として、現地の情報収集を統括し、救助活動を指揮し、避難所の設営にあたってくれる。防疫、遺体の処置等に関する活動や避難場所の生活環境を確保するため、必要に応じ、仮設トイレを早期に設置するとともに、被災地の衛生状態の保持のため、清掃、し尿処理、生活ごみの収集処理等についても必要な措置を講じてもらえる。被災者のニーズを把握し、すばやく現場で活動し、各種団体とも連携調整する役割を

Ⅳ　支え合う関係

担う。ボランティアや企業などの支援は、すべて行政機関と連携、調整を図りながら活動する。

　消防署の救急隊との連携では、緊急度の高い、または、いのちの危険度の高い人に1秒でも早く救助を要請したいときに必要となる。難病等により人工呼吸器を装着している人は、日頃から連携を密にしておくと対応が迅速に行える。

　警察との連携では、行方不明になった人を届け、情報を伝えておくことで保護してもらえた場合に、もとの場所へスムーズに戻れることがある。認知症の人が帰宅できずに迷っている場合なども、捜索してもらえる。

　自治組織との連携では、各地域の自治会長をはじめとして民生委員の役割が非常に大きい。各地域では社会資源としてさまざまな人が活躍しており、高齢者や近隣の人との関係づくりなど、地域の資源を有効活用し、一人暮らしの高齢者や障害のある人の家庭などに対する気配りや目配りを身近なところで行ってくれる。日頃より顔の見える関係から支援の関係へと絆を強めておくと、いざというときに大きな助けとなる。

(3)　ボランティアとの連携

　ボランティアは、個人のボランティアや団体のボランティアとして、NPO*（非営利組織）やNGO*（非政府組織）、企業のボランティア（CSR）⑥* がある。ボランティアにより、活動目的やスタイル、活動内容もまちまちである。一般的にはボランティアセンター等の支援機関（社会福祉協議会）やそれをバックアップする行政機関等との連携協働によって行われる。

　行政の手が行き届かないところをボランティアが補完する役割を担うという面からも、ボランティアと行政、社会福祉協議会（ボランティアセンター）等の連携が重要である。被災者が、何を必要としているのかをくみ取り行動するとともに、関係者との話し合いや調整によって、役割分担を明確にして協働作業を行う。最近では、多くのボランティアが集まりボランティアの活動が大きな鍵を握っている。そのために、どうすれば被災地がボランティアを受け入れることができるのか、支援を受ける側の姿勢（受援力）が問われている。

(4)　サービス事業所や企業、NPOや地域の人たちとの協力と関係のつくり方

　社会サービス関係者や企業、NPOとの連携は、くらしや介護を維持していくために非常に重要である。資源が不足するなかで、物資の調達や資金と人材の派遣等、多くの企業が地域への貢献を社会的責任として果たすことの役割が認識されており、東日本大震災からは、積極的な活動への参加が行われるようになった。この経験を教訓に、日頃から顔の

---

⑥ CSRとは、企業の社会的責任としての活動を展開することである。東日本大震災においては、いくつもの企業が会社負担のもとで、被災地に従業員を定期的に派遣し、社会貢献活動の一環としてボランティア活動を展開した。

見える関係を築き、互助の関係を日々の日常的関係のなかでつくることが大切である。

2 地域のネットワーク構築事例

地域で互助の関係をつくっている各務原市チームの試みを座談会として紹介し、今後の地域の組織づくりへの参考にしたい。

支え合うネットワークづくり（各務原地域のネットワーク例）

座談会を通じてその関係のあり方を考えてみよう

支え合うネットワークづくり

　各務原市内介護保険関連事業者の加盟者で、顔が見える関係支援関係をつくるために7年ほど活動してきた。本来、この協議会の事業者同士は、ある側面では、同じ地域での同業他社であり、競合相手でもある。日頃からの地域の他事業所とのコミュニケーションが有事の際に役立つことから、日頃のコミュニケーションについて、責任者同士、現場レベルにおいても大切にしてきた。

　日本人の価値観を一変させた東日本大震災の教訓を学び、われわれも現時点で想定できる事をこの1年半ほどの間、分科会でもある居宅部会、施設部会、通所部会、訪問部会、それぞれで、検討、研修を続けてきたことにより、よりよい関係ができてきたこの地では、みんなで一緒に考え、みんなで協力できると信じている。

各務原市サービス事業者協議会　会長　稲垣光晴

Ⅳ　支え合う関係

●座談会● 「東日本大震災を経験した私たちが地域でできること～各務原災害時介護支援チーム（KCAT）の取組みと課題」	
●参加者● ・稲垣光晴：各務原市介護保険サービス事業者協議会会長（介護福祉士、福祉用具プランナー） ・長縄伸幸：各務原市介護保険サービス事業者協議会副会長、医師 ・松井兼道：各務原市介護保険サービス事業者協議会副会長、有限会社代表取締役 ・浅野茂之：各務原市介護保険サービス事業者協議会事務局、各務原市社会福祉協議会事務局長 ・汐見康　：介護保険施設勤務　介護福祉士、　チーフリーダー	
司会	本日は岐阜県の各務原市介護保険サービス事業者協議会で中心的に活動されている市内の医療・介護関係の方々にお集まりいただきました。今日は震災の支援の経験から学んだことをもとに、各務原市における災害時の地域連携についてそれぞれのお立場からご意見を伺いたいと思います。汐見さんは震災時いち早く被災地の支援活動に参加されましたが、その時の経験を話していただけますか。
汐見	私は全老健による被災地支援活動の一環として石巻市出身の同僚と2人で4月5日に石巻市に現地入りしました。3月中旬に全老健から要請があって、下旬にはいつでも出発できるように準備していたのですが、全老健も現地との連絡調整に手間取っていたようでなかなか派遣先が決まりませんでした。やきもきしていたところやっと石巻市の遊楽館への派遣が内定したのが3月終わりです。ところが出発前日の4月4日になって急に遊楽館側の都合で派遣要請がキャンセルとの連絡が入ったのです。この時はすでに出発するばかりに準備していたので、理事長にも背中を押され、何も決まっていないままとりあえず現地入りすることにしました。ミニバンに支援物資や寝袋を詰め込んで、およそ10時間かけて現地に向かいました。通行規制の心配もあったので県の老健協会に急遽災害派遣車両証明書を発行してもらいました。最初の仕事はミニバンに詰め込んだ支援物資を現地のボランティアセンター倉庫に降ろすことでした。そうしないと車中で宿泊できなかったからです。持ってきた多くの介護用品を一般の支援物資の山と一緒に積み置くのは複雑な心境でした。これらはいつだれが仕分けをするのだろうか、果たして有効に活用されるのかと不安に思ったからです。そして翌日からは石巻市の市民ボランティアとして民家のがれき撤去や泥のかき出しなどを行いました。その後、全老健からの新たな派遣先の連絡があったのは到着2日目の4月7日で

	した。石巻市から北に100キロほど行った陸前高田市の老健施設です。法人本部を通じて指示があり翌8日の昼ごろに現地に到着しましたが、その施設は建物の損壊が激しく、すでに入所者全員を同じ法人のほかの施設、小規模多機能施設やグループホーム、老健施設、病院などに避難させていました。私たちはその避難者を追って、別の老健施設に再度移動して支援活動を行うことになりました。現地での支援内容は基本的に介護業務で、食事介助、口腔ケア、入床・離床介助、排泄ケア、清拭などです。施設ではやっと業務が回り始めた頃で、十分ではありませんが個別ケアにも対応できているようにみえました。ちなみに個別ケアの情報はベッドサイドの「ふせん」で確認しあいました。入浴が再開したのは4月11日からで、それまではすべて清拭対応でした。清拭タオルの使用は1日1枚と決められていたので、ウェットティッシュを使うことが多かったです。ウェットティッシュが高齢者のお尻を拭くのにこれほど適さない物だとは思いもしませんでした。避難者が多すぎてベッドが足りないため、居室には発泡スチロールを並べた上に布団を敷きつめて4人部屋に6名の方が寝てみえました。電気はいったん復旧したものの、私たちが訪ねる前日に本震後最大の余震に見舞われ再び停電になってしまいました。併せてエレベーターの部品が壊れて完全に使えなくなり、食事はすべて階段を使って手で運びました。少ないスタッフでローテーションを組んでいました。スタッフが長期にわたる過酷な勤務で相当に疲弊していたのは確かです。震災から約1か月たったこの時点でも日勤は24時間連続の勤務体制でした。今回の支援活動を通じて一番感じたことは、災害によって施設が大きくダメージを受けたときには、利用者のケアを継続するためにできるだけ早い段階で外部支援が必要だということです。私たちが活動したのは約1か月後ですが、いまだ人手が足りないにもかかわらず業務量は普段の何倍にも感じられました。震災直後にはすべてのライフラインが遮断され、十分な水、食料、医薬品がない、スタッフもいないという、まさに想像を絶する状況があったといいます。こうした状況下で、受け入れ側である被災施設の負担にならない形での外部からの専門的支援があれば理想的だと思います。
司会	次は社会福祉協議会から被災地への支援活動に参加された浅野さんより震災から約2か月後の経験をお話しいただきたいと思います。
浅野	私は被災地の災害ボランティアセンターの支援を目的に5月2日から9日までの8日間、岩手県大槌町へ支援活動に行ってきました。ご存じのように大槌町は地震に伴う津波によって大きな被害を受け、死者、行方不明者合わせて1200名以上の方々が犠牲になられた地域です。私たちは新幹線で北上市に入り、そこから車で現地へ向かいました。正直なところ内陸部ではそれほど震災の影響を感じなかったのですが、沿岸部に入った途端に景色が一変しま

した。建物や看板、自動車などありとあらゆるものが津波によって押し流され壊滅的な被害を受けていました。津波で破壊された大槌町役場が2か月経ってもそのままの状態であったのを見て大きな衝撃を受けました。私の活動は、大槌町社会福祉協議会にある災害ボランティアセンターで住民ニーズと災害ボランティア活動との利用調整をするのが主な活動内容でした。実際に私が災害ボランティアコーディネーターとして担当したのは本部から車で15分ほど離れた場所にある吉里吉里地区のサテライトでした。災害ボランティアセンターのほか、自衛隊による支援物資の集積と配布、地域や町の情報を集約する役割を担っていました。しかし、町内の人も何をするところか知らない方が多く、仮にいろいろなニーズがあってもなかなか相談に来られない状況でした。そこで私たちは初めにサテライトの活動内容をPRするためのチラシを配布することから始めました。いわばニーズの掘り起こしです。またチラシを手渡しで配りながら各戸を回ることで、現地の地理を覚え、住民との会話を通じて何とか少しでも信頼関係を築けるように努めました。そしてボランティアの依頼があれば依頼主宅へ訪問し、ニーズを調査し、依頼内容を把握して、支援に必要なボランティアの人数や必要な道具、例えばスコップや一輪車など、そして活動日程などを見積もり本部と連携してボランティアの確保など調整をしました。支援物資が届けられる毎週月、水、金曜日には自治会長さんや地域の方が続々とサテライトに集まってこられます。あるとき自治会長さんにサロン（茶話会）の話をしてみました。すると「震災前は近くのお年寄りが集会所に集まってお茶会をよく開いていたが、今回の震災でできなくなってしまった。お茶会の復活は地域の人々にとって明るくよい話ではないか。」との前向きな意見をいただけました。その言葉を受けて、早速大槌町として震災後初めてのサロン（茶話会）の立ち上げに動き出しました。まずはサテライトに支援物資が届く日に配給時間までのひと時を地域の皆さんでお茶を飲みながら和やかに交流していただくことを目指しました。お手伝いをしていただいたのは町内の皆さん、とりわけお世話好きの女性たちに協力を求めました。そしてサロンで使う机やいす、その他備品の多くは、もともと薬局だったサテライトのご主人が好意で貸してくださることになり、津波で汚れた机やいす、収納ボックスなどをきれいに洗って準備をしました。お茶やお菓子はサテライト側で準備しました。サロン当日は自治会長さんをはじめ地域の皆さん方が多く集まられ、コーヒーやお茶、お菓子などをつまみながら楽しくおしゃべりが始まりました。初日にしては大盛況だったと思います。そしてここまでが今回の派遣期間での私たちの仕事となりました。このサロンがこれからも吉里吉里地区の皆さんの心休まる場所として定着することを願いました。

司会	次は松井さんから、震災から1年半後に協議会から有志を募って被災地を訪れた時のことをお話しいただきたいと思います。
松井	私は、居宅介護事業所や地域包括支援センター、仮設住宅の支援団体の活動状況などを視察に行ってきました。ケアマネジャーから日頃からケアプラン作成時のアセスメント力、総合相談対応力をスキルアップさせることが大事だと話されました。生活全般を見る視点、悪化の可能性やケアの必要性を判断する視点が非常時の判断力に活かされるということです。石巻市の地域包括支援センターや仮設住宅などを訪ねた際には、テレビのニュースでは報道されないような重い課題を聞かされました。表面的には復興が進んでいるように見える被災地域ですが、仮設住宅では今アルコール中毒とギャンブル依存が最も顕著な問題になっているというのです。被災地ではパチンコ業界が一番うるおい、一番早く復興したという話があります。先が見えなく希望をもてないなかでついそういう心境になってしまう空気があるのだと教えていただきました。仮設住宅ではいつの間にか何でも無料が当たり前になってしまい、市民間の不公平感をなくす目的で無料配布弁当を廃止した時も大きな反対があったそうです。仮設住宅も避難所も長期化してくると次第におかしな感覚、無気力で依存的な空気が蔓延し、それが被災者の真の自立支援を妨げているといったお話を伺いました。
長縄	災害時の支援は時系列で整理する必要があります。災害発生直後の、特に72時間は救急救命を中心とした医療支援に重点が置かれます。その後数週間から数か月は要介護者の生活を支えるケアの支援が必要になるでしょう。そして中・長期的には在宅の要援護者を心のケアも含めて地域全体で支える取り組みが必要だと考えています。 災害時の救命医療としてはDMATやJMATがすでに組織化されていて、災害発生直後から自動的に動き出すしくみになっています。ちなみにここ各務原市では医師会が中心となって災害時医療を支えるしくみをつくっています。震災発生直後から市内に医療救護対策本部と複数の拠点救護所を設置し、市内の開業医がそれぞれ事前に決められた役割を状況に応じて自律的、組織的に動けるようにしています。次に、介護事業所が取り組むべきは、災害時の医療救護に続くケア継続のしくみだと思います。残念ながらこの部分はまだ十分に組織化されているとはいえません。まずは個々の事業所が災害時のケア継続に向けた取り組みを進めることが第一でしょう。BCP（事業・業務継続計画）の取り組みはその1つです。これはいわば自助の取り組みといえます。その過程で組織のなかに災害対策に精通したスタッフを育成できるメリットもあります。次に災害時のケア支援チーム（CAT：Care Assistance Team）の話が出てきます。これはいわば互助のしくみです。広域災

	害の際に自施設で育成した防災チームを被災施設に派遣するようなしくみが考えられます。また広域災害でなくても水害や火災など災害の種類によっては同じ地域での助け合いも考えられるでしょう。いずれにしても日頃から地域の事業所同士の信頼関係を築いておき、災害時に支え合えるしくみができるとよいと考えています。現在、全国老人保健施設協会では全老健災害派遣ケアチーム（JCAT：Japan Care Assistance Team）の構築を進めています。各施設で編成された多職種ケアチームが、災害発生時に必要に応じて速やかに支援活動を行えるような体制を目指しています。こうした全国的な取り組みも今後はますます必要になると思います。
司会	各務原市の現状はいかがでしょう。稲垣さんから協議会を中心とした災害対策の取り組みについて話していただけますか。
稲垣	各務原市介護保険サービス事業者協議会では、東日本大震災以来これまでさまざまな機会を使って大規模災害をテーマにした研修や勉強会を重ねてきました。特に今年度は定例研修会に加えてすべての部会を対象とした「大規模災害対策合同研修」を3回連続して企画しています。来月行われる最終回では、これまでの学びのなかから自分たちにできることを宣言する予定です。自らの事業所にできること、私たち協議会としてできることを、それぞれの立場から覚悟を決めて宣言します。そしてこの宣言を踏まえて次年度は1つ1つの課題について各部会が協力して具体的な対策を検討します。
司会	協議会として、災害時の連携やネットワークづくりに関する今後の抱負はありますか。
稲垣	災害時に利用者の生活を支える介護ネットワークは1つの事業所では完結できません。私たち協議会の会員事業所が連携して安否確認の情報を共有し、時には災害対策チームを相互派遣することで共に助け合える関係を目指しています。当面は各事業所が自前の災害対策チームをつくることでそれぞれが災害に強い事業所となることを目指します。次の段階では、有事にこれらの災害対策チームが被災した事業所の応援に行く、または互いに協力して地域での介護支援活動を行うことができるとよいと思っています。私たちはこれら各務原市の災害時介護支援チームをKCAT（ケイキャット：Kakamigahara Care Assistance Team）と呼んでいます。このKCATを実現するには、災害時にこそ協議会の設立目的である「本来の職種、職域、利害を超えて介護保険事業の円滑な運営を目指す」という認識を皆で共有しなければなりません。事業所の利害を超えた利用者本位のしくみづくりが重要です。自助から互助へ、顔の見える関係から支え合う関係へ、災害対策の気運が高まったこの機会に事業所同士の新たな協力関係を発展させていきたいと思っています。

司会編集　吉田理

以上の座談会で述べられているように、支援をして、はじめて受援力の必要性を感じる。そして新たな支援のあり方への提言につながる。災害時に地域の医療・介護関係者は、自助は当然のこと、新たに「互助」という支援者同士のつながりを築き、地域の防災、減災に努めていくことが課せられる。各務原市のサービス事業協議会は、その課題にいち早く取り組みを開始し、次に示すように新たな提案を全国に発信している。

5 互助型「災害派遣ケアチーム」結成に向けて

　東日本大震災での被災地医療支援では、多数の医療チーム派遣がさまざまな形で派遣され続け、いのちを守る支援は迅速に動くことはできたが、要介護高齢者の生活を守る介護の支援は遅れ、その量も不足していた。

　この経験を機に、東日本大震災に学び、南海トラフ巨大地震に全国規模で備えるための第一歩を踏み出した事業所（全国老人保健施設協議会検討企画推進委員）の取り組みを紹介する。

1　学びと次への備え（BCP：事業継続計画）

　未曽有の震災地への純粋なボランタリー精神から直後に介護派遣を決意した。全国老人保健施設協会（全老健）からの要請にいち早く呼応するとともにメンバーには被災地出身で家族と連絡が取れず悩んでいる男性の幹部スタッフとその親友を選出し、支援物資も確保していつでも対応できるよう待機させた。しかし、いつまで待っても派遣要請の連絡はなく、被災家族を心配する男性スタッフのためにも法人の独断で車に支援物資を満載して出発させた。幸い、現地に着いた夜に正式な要請が届き、直ちに指定の施設に向かうことができた。約1週間の支援活動を終え、1名の男性スタッフを残して帰宅した。彼はその後退職し、家族とともに故郷でNPO法人を結成して被災者の人道活動を継続している。現在、私どもの法人ではもう一人の派遣スタッフ（親友）を中心にBCP[⑦]に取り組んでいる。

　今後この経験を地域の介護施設や事業所と共有し互助の関係にまで進化させ、さらに来るべき災害時には地域を支え合う防災体制の原動力になりたいと思う。

2　地域における防災対策

　各務原市医師会においては、従来の防災時の救護活動マニュアルを見直し、社会的インフラが壊滅的に崩壊した状態でも震災直後より医師会員が自主的・自律的に行動できるよ

[⑦] BCPは、Business continuity planの略。企業等が、緊急事態に遭遇しても、中核となる事業を早期に復旧し継続することである。

う個々の役割を事前に決め、経時的に早期から救助活動が開始できる体制を整えた。また、各務原市介護保険事業者協議会（80法人170事業所）は1年半前から防災の視点ですべての事業計画を見直し、業務の継続と支援活動のあり方（各事業所における防災チームの結成と小規模な互助型介護派遣チームの創設）を、行政を巻き込みながら検討している。

3　全国老人保健施設協議会の動向

　東日本大震災時における全老健の支援活動の経験と実績が評価され、厚生労働省の要請で災害派遣医療チーム（Disaster Medical Assistance Team：DMAT）に介護の面から連動できる全老健災害派遣ケアチーム（Japan Care Assistance Team：JCAT）の創設に向け、平成24年度から活動が始まっている。筆者も全老健の学術委員として企画推進委員会に参加している。平成25年度は各県支部ごとに、派遣チームの創設に向けた取り組みをお願いしたいため先日その説明会が全老健主催で各支部代表者に行われた。概略は以下のとおり。

① 法人内防災チーム（法人内CAT）の結成……個々の法人で防災チーム（1〜2チーム）をつくり、先ず業務継続を現場が自律的に行える体制をつくること。
② 小規模CAT（Small CAT）による地域内互助……被災規模や状況に応じ、支援が地域でスムースに行えるネットワーク体制をつくり、平時より交流を行い相互に相手をよく知っておくこと。
③ 大規模災害時の対応……地域性を考え、同時に被災のない地域間での援助体制を災害の規模に応じた複数（少なくとも3地域）の地域と事前に取り決めておく。さらにできれば具体的にSmall CATレベルでのマッチングをしておくことが望ましい。JCATを派遣する時もJCATを受け入れる時もマッチングしているSmall CATがその主役を務めることになれば東日本の大震災の苦い経験も少なくなると思う。

　地域のなかで、日頃からよい関係をつくり、支援力とともに受援力を高めていくことが「共助社会」の構築につながる。お互いの信頼・協力の関係を築き、ふだんから意思疎通を図っておくことが大切である。

IV　支え合う関係

6　災害時のボランティア活動

1　災害時のボランティアのあり方

(1) ボランティア（介護ボランティア）受け入れにかかわること

　災害時における組織内で展開する災害時要援護者への対策にはマンパワーの不足は否めない。自然災害発生時の避難・誘導支援のみならず、災害発生時においても近隣住民およびボランティア実践者との連携を図ることは重要であり、これらを円滑に進めるためにも、日常的に付加価値をつけた施設開放事業や地域行事への参加は大切である。

①　受援体制の整備

　災害時に援助を受けるということは、ボランティアのための来訪者の目的を達成していただくため、その受援内容を詳細に明らかにして整理（明記）しておく必要がある。ボランティアの力を最大限に引き出し、活かすことになるからである。受援体制の整備の有無が、その後のボランティア協力体制の継続支援に大きく影響することにもなる。特に専門性をもったボランティアの思いは、複雑かつ多様であり、個別対応においては特にその介護内容がわかりやすく伝えられていないと、施設利用者との接触がゆえに心身において負担を感じさせてしまうおそれがある。その錯綜する思いを相互にいかにスムーズに活動に結び付けることができるかが「受援体制の整備」である。ボランティアを受け入れ「応援頼む」という非常事態に備え、援助してもらいたい内容（人・物資・金・情報等）を明確にしておくこと、そして、その機関（施設・事業所）内での当時者側の主体性こそが災害時で特に求められることであり、コンセンサスを機関内で得ておくことが極めて重要である。来訪ボランティアの現地での活動実績、言い換えれば活動評価にそのまま現れてくるからである。

②　受援体制整備の内容

　マニュアルどおりにいかないのが大規模災害といわれている。しかし、物理的・距離的問題、そして通信インフラ等のさまざまな問題が生じるなかでボランティアが来訪する想定から、支援となる個別対応のボランティア活動の場合、入居者・利用者の安心・安全が第一に確保される「介護ボランティア活動」が優先されなければならない。そのうえでも、対応する場合には初対面ゆえに丁寧に声がけすることが必須であり、思いやりと寄り

添う気持ちで援助していくことが必要である。以上を踏まえ、❶「移動（援助）の際の留意点」、❷「1人（集団配置場）でいる場合の留意点」、❸「時間経過の際の留意点」等、個別の伝授内容を、受援側スタッフが紙媒体等でボランティアに対して、簡潔明瞭に即時伝えられるようになっていることがまずもって大切である。

③ 先を見据えた対応

被災現場や災害の種類（地震・津波・水害・火災など）による対応の違いを想定したマニュアルの整備、その運営、人員計画、衛生、安全、リスク管理など、そして必要資機材のリストアップ、消耗品等を事前にまとめておくことが必要である。また、運営の期間が長期にわたることを考慮し、受援内容、スタッフ配置、災害ボランティアセンターとの連絡などを期間に応じて検討しておくことが必要である。被災者ニーズは受援の初動期から、次のステップへどんどん変化してくることからその状況を見据えた課題に対して、その状態や条件などに適応する臨機応変さとボランティアのコーディネートする力量が求められる。普段の事業所内での個別支援もさることながら、自立支援計画の延長でいかに利用者本位の生活支援ができているかが、災害時（緊急時）での対応にも直結することにもなるので、時と場合に応じた瞬時の対応がいつでもできるかが問われてくるのである。

(2) ボランティアの「依頼」

支援活動の中心は、いうまでもなく「被災者支援」であり、ボランティアはあくまでも後方支援であることから、ボランティアが主体となってはならない。あえてこう記すのは、被災者は普段と全く違った状況（被災場）に置かれていることから、スタッフもさることながら、被災した入居者（利用者）は心身にハンディがあることに加え被災したメンタル面での不安を抱いていることが多い。このことから、ボランティア依頼については、前述の受援に伴う内容を漠然とではなく、詳しく告げて遠慮せずに支援を依頼することが必要である。また、当方のボランティア受援の意向を告げながらも、ボランティアの活動（介護を含め、何ができるか？　依頼したことにどこまで挑めるか？）の意向を聞いておくことは極めて大切な要素でもある。

活動の進捗によっては、ボランティアに先行的な発言や行動が出てきて、意見の食い違いや衝突が出てくることが時としてはあるが、被災地ボランティア活動現場では、このような状況はよくあることである。被災者が主体であることを忘れず、しかし、ボランティアは熱い思いで活動していることを考慮し、その思いを受け止めながら、貴重な援助者と息を合わせるハートをもって対応する。コーディネート力が要求されることを忘れてはならない。なお、個人ボランティアでない限り、そのグループリーダーを捉えてお願いすることが賢明である。そのことは、後々のボランティア活動の進行を大きく左右することにもなるからである。

前述のことにも関連して、ボランティアへの「依頼」は極めてボランティアの「ここ

Ⅳ 支え合う関係

ろ」を受け止める配慮も必要といえる。もし、そのことが煩わしいのであれば、ボランティア依頼はしないほうがよいといっても過言ではない。

(3) ボランティアの「調整」

　ボランティアの調整は被災規模によっても異なるが、受援内容の整備のなかで明らかにしておきつつ、事業所側でボランティアコーディネーター的役割を果たせるスタッフを普段から育成（配置）しておくことが大切である。ボランティア（団体）は、専門性を活かしたいとの意気込みで来られることから、そのことを受け止めつつ、かつ、被災者のこころのケアに気配りをしながら行動してもらうことが重要である。

　ボランティアのなかには、「～こうでなければならない」「こうしなければ…」と、強調していわれる人も少なくないことから、その言動を受け止めながら、上手に対応していくことこそが「調整」である。この「調整」には、さまざまな個人とグループとが混在し、かかわっていくことから、時と場合に応じて当方の調整、ボランティア依頼内容（介護職なのに作業では、とか配置人数などに異を唱えてくる場合も時としてあることから）を明確にし、支援の意図することを説明しながら、理解を得つつ活動に結び付けていくことが賢明である。

2　災害時のボランティア活動のあり方

　災害時におけるボランティア活動は、いうまでもなく被災者のニーズに沿って行われるべきものである。したがって、福祉事務所がサービスを長期間停止すると、災害時要援護者の支援が停止してしまう。それはなるべく避けたいことではあるが、そのおそれが出てきてしまうのはいうまでもない。災害時の予測と、被災者個々によっての被災の度合いが異なり、そのショックから認知症が発症したり、既往症が進行してしまい日中・夜間と落ち着かなくなった被災者など、災害時における介護は「個別援助の視点」が不可欠である。「災害時の介護」というものを、専門職として学び、介護全般の学びのなかに安全や危機管理について意識を醸成すること、そしてボランティア活動に結び付けていくこと（実践）は、災害時要援護者やその家族から「信頼感」や「安心感」をもたれ、連携し協働していくための施設の社会化へ通じ地域福祉の醸成ともなるのである。これらのことを踏まえて、普段からのボランティア受け入れの多少による違いはあるにせよ、介護ボランティアが事業者間やボランティア同士での信頼関係を築き、災害時の円滑な支援へとつながるように利用者の特性（身体的状況や介護の方法等）や施設配置図、避難誘導の方法など、施設・事業所が支援を受ける際の手順や注意事項を速やかに把握し、献身的に支援していくことこそが復旧・復興へと通じる第一歩といえるのである。

3 介護福祉士会のボランティア活動の事例

　被災時における専門ボランティア活動の実践例として、東日本大震災での宮城県介護福祉士会の活動を紹介する。宮城県介護福祉士会は、2011（平成23）年3月11日の地震発生時から約1週間後の18日に宮城県石巻市から避難所における介護支援の要請をうけ、日本介護福祉士会の全面的な支援のもと、調査の結果24日から5月末日まで、避難所で生活を余儀なくされている災害時要援護者の方々に対する介護支援の展開を行った。

(1) 避難所における介護支援の提供経過

　すべてのライフラインが停止した震災発生時から3日後の3月14日、夕方から一部の携帯電話がつながるようになり、当会の会員の安否確認と今後の支援活動について話し合った。

　そんななか、3月18日に宮城県保健福祉部長寿社会政策課から電話で、石巻市から避難所の介護支援の要請があり、当会で対応できないかとの相談をうける。状況を聞くと、多くの職員が被災している石巻市では避難所の運営、対応で不眠不休の状態であり、要介護者への介護が提供できず危機的な状況にあるとのことであった。

　そこで事務局長の陣頭指揮のもと、13名の支援メンバーが翌日19日に石巻に入った。石巻市健康部介護保険課との情報交換を行い、その足で石巻市内10か所の避難所と、女川町の避難所支援に入り、介護支援とともに情報収集を行った。急遽の派遣であったため、行程は1泊2日のみであったが、11か所の避難所に直接入り、避難所ごとの支援物資のばらつきや、すでに現地入りしている他の支援グループ等が活動している状況等、通信、移動がままならず、情報が得られなかった避難所の現状を知ることができた。これは、その後の当会の支援の方向性を決めるうえで非常に有益であった。

　これらの取り組みから、以下の方法で翌週の24日より介護支援の派遣を開始した。
① 避難所および福祉避難所の介護支援とする。
　　避難所には介護経験がある支援者が少なく、避難所の支援を優先せざるを得ないと判断した。
② 夜間の介護支援（夕方から翌朝までの見守り、介護）とする。
　　日中は他の支援団体や避難所にいる被災者の方々の自助、互助があり、介護支援もその環境のなかで行われつつあること。それならば、不眠不休で働いている市の保健師や職員の方、付き添っているご家族が少しでも睡眠が取れるよう、夜間に特化した支援が必要と判断した。
③ 提供を始めたら中断や、不定期にならないよう継続性をもって支援すること。
　　他の支援団体によっては支援開始の動きが非常に早く、被災地においては大変助けられ、多くを学ばせていただいた。その反面、一部の団体ではあるが、支援終了が避難所で把握されておらず急に帰ってしまう、予定されていたが急遽来られなくなってしまう

Ⅳ 支え合う関係

ということもあり、避難所の方から「ボランティアはありがたいけど、あてにできない」という意見もあり、提供人数、内容、支援終了については避難所の担当者と直接打ち合わせのうえで決めていくこととした。

④　1日の動員人数は8名までとし、1日1往復で回れる範囲に限定する。

燃料不足等、移動手段の確保もままならない状態であったため、大変心苦しくはあったが、石巻、東松島、女川までの範囲での提供にすることとした。また、他の地域で支援活動を行っている団体と連絡をとるようにし、提供エリアが広がらないようにしながら避難所のニーズに対応していくこととした。

この専門ボランティアの派遣を継続的に行うにあたり、日本介護福祉士会を通じ、全国の介護福祉士会の支援を受けることができた。

電話がつながった3月14日に、日本介護福祉士会事務局と会長から、お見舞いと励ましの言葉、そして支援体制を整えているとのお話をいただき、当会の動きに合わせて支援開始を約束される。26日には同会の会長と災害対策副委員長が来県し、宮城県と支援の打ち合わせのほか、石巻市の避難所の現状を視察頂いた。

この打ち合わせのなかで宮城県、日本介護福祉士会事務局と当会の役割分担がなされた。

＜宮城県の役割＞

①　県外からのボランティアの方々のために宿泊所の提供をいただくこと。

これにより、ホテル等の休業や交通アクセスが整わない状況だったが、前日の来県と、支援開始までの待機が可能になった。

②　災害対策室として県庁隣接の自治会館の1室をお貸しいただけること。

仙台市の中心部にて集合離散、物資の仮置きが可能になった。

③　災害派遣通行車両証明書の発行。

ボランティア派遣を災害派遣として認めていただくことで、一般車両通行止めの有料道路、高速道路の通行が可能になった。

＜日本介護福祉士会の役割＞

①　宮城県以外のボランティアの取りまとめを行うこと。

ボランティアの申し出は非常に多くいただいており、その対応と、当会が作成するボランティア配置表に合わせ、ボランティア予定者との日程調整を一手に引き受けていただいた。そのおかげで切れ目のない介護支援が継続して提供できた。

②　物資、移送費の支援。

通常の支援物資に加え、災害対策室に連絡用のパソコン、プリンターをご用意いただいた。また、ボランティア送迎に係るガソリン代をご支援いただいた。

＜宮城県介護福祉士会の役割＞

①　県内のボランティアの調整と、宮城県、各市町村、各避難所との連絡調整。

他団体の撤退や避難所間の被災者の移動もあり、急に支援が必要になることもあれ

ば、逆に不要になるなどに変化に加え、情報が不明瞭なため、必要な支援内容は、実際に避難所におもむいて確認しなければならず、その内容に基づいて派遣先を随時更新していった。避難所数でいえば、中断、再開も含めて13か所で支援を展開した。
② 避難所までの送迎。
　交通、燃料事情に加え、被災地では、被災により風景が大きく変わり、土地勘がある人でも移動には困難を要していたため、当会で避難所までの送迎を行うことにした。そのため、8人乗りの中古車を急遽購入し、送迎車両として使用した。
　これらの支援は、避難所との調整を踏まえながら、避難所の夜間の介護支援は5月末を目途に終了し、復興への次なる課題である就業支援へ移行した。地域の福祉サービスは、被災地の介護サービスの復旧に合わせ、必要性があれば避難所でのサービス提供等、サービス調整機能を高めていき、介護職の生活再建も支援していく必要性があった。

(2) 避難所支援からみえた新たな課題

　システムづくりとともに、避難所ごとの介護支援内容の調整は非常に重要であった。
　避難所という緊急避難の場所でありながらも、そこで「生活」を余儀なくされている方々への「介護」は、一律に「必要だから」では区切れないものがあった。避難所を運営している方、それを支える方々も被災者であり、避難者でもある。必要なことのなかでもボランティアとして「するべきこと」「できること」「今はとりあえず提案せずに待つこと」などまさにそれぞれの避難所の状況にあわせて提供していくことは、避難所の環境を整えるために必要なことを発信することと同様に必要なことだと感じている。

4　福祉避難所「炭の家」での活動とチームケア

　ここでは岩手県陸前高田市の福祉避難所「炭の家」での法人ボランティアによる福祉避難所立ち上げから混成チームによる福祉避難所の実践をレポートする。

(1) 福祉避難所「炭の家」立ち上げから運営までの経緯

　今回の震災は、津波による被害が大きく、町が壊滅状態ですさまじい状況になり、多くの人たちが安全な場所での避難生活を余儀なくされた。このような状況のなかで被災高齢者のニーズは、救急医療のみならず、高齢の方や介護を要する人たちの慢性疾患の悪化予防や介護が必要とされ、生活復帰に向けての自立支援が重要な課題となった。
　震災後、いち早く（4月4日）福井県の勝山市が、陸前高田市にある公営の宿泊施設「ホロタイの郷　炭の家」で避難所を立ち上げ運営を開始した。この施設は宿泊施設であり、人が住むには恵まれた環境であった。震災の影響もなく、水道やガス、電気などが使用でき、食事面でも3食の温かい食事が提供できたため、約20名の要介護高齢者の生活の

Ⅳ　支え合う関係

場となった。

　その後、陸前高田市と勝山市との合意に基づき、全老健のプロジェクトに参加している医療法人財団青山会がその運営を引き受ける。しかし、単独チームでの運営は不可能であったため、さまざまなボランティア団体との混成チーム結成を条件に受諾し、「福祉避難所」としての運営を新たに行うことになった。

　避難している高齢者のほとんどが要支援、要介護状態にあり、実態的には介護避難所としての運営が必要であった。質の高い介護支援専門員（ケアマネジャー）の介入が必須と判断し、運営指針を作成した。ライフラインや住まいの整備に合わせた在宅復帰・在宅支援と適切な施設へのマネジメントによる避難生活の解消を目的として活動を展開した。

「炭の家」運営指針　—一部抜粋

支援事業の位置付けと目標

1　岩手県陸前高田市の託老所「炭の家」の災害支援事業を継続的に行うため、5月以降「福祉避難所事業」に移行する。
2　「炭の家」の実態に即して「介護避難所」として位置づけ、ライフライン、住まいの整備、社会資源の整備の進捗状況に合わせて、2～3か月を目標に要支援～要介護高齢者の避難生活の解消を目指す。

「炭の家」の運営主体

　5月以降は（社）全国老人保健施設のプロジェクトA（要介護高齢者の受入れ支援・マッチング）、プロジェクトB（人的支援、スタッフ派遣）、プロジェクトC（物的支援、物資の支援）の運営とマネジメントを負う（責任者青山会理事長）。陸前高田市はその運営に対し支援を行い、適切な運営のために指導、監督を行う。NPO法人ふくい災害ボランティアネット・代表東角操及びいたばし災害支援ネットワーク・代表加藤勉の協力のもとに、人材派遣や各種の支援を幅広く受け、同時に各種事業者団体、ボランティア団体、個人に対して「炭の家」への支援を呼びかける。

「炭の家」の支援体制

1　陸前高田市の長寿社会課、地域包括支援センターとの連携を日常的に図るものとする。
2　神奈川県三浦市長、横須賀市長、横浜市社会福祉協議会、横浜市老人保健施設協議会および神奈川県の医療機関に対しての支援の要請を続行する。
3　（社）全国老人保健施設協会岩手県支部、岩手県災害対策本部等との連携・調整を要請する（一部略）。

運営システムの構築

1　継続的に医師・看護職・介護職・リハビリテーション専門職などを確保し、避難者に対する適切なケアを提供しつつ、健康の維持、状態像の改善・維持を図り、感染症の発生防止に努める。地域の専門職の参加も積極的に促す。

2 　生活機能の回復を目指して、生活全般にかかわる多様な職種の参加を継続的に図る。多様なボランティア団体や個人の参加に門戸を開放する。生活環境の整備、交通手段の確保、食糧や医薬品の確保などに努める。
3 　避難所の生活を解消するために、地域の情報に通じた陸前高田市の地域包括支援センターとの連携強化に努め、全国から質の高い介護支援専門員の参加を幅広く求める。
4 　「炭の家」の運営に関しては、その民主的運営と避難者主体のサービス提供を担保するために、運営会議、スタッフミーティング、ケースカンファレンス、業務申し送りなどを設け、合議に基づく効率的運営を行う。

自己完結型支援の要件
1 　「炭の家」に参加するメンバーは自己完結型の支援活動が可能で、「炭の家」まで、あらゆる交通手段を用いて、自力到達できることを原則とする。継続的に支援可能なチームに参加を要請するが、多様な参加形態についても可能な限り参加の受入れを図る。(以下省略)

(2) 福祉避難所でのチームケアの実際

＜看護師の活動＞

　ケアを担当したチームは、医療機関から医師、看護師、作業療法士の派遣、社会福祉協議会や老人保健施設、ボランティアセンター等からは、社会福祉士、介護支援専門員（ケアマネジャー）、介護福祉士、ヘルパー等の専門職ボランティアの派遣、一般ボランティアでは、介護未経験の市民や学生のボランティア派遣があり、多種多様な人たちによる混成チームであった。最終を2011（平成23）年6月15日として、利用者一人ひとりの在宅復帰や自立への支援を目標として福祉避難所でのケアを展開した。福祉避難所の運営は初めての経験であり、さまざまな専門家やボランティアの人たちの集まりのなかで、避難所をどう運営して行くかが大きな課題となった。

　看護師（管理者）として福祉避難所でまず行ったことは、
① 　利用者の個人ファイルの整理
　　利用者一人ひとりの状況把握、受け入れと退所先一覧等の管理（記録の整備）ができるように個人ファイルの整理をした（避難者のおかれた家族や住まいの状況の把握、利用者の健康状態、介護の状況等）。
② 　チームケアの運営
　　チームでうまく運営するための勤務のシフト作成、リーダー、担当者の確認等の役割分担とチームを組織化した。
③ 　業務の運営
　　1日の業務の流れと業務整理と手順化を図った。

Ⅳ　支え合う関係

　　④　地域との関係づくり
　　　　地元の行政関係者、「炭の家」の管理人と地元住民の人たち（自治会）との関係をつなぎ協力関係を築いた。

　看護師としての１日の業務内容は、入居者の血圧等健康チェック、慢性疾患の治療としての内服薬の与薬と管理、食事、おやつ介助や口腔ケア、排泄や入浴介助、歩行介助、アクティビティ（体操、レクリエーション、散歩等）、環境整備などのケア等であった。はじめの避難生活は、和室に布団を敷きっぱなしで生活していたが、衛生上の問題を考え、布団を上げる習慣をつくった。日中は、「いろり」がある場所に集まり、皆で団らんがもてるように家庭的な環境を整えた。夜間も勤務者を置き、就寝介助や利用者の見守り、夜間起きる人への見守り、転倒防止などの対応をした。支援物資は、徐々に届き始めていたが、不足しているものもあり、その時々の状況により創意工夫し、臨機応変に対応しなければならない。日頃からさまざまな経験を積んで、応用力を鍛えることが重要である。

＜福祉避難所で求められること、今後望むこと＞

　避難所では、さまざまな機関から集まってきた「混成チーム」であり、混成チームをいかに円滑に動かすかが、重要な課題となった。

　第一に、自分の資格の専門性を発揮する努力が必要である。資格による違いを大切にしてケアにあたる。お互いのコミュニケーションがマイナスに作用しないためにも、お互いの職種への信頼を高めることが大切である。また、ボランティアが代わるごとに、利用者は寂しさを訴え不安が強くなることもあり、ケアの引き継ぎとして記録等を残すことが大切である。人の管理を行ううえで、ケア継続性や人のローテーションへの配慮が必要とされた。

　第二に、「災害ボランティア」としての志をもつことである。災害ボランティアは、あくまでも被災者の立場で物事を考え、ボランティアに来ているという「志」を忘れないことが大切である。時にボランティアもストレス発散としてお酒を飲み息抜きをする場面もあったが、日頃の業務の延長ではないことを自覚し、通常とは異なる環境にいることを、心しておかなければならない。

　第三に、物資がないなかでの工夫や調整を図る応用力が必要である。例えば、段差があり転倒しやすいところにわかりやすく目立つ白いテープを貼り、段差の認識ができるようにする、広いホールではカーテンなどでプライバシー空間をつくる工夫をするなど、ある環境、あるもので応用をする。また、自分の施設の介護方法に固執することなく、チームで決めた方法で柔軟に対応する汎用力も重要である。

　第四に、災害時の支援は、地域の人からの理解と協力のうえに支援が成り立っていることを常に意識することである。行動を起こすときには、町内会や自治会、施設の管理人の人に話を通し、十分な理解を得たうえで事を運ぶこと、また、定期的に話し合いの場をつくり、よい人間関係を築く努力が大切である。ボランティアの存在はそれを支援する体制があり、活かされているのである。

<社会福祉士、介護支援専門員の活動>

主な支援内容は、「炭の家」福祉避難所で避難している方々の「生活の復帰」に向けての支援であった。現地の地域包括支援センターの職員と連絡を取り合い、ライフラインの状況や住まいの状況、在宅サービスの稼働状況などの情報収集を行い、今までの自宅、親類宅、仮設住宅への「在宅復帰」を目指してきた。しかし、被災している人の多くが、今までの自宅へ戻ることが困難であった。そのため、本人の意向を尊重した受け入れ先の確保に努めることが主要な業務となった。介護状態や介護者の状況によっては、介護保険の施設、ケアハウスや小規模多機能施設への移転へと幅広く支援につなげていった。

なかでも移転先の仮設住宅では、車いすで生活できない環境にあるなど、環境の調整が必要であった。仮設住宅においても多様なサービスの提供によって新たな生活が可能になるように訪問系・通所系のサービス提供などを調整し支援に努めてきた。

<介護福祉士の活動>

介護ボランティアは、1事業所3名が1週間交替で支援に入っていた。「炭の家」での避難生活では、日常生活の活動の支援の中心が介護であり、介護職が担っていた役割は重要であった。

具体的な日常生活の支援内容は、

① 移動

避難者は自力歩行の方が多かったが、転倒の危険性があり見守り支援を中心に行った。

② 食事

地元住民の人たちからの差し入れやボランティアによる調理が行われ、温かいものが提供され、食事内容は充実していたが、食べやすい形状にして介助をする必要があった。

③ トイレ

和式トイレを洋式に改良し、要介護状態の人にも使いやすい、また介護職も介護しやすいものを活用した。悪臭がしないような機器も途中で導入した。

④ 入浴

避難所の浴室が震災の影響なく使用できた。シャワーチェア等は持ち込んだが、避難者は介助を受けながら、入浴の確保ができた。また、近隣の被災された高齢者にも入浴介助を行った。

その他、ベッドが必要な方にはベッドを導入し、大部屋のプライバシー確保に関しては、カーテンを工夫して用いるなど、住みやすくするための工夫と介護しやすくするための応用力が必要とされた。

認知症の方に対するケアでは、介護ボランティアの人数が充実しており、1対1での対応が実現できていたため、周辺症状もなく落ち着いて避難生活を過ごされていた。

介護をするなかで一番困難だったことは、利用者に対する「こころのケア」であった。

Ⅳ　支え合う関係

　被災当時の悲しい話題に及んだときへのこころのケア（グリーフケア[＊]）、周りの人の行き先が決まり自分の行き先のめどが立たないことへの不安感へのケア、ボランティアの短期交代に伴う寂しさ等の訴えが多く、こころのケアが重要であったが、コミュニケーションがうまく取れない原因の1つに、方言による言葉の壁があった。

　介護・看護職同士のチームケアの問題点として、各事業所で行っている介護方法や手順が異なるため、方法や見解の相違があり、自分のやり方を誇示する人もあり、調整が困難なこともあった。毎日のミーティングなどにより申し送りを行い信頼関係を築くことに努めた。記録に関しては、当初、介護記録がなく、口頭での申し送りが行われていた。その後、記録を作成し、連絡、報告、調整できるようにした。記録は、パソコンとプリンターを途中で持ち込んだことで、記録物の効率が上がり、ボランティアに配布できるようになった。また、避難所での様子を記録に残していった。個々人のカルテについては、医師の指示や看護記録が中心であり、介護職が記入することはなかったので、今後、介護記録も載せていく必要がある。

＜福祉避難所で求められること、今後望むこと＞

　「炭の家」を開所し統括していた福井県勝山市は、行政による初動で事務的な管理には長けていたが、介護の目線での個別的な対応までは手が行き届かなかった。早期から介護の支援が必要だと感じた。

　第一に、避難所の運営にあたっては、ボランティアの期間とローテーションの編成の仕方を考えていく必要がある。今回のように1週間単位がよいのか、単発がよいのか、また、その編成方法を考える必要がある。今回のよかった点は、長期のボランティアが入り、その方が交代するボランティアの潤滑油的な役割を担っていた。これが利用者の安心感につながっていた。

　第二に、ボランティアのあり方として、自身の思いを強く出しすぎると、押し付けの対応になる傾向がみられる。役割分担の仕方として、一般のボランティアと専門ボランティアとの役割のすみ分けが必要である。

　専門ボランティアとしては、利用者の情報を正確に把握して、アセスメント能力をもって、個別のケアに対応できる能力を身につける必要がある。特に生活環境の整備や心のケアなどを引き受けることができることが大切である。

7 災害時介護の倫理

1 介護ボランティアの倫理

　宮城県の複数の避難所で介護福祉士の派遣に従事した宮城県介護福祉士会の会長に対するインタビューのなかで、「災害介護支援者の立ち位置」について話された内容がとても印象強く残っている。ある避難所に派遣された介護福祉士は、自分が勤務している高齢者福祉施設で生活している利用者の日課をそのまま避難所に求め、朝起きる時間から寝る時間まで時間を区切った生活を押し付けたようである。そのため避難者から不満の声があがり、その派遣していた介護福祉士を交代しなければならなかったとのことである。この介護福祉士が、避難所のニーズを無視し、自らの価値観を押し付けてしまった結果から生じた問題だと会長は述べていた。これは、介護ボランティアの倫理観が問われた代表的な例といえる。

　避難所や福祉施設では、多くの専門ボランティアや一般ボランティアがかかわるが、そのなかの一員として介護ボランティアも加わることになっていく。しかし、支援者側の「手助けをしたい」という思いが強く出すぎてしまうと、避難者に対して一方通行の支援となり、結果的に不利益が生じ、また、専門職同士での縄張り争いが起こるおそれがある。専門職種同士の立場の違いからくる意見の相違などは、すべて支援者側の都合であり、本来中心なのは被災者の方々であることを理解していたら起こらないトラブルであろう。支援者はまず被災者のニーズを十分に把握し、そこに自らの専門性がマッチングしたときに役割が生まれてくる。介護職は、要介護者に対する生活を支援することに専門性をもっているが、日常生活には医療やリハビリなど、多方面の専門領域とのかかわりをもつ、領域の広い分野である。そのため逆に専門性が見えにくい分野でもあるが、要介護者の生活をアセスメントして、自立支援に向けた支援をトータル的に判断した行動をすることが望まれる。

　また震災時にかかわらず、ボランティアに対して受け入れる側が気を遣い、ボランティアを"おもてなし"する構図が福祉現場などでもみられるが、それは本来の形をなしているとはいい難い。ボランティアである支援者は、避難所のニーズを十分に理解し、できることできないことを十分に理解したうえで、自分の置かれている立ち位置をわきまえた行動をする必要がある。

Ⅳ 支え合う関係

2 被災者への接し方

　ボランティアとしての立場をわきまえず、自らの価値観を押し付けるなどの行為が時にみられることがある。ボランティアは善意で行われる行為であるため、正しいことをしているという自負が時に傲慢な対応にすりかわってしまうおそれがある。そこの被災地で生活を継続していくのは誰であるのかをボランティアは十分に認識して、立場をわきまえた支援活動を行っていかなければならない。これらの件について、日本YMCA同盟広報室長の吉永宏氏は、阪神・淡路大震災におけるボランティアのあり方として「ボランティアこれだけはやめよう！　十か条」（＝べからず十か条）を示している。[8]

　① "する側""される側"という関係を意識することはやめよう。
　② 活動の理念や考え方の違いを意識するのはやめよう。
　③ 勝手な自己判断はさける。
　④ きめられた範囲や事柄以外のことにかかわらない。
　⑤ 無用な"縄張り争い"はやめよう。
　⑥ "地元"を無視した、判断はしない。
　⑦ 無用な情報収集を行わない。
　⑧ 安易な仲介や連絡をしない。
　⑨ 熱くなりすぎない。
　⑩ 時々は我に返ろう。

　ボランティアは被災者が復興に向けて取り組むにあたって、重要な力となるが、逆にボランティアの身勝手な行動によっては、被災者にとって邪魔な存在になる可能性もある。吉永氏は、そのようなボランティアの様子を目の当たりにしたため、前述のような「べからず十か条」を示したようである。

　これら一つひとつは、今回の東日本大震災時でも現地の被災者の方々から聞いたボランティアに対する悪い面での感想や、筆者らが所属した市民ボランティア団体（RQ）でも同様の注意喚起がされていた。

3 人としての倫理「ならぬことはならぬものです」

　災害時において順番を守ったり、人のものを盗らないなど、大多数の日本人のモラルの高さについて、諸外国から驚きの声が聞かれているが、この日本人のモラルは「武士道」の精神から来ているともいわれている。

　2013（平成25）年の大河ドラマ「八重の桜」のなかで、会津藩の名言である「ならぬことはならぬものです」という言葉が話題となった。この名言は会津藩で武士の子どもが学

[8] 野田正彰『災害救護』岩波新書、79～82頁、1995年

ぶ日新館で述べられていた標語のなかの1つであり、そこには、いかなる理由があろうともダメなものは「駄目」との意味があるようである。この言葉は災害時における支援者の心得に通ずるものがあるように筆者は感じている。災害の場という特異な状況であるからこそ、被災者のことを第一に考える視点をもち、支援者の価値観を持ち込むことがないようにしていかなければならない。まさに「ならぬものはならぬ」精神で取り組む必要がある。

参考文献

- 内閣府ホームページ「防災ボランティア活動の多様な支援活動を受け入れる―地域の『受援力』を高めるために―」
  http://www.bousai.go.jp/kyoiku/pdf/juenryoku.pdf
- 山下祐介・菅磨志保『災害ボランティアの社会学―〈ボランティア＝NPO〉社会の可能性―』ミネルヴァ書房、2002年

V

災害時の介護活動と役割

1 時間経過、時期別の介護活動と役割

　災害時の介護活動は、被災地の日々刻々と変化する状況に応じて、被災者のいのちとくらしを守るために、その時、その場で状況判断し、実践につなげていく問題解決能力が必要である。

　介護職は、介護福祉の視点からの気づきを大切にし、情報収集とアセスメント、計画立案のもとに実践を行うという系統的思考で、一人ひとりの心身の状況に応じた生活の支援を行う役割を担う。

　ここでは、発災時からライフラインの断絶時の生活を支えるため、被災者の自立支援の観点から支援を考えてみたい。

　災害時における介護活動は、要介護者がどこで、誰に介護を受けるかによって、その活動は違ってくる。要介護者が施設で生活している場合には、ライフラインが停止した状態であっても、多数の施設職員が対応できるため、状況に合わせた支援を行うことが可能である。しかし、要介護者が在宅で生活している場合には、災害時における自力での避難がしにくく、また、介護サービスを利用していなければ、安否確認に遅れが生じるおそれがある。

　このように生活環境に大きな影響がおよぼされる要介護者であるため、支援者は、災害の発生時期に応じて適切な支援方法を理解しておく必要がある。

　災害は発生時のみではなく、その後の生活に対して長期的に影響をおよぼしていく。災害の時間経過について表したものを「災害サイクル」といい、具体的には、①準備期、②対応期（急性期・亜急性期（発生から２～３週間））、③回復期、④復興期以上の４つに分けることができる（表５－１）。この時期ごとのニーズに応じたケアが求められるため、災害に携わる介護職は、時期別の介護活動を行わなければならない。

1 準備期

　準備期は、災害発生に備え、①啓発活動　②支援体制づくり　③設備等の環境整備　④教育訓練などを行う。東日本大震災における福祉施設では、避難訓練など日頃からの備えの有無で、そこに生活している要介護者の安否に大きな影響が生じている。

　2013（平成25）年３月に南海トラフ沖地震が発生した場合の被害総額が220兆円である

表5−1　災害サイクル

①準備期	災害の発生に備えて事前の準備を行う時期
②対応期 （急性期・亜急性期）	人命や財産を守るための緊急活動が行われる ・負傷した人々の救出や救助、救急医療処置を行う。医療トリアージにより優先順位の判別を行う場合もある。 ・発生から2〜3週間で、衣食住の生活環境を整え、感染症の予防や慢性患者への対応が必要になる。被災に対する精神的ケアも必要になってきて、この期間は災害の程度により1〜2か月続く場合もある。
③回復期	個人、事業者、行政機関が、災害後の緊急・非常の状態から、自力で機能し日常生活を取り戻していく時期
④復興期	個人、事業者、行政機関が災害前の機能を取り戻し、地域全体の再生を行う時期

出典：社団法人全国訪問看護事業協会編『訪問看護ステーションの災害対策—マニュアル作成と実際の対応—』日本看護協会出版会、2〜3頁、2009年をもとに作成

ことが発表され、その膨大な金額に驚かされた[①]。その記事のなかでは、事前の減災対策を行っていることで、その被害は半分に減らすことも可能とのことであった。災害が起こる前に予測をして、日頃から準備をすることは、実際に経験していないために実感をもつことができにくく、日常の生活から目を逸らしがちになってしまう。しかし、災害への対策は「備えが8割」[②]と言われるように、いつ起こるか予測できないことを自覚して、現実的な準備を常日頃から行っていることが大切である。

(1) 啓発活動

災害を実際に経験していない状況では、具体的なイメージをもつことは難しい。そのため他人事にとらえてしまうことがないように、日頃から災害に対する意識をもつことができるようにすることが大切である。対象は災害時に関係することが予測される勤務先や近隣住民とし、災害の備えを意識できる啓発的な内容を示していく。

＜災害時要援護者の名簿づくり＞

実際に災害が起こった場合、どの人を避難誘導したらよいか、また不明者はいるのかを確実に把握するためにも災害時要援護者の名簿を作成しておくことは大切といえる。また、地域のどこに災害時要援護者が生活しているかを事前に把握しておかないと、災害時に避難誘導が遅れるおそれがある。ただし、個人情報保護法の関係で行政から事前情報を入手することが困難であるため、訪問介護や訪問看護など横の連携を図りながら、情報を共有しておくことが大切である。

これらにより集められた名簿は、定期的に更新をしておかなくてはならない。いざ災害が起こった際に、古い情報のままでは、情報に翻弄されて支援の遅れを招いてしまうおそ

[①]毎日新聞「南海トラフ地震：被害想定220兆円　避難者950万人」2013年3月18日
http://mainichi.jp/select/news/20130319k0000m040015000c.html
[②]山田滋『現場から生まれた介護福祉施設の災害対策ハンドブック』中央法規出版、52頁、2012年

(2) 支援体制づくり

　災害時に支援が必要な方がどこにいるかによって、その対応方法は異なってくる。そのため、日頃から災害に備えた支援体制を整えておくことが求められる。ここでは、生活の場（施設生活、在宅で生活する要介護者、在宅で生活する虚弱者）における支援方法、および支援環境を整える意味でのマニュアルや出勤規定の作成などについて示していく。

① 生活の場による支援

- 施設で生活している人

　施設職員が配置されており、24時間体制での支援環境は整備されている。ただし、職員はローテーションのなかで勤務しているため、災害時に速やかに施設に駆けつけられるよう、出勤規定の作成などのマニュアルを整備すると共に職員への周知徹底を図らなければならない。

- 在宅で生活している要介護者

　介護サービスを利用している場合には、災害直後ではサービス事業者による安否確認が行われる。その際の避難方法や連携先などを事前に確認しておくことが必要となる。施設と違い個々人が生活している環境が違うため、状況に応じた細かい支援方法を取り決めておく必要がある。

- 在宅で生活している虚弱者

　介護サービスを利用していない場合には、地域で生活している事を地域包括支援センターや在宅介護支援センターなどは把握しておき、災害時には速やかな対応に結びつけるように情報発信の方法を明確にしておく必要がある。

② 防災、支援マニュアル作成

　東日本大震災を経験された介護職が、その体験談で「頭が真っ白になってマニュアルが機能しなかった」との話を聞いた。突然起こりえた、予想を上回る規模での災害でもあったため、マニュアル通りに行動できなかったことはうなずける。しかし、この感想からマニュアルを無意味と判断することは間違いである。マニュアルを作成することで、職員の意識や行動の統一を図ることができ、実際に災害が発生した場合に、被害を最小限に食い止めることにつながる。災害時要援護者の支援を行う立場である介護職は、支援が継続できるような体制を築いておく必要がある。

　災害時には情報が混在することが予測されるため、それに惑わされないように、指示系統の一本化を図ることが望ましい。そこでマニュアルにおける支援体制では、どこに本部が置かれ、他の支援者がどのような動きをするのか、できるだけ細かく具体的に示しておくことが求められる。また、病院などの連携方法も示しておくため、事前に連携協定を結

表5-2 災害時職員緊急出勤規定の作成のポイント

- 災害時の緊急対応としての必要性を説明して、職員の理解を得る
- 業務命令であることを明確にする
- 時間外労働にあたるので、時間外手当を支給する
- 震度や災害規定など、緊急出勤条件を明確化する
- 職員自身の被災など、出勤免除の条件を明確化する
- 交通手段がない場合の出勤場所を指定しておく

出典：山田滋『現場から生まれた介護福祉施設の災害対策ハンドブック』中央法規出版、57頁、2012年

んでおくことが必要である。

災害に備えた事前準備の方法についてもマニュアルには示しておく必要がある。具体的には備蓄の整備について、食材や日用品など、どの品目をどのくらい、どこに備蓄してあるのかを示しておく。またこれらの保存方法について、消費期限などを確認することも重要な取り組みといえる。

また、これらのマニュアルは、一度つくればよいというものではなく、常に見直しを行い最新の状態にしておくことが望まれる。職員の配置人数や対象要介護者の状況なども違いが出てくることが予測されるため、定期的な見直しが必要である。

＜緊急連絡組織の策定＞

緊急時の伝達体制、連絡手段を取り決めておく。

災害時にはライフラインが寸断されるとともに、安否確認などの電話やメールが一斉に被災地に向けられるため、通信機能が低下する「輻輳（ふくそう）」が発生する[3]。また通信施設や設備の被害なども予測されるため、緊急時の伝達手段を失う可能性が高い。そのために事前に伝達体制を整備しておく。

災害時における情報伝達は、まず、緊急速報で地震予知を知り対処する。数秒早くても身を守る行動を瞬時にとることができる。その後の災害情報や関係者との連絡方法は、携帯電話や公衆電話、または電子メールなどが考えられるが、東日本大震災のような大規模災害時には活用できなかった。災害伝言ダイヤル「171」による安否確認は有効的な手段であったが、これらの通信手段は双方が活用できる環境にあることが条件となる。そのなかで、今回の震災で支援の呼びかけなどで役割を担ったのがfacebookやmixiなどのソーシャルネットワーク上での通信手段であった。

＜災害発生時の職員の出勤規定＞

電話などの通信手段が使用できない状況では、災害時に出勤していない職員を招集することができない。東日本大震災では、震災直後に職員が施設に駆けつけ、要介護者の対応にあたった例が多く確認されている。このような対応について、職員個々人の自主判断に委ねるのではなく、出勤規定を事前に設けておくことで、緊急時の対応を計画的であると

[3] 前掲②、59頁

V　災害時の介護活動と役割

表5−3　災害発生時の緊急出勤規定

	管理者	防火管理者・看護師	一般職員
震度6弱以上	職場からの連絡がなくても自発的に出勤	管理者からの指示・連絡がなくても自発的に出勤	管理者からの指示・連絡がなくても自発的に出勤
震度5強・弱	職場からの連絡がなくても自発的に出勤して施設をチェックし、必要があれば職員に出勤指示	管理者からの指示・連絡がなくても自発的に出勤	管理者からの指示により出勤
震度4以下	職場に連絡をとり、必要と判断すれば出勤	施設内に異常があり、施設から連絡があれば出勤	出勤の必要なし

出典：山田滋『現場から生まれた介護福祉施設の災害対策ハンドブック』中央法規出版、56頁、2012年

ともに速やかに実施することが可能となる。

　作成のポイントは表5−3の通りである。緊急時であるが時間外労働になるため、その労働条件を明確に示しておくことは、職員の立場を保証することにもつながるといえる。

＜災害時援助協定＞

　災害時要援護者の場合には、これらの通信手段を使いこなすことは難しいことが予測される。そのため支援を行う側である介護保険サービス関係の職員や民生委員、地域包括支援センターなどにより連携を図り、伝達体制を整えておくことが必要である。特に聴覚や視覚に障害がある方にとって、避難勧告の情報を取得することは困難であるため、地域のどこに緊急連絡を伝える必要がある災害時要援護者が生活しているかを、常に把握しておくことが望まれる。

　さらに、災害時要援護者は健常者に比べ、緊急時の情報を取得するのに時間がかかると同時に、避難するにも時間を要する。そのため災害が発生したら、できるだけ早い段階で伝達を行う体制を整えるようにしなければならない。

③　福祉避難所の指定・整備

　避難所は学校や公民館などが指定されているが、避難者のなかで支援が必要な高齢者や障害者など（災害時要援護者）にとっては過ごしにくい環境といえる。そのような方々に対して、災害救助法に基づいて、災害時要援護者に対する特別な配慮をする避難所が「福祉避難所」と位置付けられており、バリアフリー化されているなど災害時要援護者の利用に適しており、防災拠点型地域交流スペースを付設する社会福祉施設や特別支援学校などが指定される施設とされている。

　想定される特別な配慮は、厚生労働省老健局によると、
・相談等に当たる介助員等の配慮（概ね10人の対象者に1人）
・高齢者、障害者等に配慮したポータブルトイレ等の器物の整備
・その他日常生活上の支援を行うために必要な消耗器材の整備、自家発電装置を設置す

ることにより、入所者の生命および健康の保持に資することを目的とする。
などがあげられている。[4]

　災害時要援護者にとって重要な役割を担う福祉避難所であるが、その指定数は、厚生労働省社会・援護局関係主管課長会議資料によると、国が各自治体に示した目標値の達成状況は、2010（平成22）年3月31日の時点で、宮城県で40.0％（市町村数35に対して指定済み14）、岩手県が14.7％（市町村数34に対して指定済み5）、福島県18.6％（市町村数59に対して指定済み11）などと低かった。[5] そのため、震災直後に避難環境を整えるのに時間を要する必要があった。また、福祉避難所の種別にも大きな差が生じており、宮城県保健福祉総務課・東部保健福祉事務所の報告によると、2010（平成22）年3月31日の時点で、福祉避難所の設置状況の合計が177に対して、高齢者施設は117（約66.1％）を占めたのに対して、障害者施設向けの福祉避難所が16（約9.0％）と少数であった。また妊婦や乳幼児に配慮した福祉避難所が十分でなかったなどの課題が示されている。[6]

(3) 福祉施設の備蓄品等の準備

　備蓄をする事業所の性質によっても備蓄の中身や量は違ってくるが、入所施設の場合、入所者や職員の人数のみで準備するのでは不十分といえる。東日本大震災では、福祉施設に地域住民や要介護者が避難をして、福祉避難所としての役割を担っている。福祉施設は、構造的に地震に強い造りになっており、また自家発電装置も完備されている場合が多い。そのため緊急時には地域の避難所となるには十分であるため、その状態も加味した準備が望ましい。ただし、備蓄をするには保管場所が必要になるため、ある程度の準備に留める必要がある。福祉施設で必要と思われる備蓄品や設備の点検については、表5－4、表5－5のように示されている。また備蓄の量については、震災後3日以内に自衛隊や災害派遣医療チーム（Disaster Medical Assistance Team：DMAT）が被災現場に駆けつけられるといわれているため、通常は1週間程度のものは準備をしておくことが望ましいといわれている。

　なお、備蓄品には有効期限があるため、その管理を徹底して、実際の災害時に活用できないということにならないように注意しなければならない。

(4) 災害時要援護者宅の耐震化、介護用品・補助器具等の準備

　災害時要援護者は、その障害の状況によっては避難所まで行くことができず、自宅で救助を待たなければならない場合も想定できる。実際に過去の災害でも、寝たきりのために避難所に移動できないとか、精神疾患により環境の変化に対応できないなどの理由から崩

---

[4] 厚生労働省老健局　第3回災害医療等のあり方に関する検討会資料1「東日本大震災への対応【介護保険・高齢者福祉関係】」2011年
[5] 厚生労働省社会・援護局「厚生労働省社会・援護局関係主管課長会議資料（福祉避難所の指定状況について）」関係資料、2010年
[6] 宮城県保健福祉総務課・東部保健福祉事務所「第7章災害時要援護者支援対策（福祉避難所関係）」関係資料

Ⅴ　災害時の介護活動と役割

表5-4　施設の備蓄品リストの例

食糧・炊事用具	飲料水　缶入り飲料　非常食　粉ミルク　米　梅干　味噌　醤油　食塩　ポータブルコンロ　調理用燃料　やかん　フライパン　鍋　包丁　まな板　缶きり　栓抜き　食器　バケツ　ポリタンク　ビニール袋　水筒　飯盒　哺乳瓶　ボンベ式コンロ　LPガスボンベ
衣料	毛布　ビニールシート　タオル　寝間着　布団　枕　シーツ　寝袋　軍手　靴下　下着　ビニール合羽
生活用品	懐中電灯　電池　ローソク　電球　カイロ　石鹸　歯ブラシ　くし　髭剃り　洗剤　ロープ　洗濯ばさみ　洗面器　たわし　スポンジ　布巾　ほうき　雑巾　生理用品　トイレットペーパー　ティシュペーパー　水のいらないシャンプー
救急器材	救急医薬品　消毒薬　ガーゼ　脱脂綿　三角巾　包帯　絆創膏　はさみ　ピンセット　担架
復旧機材	大工道具セット　荷造り紐　針金　エンジンカッター　小型発電機　発光機　油圧ジャッキ　スコップ　バール　はしご　脚立　かけや
その他	ラジオ　テレビ　トランシーバー　自転車　バイク　テント　リヤカー　携帯電話

注1　備蓄は3日間程度対応できること。
　2　保管場所は、災害時に被害を受けにくい安全な場所を確保すること。

表5-5　地震発生後の設備の点検

- **エレベーター**：閉じ込められた人を救出し、エレベーター会社に連絡して復旧の対処を行う。
- **自家発電装置**：機能するかどうか確認する。
- **酸素吸入器の電源供給状況**：在宅酸素療法の利用者は、停電で酸素が停止すれば生命にかかわる。
- **吸引器の電源確保**：定時にたんの吸引が必要な利用者は、あらかじめ一覧表にして迅速に点検する。
- **居室の天井付きエアコン**：室内機が外れて床に落下した例もあるので、居室はすべて確認する。
- **給排水管**：破損し、水漏れのある箇所があれば対処する。
- **貯水タンクの点検**：支柱の破損があれば、後日修理する。
- **備蓄庫の点検**：備蓄品に水漏れや破損がないか点検する。
- **建物**：外壁のはがれ落ち、内壁、天井、床、階段のひび割れなどを確認する。
- **防火扉**：地震の揺れによって閉まることがある。挟まれると生命にかかわるので確認する。

出典：山田滋『現場から生まれた介護福祉施設の災害対策ハンドブック』中央法規出版、82頁、2012年

壊寸前の自宅を離れることができなかった事例が多く聞かれている。要介護者を在宅で介護している場合、ご家族が主介護者の場合が多く、そのご家族の「この人を置いて避難はできない」という使命感により、避難所には行かず、自宅で生活をともにしていることがある。さらに一人暮らしの場合には、誰かの助けがない限り、1人で避難することは困難が予測される。このように避難することなく崩壊寸前の自宅で生活を継続することは危険であり、また発見が遅れるため、救援物資が行き渡りにくい状況となる。

このように、在宅で生活している災害時要援護者は健常者に比べスムーズな避難が難しいため、事前対策として自宅の耐震化を図る必要がある。さらに、状況によっては災害後も自宅での生活を継続することが予測されるため、生活空間を維持できるよう、家具などが倒れないように転倒防止器具を取り付けるなどの対策を講じておくことが大切となる。

また、災害時要援護者が起き上がるのに介護が必要な状態であれば、主介護者が1人でも車いす等への移乗ができるよう、介護用品や補助器具等も事前対策として効果的である。災害はいつ発生するかわからないため、介護者の人数や状況にかかわらず速やかに避難ができるようにするには、リフトやスライドボードなどの機器が有効的である。ただし、準備だけして普段から活用していなければ、緊急時に急に活用することはできないため、日頃から使い慣れておく必要がある。

(5) 教育訓練

これまで「準備期」において、災害の発生に備えた環境の整備や体制づくりについて記しているが、これら準備された環境を実際の震災時に的確に判断し、行動につなげる能力が支援者には求められる。例えば、数日分の備蓄用品があったとしても、無計画に配布しては、そこの避難者に平等に行き渡らせることは困難であり、また救助までの期間を耐えることが困難となる。

避難所では、そこで生活している人すべてが被災者であるため、それぞれが主観的に物事を考えがちになる。そのような状況に対して、支援を行う者は十分に理解をすると同時に、状況を判断して行動する「人間力」が必要となる。そのため、平時の場で適切な訓練を行い、自らのこととして考え、判断できるような人材を教育することが必要となる。震災未経験では、実際の震災をイメージすることは限界がある。そのため日頃の教育によって、実際の震災を想定しながら行動することで、震災現場に対して、より具体的な対応につながることが予測される。

以上の点を踏まえて、ここでは被災時に的確に判断・行動ができるような人間力を養う人材育成の方法として「防災訓練」「図上演習」について以下に示す。

① 防災訓練

消防法で福祉施設において避難訓練を行うことが義務付けられている。そのため各福祉施設では、それぞれの場面を想定し、なかには近隣住民や消防署の協力を得ながら取り組

んでいるところもある。震災前の備えとして避難訓練がもつ意味は大きく、災害に対するスタッフの意識付けや動きの確認、また実際の災害を想定することで備蓄の中身の確認を行うことにつながる。これまでの災害でも避難訓練実施の有無が大きな違いを示した例が数多くあがっている。例えば2009（平成21）年の「静養ホームたまゆら」での火災では、消防設備が不十分であったと同時に避難訓練も行われておらず、そのため、入居されている高齢者を避難させることができなかった。また2013（平成25）年の長崎県のグループホーム火災では、設備の不十分さと訓練の不徹底が指摘されている。東日本大震災の折でも、実際の被災を想定して日頃から訓練をしていた福祉施設では、利用者が1人も亡くなることなく全員が無事に避難できているが、利用者の負担になるなどの理由から、玄関先に集合するまでの避難訓練を行っていた施設では、それ以上の避難誘導の方法をスタッフが認識しておらず、結果的に利用者の多くが犠牲となってしまった。

　実際に災害に遭遇しないかぎり、実感をもつことができないため、福祉施設での避難訓練を形式的に終わらせてしまう危険性があるが、いざ災害が発生した場合には、その避難誘導に大きな効果を発揮するのが日頃の訓練であることを自覚し、実際の災害を想定した取り組みを行えるようにしなければならない。その場合、地域住民なども巻き込んだ訓練を実施しておくことで、福祉施設の存在を認識していただく機会となり、実際の災害時には要介護者の避難誘導の応援を依頼することも可能となる。

　また、訓練を行った後には、想定される課題（全員の避難確認の方法、不穏な利用者への対応など）に対して、できるだけ具体的に示していき、その対応策をスタッフ間で話し合うことが必要である。限られたスタッフで多くの要介護者を避難誘導するには、想定外の出来事が起こりうることは十分に予測されることである。そのため、訓練を行うことで実際の避難誘導がイメージでき、それぞれの場面で予測される想定外の出来事を、スタッフ間で話し合うことで、情報の共有化をはかることにもつながる。

②　図上演習

　防災訓練では避難誘導の動きを体感的に確認することができるが、それ以外に災害をイメージする手段として効果的なのが図上演習である。異常事態である災害時は、実際の状況を完全に想像することは現実的には困難である。しかし、想定を繰り返すことで危険箇所を事前に把握し、避難誘導の対応策の検討を繰り返すことで、適切な防災体制を整えることに近づけるとともに、実際の災害に備えたイメージトレーニングにもつながる。

　演習の方法として、日本赤十字秋田短期大学の授業で行われている学習方法では、実際の災害を想定し、施設と在宅の場合、また被災後からの時間を設定して予測される被災状況および対応策を学生間でグループワークを行っており、学生の災害に対する関心を高めることができている。また、阪神・淡路大震災記念「人と防災未来センター」で取り組まれている「ボランティアコーディネーターコース」のワークショップでは、実際の災害場面を想定し、予測される課題や対応策について、ＫＪ法を用いてグループワークを行う手

法を行っている。⁷ここでは、災害を想像することは、事前の防災対策や災害ボランティアとしての活動の有効性を示している。

以上のことから、災害は体験しないとわからないではなく、自分が生活している地域や自宅の危険箇所、また災害時の避難場所で起こりうるトラブルなどを予測しながら図上で演習に取り組むことは、事前対策を行ううえで準備を進めやすく、自らのこととして意識することにもつながりやすいといえる。

2 災害発生時

(1) 災害発生時の対応の基本

災害が発生すると、状況がわからず混乱する。とりあえず目の前の対応に追われるが、誰が、何をすべきか、できるのかを明確にし、今自分にできることを行い、次の支援へとつないでいく視点が大切である。非常時には普段以上のことはできないが、普段できていることは、非常時にも活かすことができる。

被災時の対応に関しては、全体の動きと個別の動きを把握し、その時、その場での状況判断をし、随時に体制、対応の見直しをはかり迅速に処理していく。支援者も無我夢中で頑張るため、自分自身を見失ってしまうことが多い。発災後3日くらいは、やむを得ないにしても、体力を持続することは困難である。1人ができることの限界を知り、応援を頼むなどの対応を図ることが大切である。支援者自らも被災者であることが多いため、頑張りすぎて、疲労困憊し燃え尽きてしまわないように、自己の健康管理に気をつけることも大切である。

表5-6 災害発生時から復旧期までの支援の実際

	発災当日	2から3日	1か月目	復興期
インフラ	寸断 →	電気・水道・ガス復旧		地域の再生
施設	自分の安全確保 利用者安全確保 救護救出応急手当	施設、事業所へ参集 物資の確保	状態に戻す時期 （サービス質量の充実）	サービスを安定的に供給
在宅事業所	避難誘導 安否確認 トリアージ 災害の情報収集 被害状況の確認	利用者の所在確認 利用者の避難誘導、避難生活支援 健康管理	仮設住宅の設置開始 利用者のサービス継続及び変更の確認 地域連携強化	仮設住宅撤去 生活再建へ 支援センター等の地域拠点を中心に支援継続 地域の再生へ
相談機関（地域包括センター、在宅介護支援センター等）	災害の情報収集 被害状況の確認 地域高齢者の救済	事業所の運営状況確認 支援につなぐ	地域高齢者の把握 連携体制構築	サービス提供状況の確認 地域の中心的支援

⁷阪神・淡路大震災記念人と防災未来センター「災害ボランティア実践ワークショップガイド」
http://www.dri.ne.jp/kensyu/work.html

(2) 利用者の安全、職員の安全対策（すべての災害に共通する基本行動）

災害が発生したら以下の基本行動を誰もがとれるようにしておく。

第1段階は、自分自身の安全確保と利用者の安全確保への対応を図る（全員の確認を即座に行う）。第2段階は、けが人や異変がある人（生命維持装置装着者）の対応を図る。第3段階は、指揮系統を立ち上げる（報告→指揮命令系統）被害状況の確認をして状況判断をする。その判断に従い速やかに行動をする。第4段階は、安全な場所に集合して、二次災害の予防を図ることである。第5段階は、判断に基づき避難行動を迅速に行う。

これらの行動をとれるように日頃からの訓練が必要である。

(3) 災害別安全対策

① 地震の場合

災害発生時の利用者の安全、職員の安全対策フローチャートの基本系を示す。自分の身の安全を確保し、生命維持装置等をつけている人の対応を真っ先にする。その後、情報収集をし、どのような対応を図るかを組織で統一、避難先や避難方法および二次災害への対応を決定し、支援を行う（図5-1）。

② 自分自身の安全確保

・移動可能であれば、棚やガラスなどの危険物から離れ、太い柱や机の下などで揺れが収まるのをしゃがみ姿勢で待つ。近くにある座布団やクッション等を頭にかぶり保護する（平常時から棚を固定し、物品が落下しないよう工夫、ベッド、車いす、配膳車、ワゴン等常にストッパーをかける習慣をつける）。
・揺れが収まったら、ヘルメット装着、夜間で停電があれば懐中電灯などを確保する。
・周囲の状況を確認しながら、ただちに本部（指揮命令系統）集合場所に集合する。

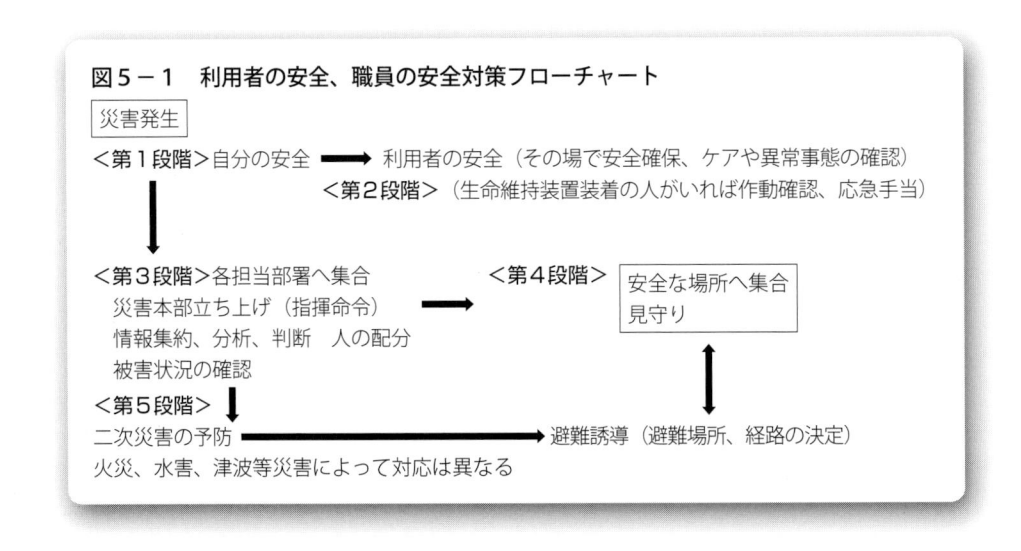

図5-1　利用者の安全、職員の安全対策フローチャート

災害発生

<第1段階>自分の安全 → 利用者の安全（その場で安全確保、ケアや異常事態の確認）
　　　　　　　　　　　　<第2段階>（生命維持装置装着の人がいれば作動確認、応急手当）

<第3段階>各担当部署へ集合　　　<第4段階>　安全な場所へ集合　見守り
　災害本部立ち上げ（指揮命令）→
　情報集約、分析、判断　人の配分
　被害状況の確認

<第5段階>
　二次災害の予防　→　避難誘導（避難場所、経路の決定）
　火災、水害、津波等災害によって対応は異なる

③ 利用者の安全確保

- 移動可能であれば、棚やガラスなどの危険物から離れ、太い柱や机の下などで揺れが収まるのを待つ。座布団やクッション、布団等をかぶせ身体を保護する。車いすの人は押さえストッパーの確認、ベッドの人は転落しないように押さえる。トイレなどの狭い空間にいる場合はドアを開けておく。
- 利用者に「心配ありませんよ」と声かけを行う。
- 利用者のけがや異変がないか確認する。

④ 各担当部署が行うこと

- 部署の責任者、もしくは勤務帯におけるリーダーなど指揮者を明らかにする。
- 指揮者の指示のもと職員・利用者の安全、および被害状況などの確認を行う（職員・患者の安全確認と同時に、緊急を要する事態（医療機器の作動停止や緊急度の高い負傷など）が発生している場合は、その対応に迅速にあたる。二次災害（火災の発生など）の危険がある場合には、その対応にあたる。
- 確認した結果を本部（指揮者）に報告する。
- 本部（指揮者）は、職員や患者、被害状況などを把握し、状況を分析して緊急避難や応援要請の必要性など現場での判断を行う（非常口、避難場所および避難経路は平時から周知されていることが必要）。
- 災害対策本部、現場の判断で必要な対応を行う。

⑤ 水害、津波等の場合

- 責任者が最悪のケースを想定した避難判断を迅速に行う。
- 全員集合して避難するための準備を行う。
- 非常持ち出し袋や装備を整え避難行動を迅速にとる。

> **宮城の津波からの全員避難**
> 　気仙沼のグループホームは、数日前に避難訓練をしていた。訓練通り利用者全員の避難をさせることができ、利用者・職員とも全員無事だった。建物は津波にのまれ壊滅し、跡形も残っていない状態になった。
> 　避難訓練をしていた経験を活かし、避難を即座に判断し行動したことが全員の命の安全につながった。
> 　この教訓は、日頃の避難訓練がいかに大切か教えてくれた事例であり、忘れてはならない。

⑥ 火災の場合

- 火災を発見した職員等は、大声で付近の入居者、職員に火災と避難を伝達・指示し、火災報知器をならす。「119」へ通報する。まず、火災室から入所者等を避難させる。
- 初期消火に努める。消火困難と判断される場合には、5分で炎上することもあるといわれ、持ち物や服装にこだわらず迅速な避難をする。火災室の出入り口を閉鎖する。

- 「火事だ。○○○へ避難してください」と大声で叫ぶなど、施設、入所者等の実態に応じた方法（確実に伝達できる方法）により、避難を促がし、自力で建物外へ避難させる。煙を吸わないようタオルやハンカチで鼻や口を覆う。また、姿勢を低くして煙を吸わないようにする。避難のときに走ると転倒する危険があるため、むやみに走らず落ち着いて避難する。深い呼吸をしてしまうと煙を多く吸い込むことになるため、むやみに大きな声を出したり、慌てて騒いだりしない。
- 職場等に避難器具（救助袋・緩降機・避難はしご）がある場合は、普段からその設置場所とともに使用方法を確認し、実際に使用できるようにしておく。自力で避難困難な人には、車いす、背負い、布団・毛布等など入所者の状況に応じて実施する（エレベーターは、使用不可）。一度避難したら二度と建物の中へは戻らない。
- 避難が完了したら、逃げ遅れの有無等、避難の状況を伝える。

(4) 災害時救護法

災害時救護とは、災害による負傷者を発見したときまたは負傷者が発生したときに、救急車が到着するまでの間、薬品も器具も使わずに実施することができる救命方法である。

具体的な救護法の内容を示す（表5-7）。

災害（地震、津波、風水害、崖崩れなど）が発生した場合の災害初動期における施設や事業所のマニュアルは少ない。これまでは、災害発生後48時間以内（急性期の救出救助期）を中心としたマニュアルではなく、家庭看護法や救急法として学んできている場合が多い。しかし、大規模災害時には、地域との関係のなかで対応していく必要がある。地域の災害拠点病院、応急二次病院、地域医療救護班および応急救護所の医療救護活動の全体をとらえて学習を進めることが、大規模災害の備えとなる。ここでは、災害時救護法として日頃から訓練しておく応急手当として心肺蘇生と止血、外傷の処置について示す。

① 心肺蘇生法

心肺蘇生（Cardio Pulmonary Resuscitation：CPR）とは、病気やけがにより、突然に心肺停止、もしくはこれに近い状態になったときに、胸骨圧迫や人工呼吸を行うことをいう。

一次救命処置（Basic Life Support：BLS）とは、傷病者を社会復帰に導くために大切なCPR、自動体外式除細動器（Automated External Defibrillator：AED）を用いた除細動、異物で窒息をきたした場合の気道異物除去の3つを合わせていう。

『JRC 蘇生ガイドライン2010』（JRC G2010）を元にした市民が行う救急蘇生法は一次救命処置と応急手当であり（図5-2）5年に一度見直ししている。一次救命処置はAEDや感染防護具などの簡便な器具以外には特殊な医療資材を必要とせず、特別な資格がなくても誰でも行うことができるが、知識や訓練が必要であるので、習得しておく。

表5-7 災害時救護法の基本

項目	方法	留意点
1 観察	①意識の確認 ②呼吸の確認 ③循環の確認 ④外出血の確認 ⑤全身の確認（まひ、変形、疼痛など）	・①②③により心肺蘇生の判断をする。 ・④止血法、外傷の処置の判断をする。
2 移動と体位	①1人で移動する方法 ②複数で移動する方法	・応急処置を安全に実施できる場所を速やかに選定し移動する。 ・1人の場合はシーツや毛布でくるんで引く方法。 ・車いすのまま移動する方法 ・複数の場合は簡易担架をつくって移動させる方法。
3 心肺蘇生	①気道確保 ②人工呼吸 ③心臓マッサージ	・意識障害があり、心臓の拍動や呼吸が停止もしくはこれに近い状態になったときに行う救命方法として、心臓や呼吸の機能を回復させる蘇生術を行う。
4 止血法その他の外傷の処置	①止血法 ②傷の手当て ③骨折の固定法	・全身状態の観察と外傷部位の損傷程度の観察を行ってから手当てする。

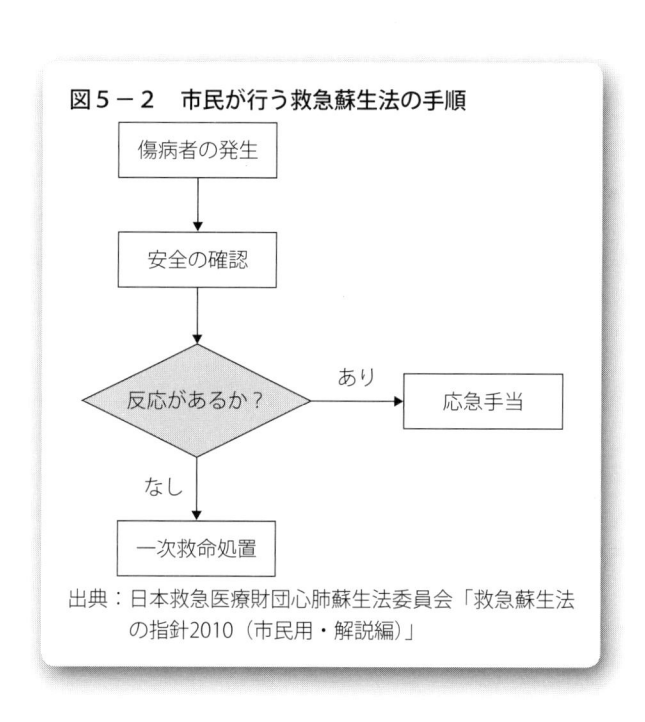

図5-2 市民が行う救急蘇生法の手順

傷病者の発生 → 安全の確認 → 反応があるか？
- あり → 応急手当
- なし → 一次救命処置

出典：日本救急医療財団心肺蘇生法委員会「救急蘇生法の指針2010（市民用・解説編）」

V 災害時の介護活動と役割

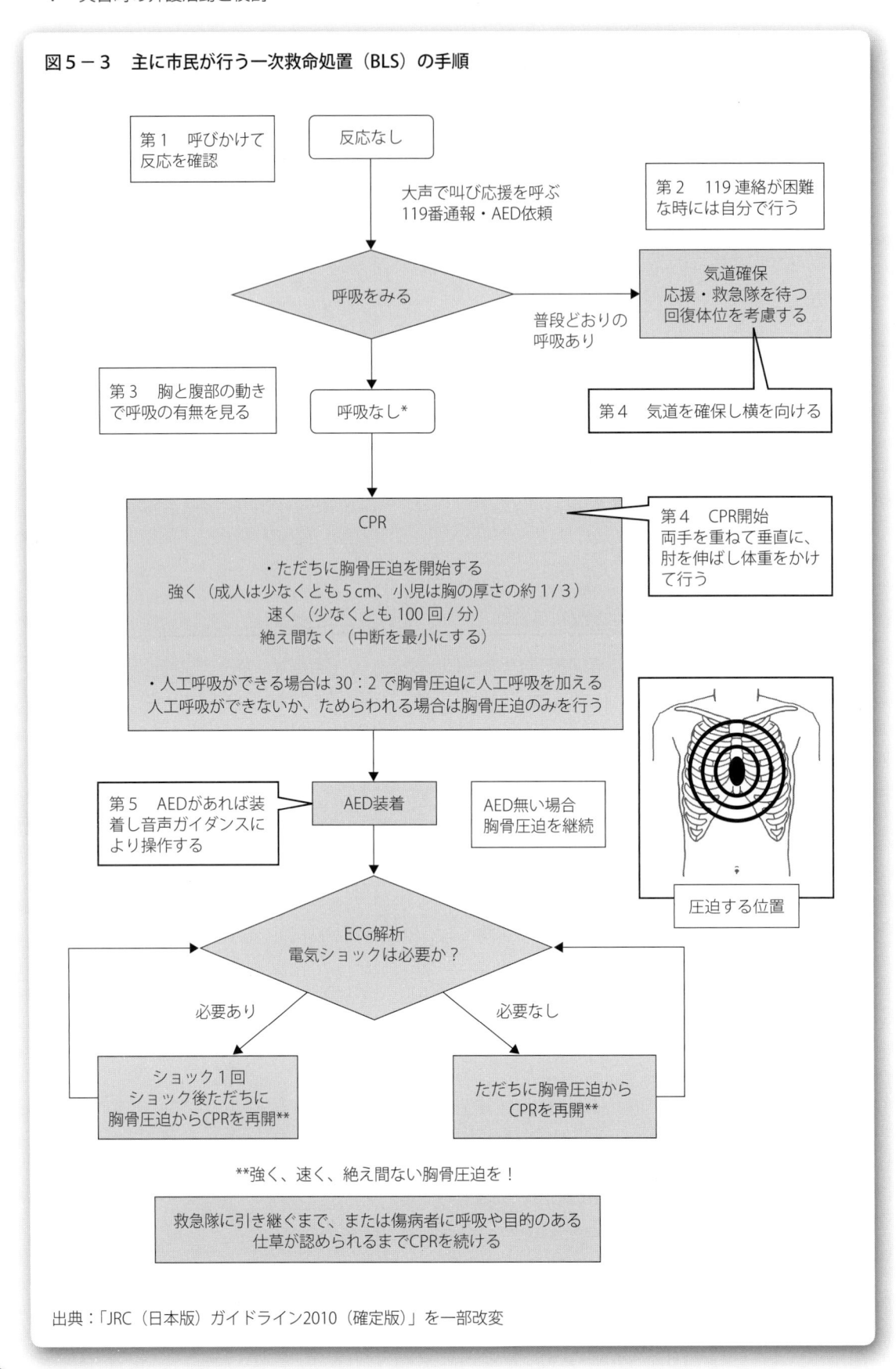

図5−3 主に市民が行う一次救命処置（BLS）の手順

```
第1 呼びかけて反応を確認 → 反応なし
                  ↓
        大声で叫び応援を呼ぶ
        119番通報・AED依頼

第2 119連絡が困難な時には自分で行う
                  ↓
               呼吸をみる ──普段どおりの呼吸あり──→ 気道確保
                  │                                応援・救急隊を待つ
                  │                                回復体位を考慮する
                  │                                     ↓
第3 胸と腹部の動きで呼吸の有無を見る              第4 気道を確保し横を向ける
                  ↓
               呼吸なし*
                  ↓
               CPR
  ・ただちに胸骨圧迫を開始する
   強く（成人は少なくとも5cm、小児は胸の厚さの約1/3）
   速く（少なくとも100回／分）
   絶え間なく（中断を最小にする）

  ・人工呼吸ができる場合は30：2で胸骨圧迫に人工呼吸を加える
   人工呼吸ができないか、ためらわれる場合は胸骨圧迫のみを行う

第4 CPR開始
  両手を重ねて垂直に、肘を伸ばし体重をかけて行う
                  ↓
第5 AEDがあれば装着し音声ガイダンスにより操作する → AED装着
                                              AED無い場合
                                              胸骨圧迫を継続
                  ↓
               ECG解析
               電気ショックは必要か？
        ┌──必要あり──┐    ┌──必要なし──┐
        ↓                              ↓
   ショック1回                    ただちに胸骨圧迫から
   ショック後ただちに              CPRを再開**
   胸骨圧迫からCPRを再開**

**強く、速く、絶え間ない胸骨圧迫を！

救急隊に引き継ぐまで、または傷病者に呼吸や目的のある
仕草が認められるまでCPRを続ける
```

圧迫する位置

出典：「JRC（日本版）ガイドライン2010（確定版）」を一部改変

② 一次救命処置

一次救命処置（BLS）とは、心臓や呼吸が止まった人を助けるために心肺蘇生を行ったり、AEDを使ったりする緊急の処置のことをいう。災害時には、周囲を確認して安全なところに移動して心肺蘇生を行う。

③ 止血法その他の外傷の処置

＜直接圧迫止血法＞
・きれいなタオルなどで面として押さえる。
・このとき血液に触れないために買い物用ビニール袋やラップを手袋がわりにする。
　止血できたら、傷の手当てに準じる。

＜傷の手当て……湿潤療法、ラップ療法＞
・出血していればタオルで圧迫し止血する。少量の出血であれば傷の手当てをした後ラップの上から圧迫する。
・水で洗う。目的は傷の汚れを洗い流すこと。
・水をふき取る。
・ラップをはる。
・絆創膏（ばんそうこう）でとめる（水分が出るように全部ふさがない）絆創膏がない場合電気工事用のビニールテープは肌の刺激が少ないので使える。
・包帯があれば巻く。

＜骨折の固定法（ねんざも固定すれば楽になる）＞
・折れた骨の上下の関節が動かないように身近にあるもので固定する。
・長さに合わせ、硬いものはタオルなどで巻いて肌に優しくする（木切れ、ダンボール、傘、週刊誌、割り箸、ガムテープ）。
・固定すると痛みが取れる。
・手術の必要な骨折でも固定して数日後に病院に行けばよい。
・骨折部に傷があり骨が見えているものは、開放性骨折なので（固定してから）すぐ病院に行く。

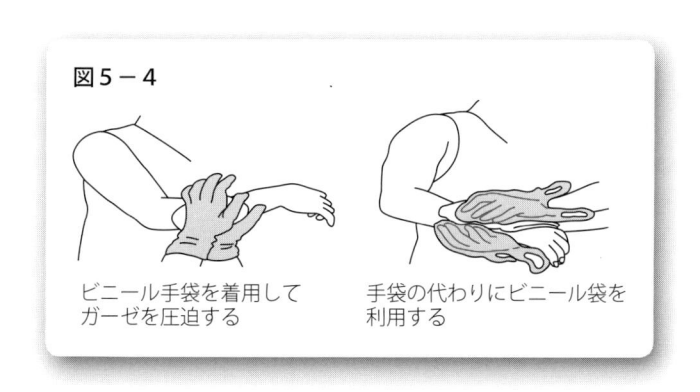

図5-4

ビニール手袋を着用してガーゼを圧迫する　　手袋の代わりにビニール袋を利用する

Ⅴ　災害時の介護活動と役割

表5-8　災害時医療体制

	災害拠点病院	応援派遣（DMAT）	救護所（健康管理）
機能	災害拠点病院としての機能	医療従事者を派遣する機能	救護所避難所で健康管理をする機能
役割	救命救急センター機能を担う	救命救急センター機能を担う	病院、診療所機能を担う
活動内容	重症患者の救命医療 広域搬送への対応 地域医療機関への資器材貸し出し	レスキュー隊が救助し、その後安全が確保された場所で医療活動を行う。	感染症のまん延防止、衛生面のケア、メンタルヘルスケアを行う

(5) 災害時医療体制

　大災害の場合において、12時間以内に救助を行い、救助隊（消防、レスキュー、警察、自衛隊）が活躍する。そして、救助後24時間以内に救命手術など治療を開始することで多くの人命の救助が期待される。災害医療では、多くの傷病者および地域全体を対象として活動をすることが必要となる。

　防災基本計画[8]（平成23年12月27日中央防災会議決定）、厚生労働省防災業務計画[9]（平成13年2月14日厚生労働省発総第11号）で、災害時における拠点医療施設となる災害拠点病院等、必要に応じて、公的医療機関・民間医療機関による災害派遣医療チーム（DMAT）の派遣をするなど、災害時医療体制の整備に努めてきている。

　災害時医療体制は大きく3つ（災害拠点病院[10]、応援派遣[11]、救護所[12]）に分類される。

① 災害時の医療活動の実際（3T）

　災害時の3Tとは、災害初動時の基本的な流れのなかでトリアージ（Triage）、治療（Treatment）、搬送（Transportation）である。

＜トリアージ＞

　「限られた人的物的資源のなかで最大多数の傷病者に最善を尽くすために、傷病者の緊急度と重症度により治療優先度を決めること」にある。医師・看護師・救急救命士や救急隊員が相当する。

---

[8] 内閣府「防災基本計画」
http://www.bousai.go.jp/kaigirep/hakusho/h22/bousai2010/html/honbun/index.htm
[9] 厚生労働省「災害応急対策」
http://www.mhlw.go.jp/bunya/seikatsuhogo/saigaikyujo5-2.html
[10] 災害拠点病院とは、「災害時の患者受入機能、水・医薬品・医療機器の備蓄機能が強化され、応急用資器材の貸出し等により、地域の医療施設を支援する機能等を有する災害時に拠点となる」病院である。災害拠点病院には、災害時の人命救助において最も早く医療活動を実施できる地域の医療施設を支援する役割がある。
[11] 応援派遣とは、災害派遣医療チーム（DMAT）をさす。災害急性期に被災地に迅速に駆けつけ、救急治療を行うための専門的な訓練を受けた専門的医療チームである（医師、看護師、救急救命士、薬剤師、診療放射線技師等）。
[12] 救護所とは、災害により地域の診療所が閉鎖された場合に、小学校等の公共施設に救護所が開設され、地域の診療所の医師、歯科医師、薬剤師等が出動し、医療救護活動を行う。

・トリアージタッグ（写真5-1）
　黒：死亡群、現在すでに死亡しているもの、平時でも生存の可能性がない重症者
　赤：緊急治療群、重症者で、処置によって回復可能
　黄：準緊急群、少し時間の余裕がある傷病者
　緑：治療保留群、自分で歩ける軽度の傷病者

＜治療＞

災害現場には治療の限界がある。あくまで安定化（stabilization）のための治療であり、確定的、根本的な治療ではない。実際の治療は、気道、呼吸循環の安定（気管挿管や気管切開を含む気道確保）全身状態を安定するための応急処置（止血、胸腔ドレナージ、ショック症例への輸液、骨折が疑われる部位の固定）などに限定される。

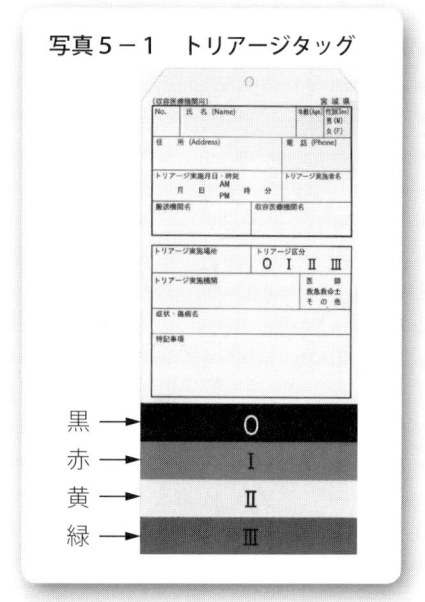

写真5-1　トリアージタッグ

＜搬送＞

根本的治療が行える最適な病院に搬送する。搬送手段としては、救急車、ヘリコプター、ボートなどで分散搬送する。どのような搬送手段があるか、後方医療機関の機能、受け入れ能力、搬送にかかる時間などを把握して行う。

(6) 避難誘導

各種の災害等が発生した場合、その避難誘導活動は、その災害の種別、規模等によって多種多様である。大切な支援は、「情報伝達」「避難誘導」「避難所対応」である。

適切な情報が届けられることにより適切な判断と速やかな行動をとることが求められる。

① 在宅での避難誘導

大規模な災害発生時には、地域で暮らす障害者や要援護高齢者など災害対応能力の弱い者は、情報の入手や自力での避難が困難なことから、大きな被害を受けることが想定される。

在宅で生活している人への避難誘導では、緊急を要する場合には、家族や近隣の人、周辺の地域住民による共助が大切だが、時間的に余裕がある場合には、基本的には市が情報の収集および伝達をする役割を担い、避難が必要になったとき、単独で避難できない災害時要援護者に対しては、あらかじめ備えておいた対象者名簿や災害時要援護者個別避難計画等に基づいて地域の自主防災組織等と連携し、災害時要援護者を救出し避難所等に誘導する。

その際は、個々の災害時要援護者の現場での実態を把握し、必要な支援を速やかに行う

Ⅴ 災害時の介護活動と役割

ためにも、情報集約・提供の窓口の一本化に努め、手話通訳者、要約筆記者、ホームヘルパー、介護支援専門員（ケアマネジャー）、カウンセラー等、保健・医療・福祉的相談に応じられる者を配置する必要がある。

　避難誘導にあたっては、避難先や避難経路の状況、周辺地域の被災状況、救助活動の状況など、周辺の様子をできるだけ正確に把握し、避難経路が確保され安全に誘導されるよう支援する。まず、安全な集合場所へ一次避難をする。

② 施設、事業所での避難誘導

　所属長は、ラジオ・テレビ、市町村災害対策本部、警察、消防からも発災場所、内容、災害規模、範囲等を速やかに的確に把握し、正確な情報を入手したうえで、避難の必要性について適切な判断を行う。
・要介護者の避難では十分な時間が必要であることを考慮して、早めの避難措置を講じる。
・職員に的確な避難行動（避難経路、避難場所）を指示する。

③ 地域と施設、事業者間、施設間の互助関係とさまざまな協力体制

　地域と施設や事業者との互助関係は、災害時に助け合う「お互いさま」の関係にある。今回の東日本大震災のように、公的な支援が届くまでに時間がかかり十分な対応ができない場合には、とにかく安全な場として施設や事業所等が避難所の役割を果たさなければならなかった。そして施設は、地域の農家から野菜、漁師から魚、近所の商店から物資をい

表5-9　避難場所

・建物内の安全スペースへ避難（建物内で待機）
・施設敷地内の安全な広場等へ避難（敷地内で待機）
・津波等被害を受けない場所へ避難（高台）
・同法人内の安全な所への避難（施設外）
・施設外の安全な広場へ避難（施設外）
・広域避難地へ避難（避難所）　等

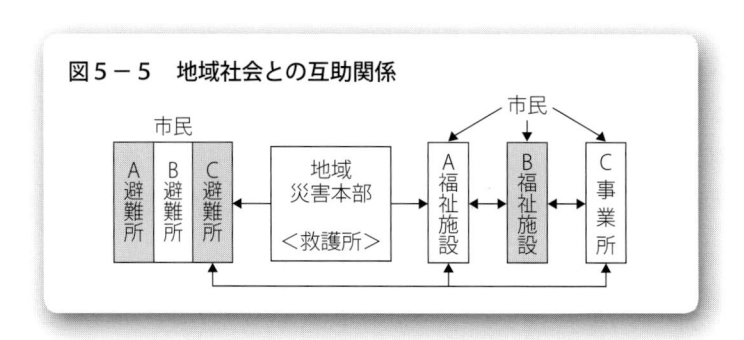

図5-5　地域社会との互助関係

ただいて、急場の避難生活を乗り越えた。施設間においても施設全体の移動や部分的に要介護者を受け入れた所もあるが、認知症の人のリロケーションダメージ※やなじみの関係が崩れ、一時期混乱した状態もみられた。しかし、避難誘導を早期に行い、津波から身を守り、全員の安全を確保した意義は大きい。

　自らの施設、事業所を「社会資源」として位置付け、どのような状態に陥っても事業の継続ができるように、地域との結びつきを日常的に意識しながら、地域社会と施設がお互いに助け合う立場づくりを築いていく必要がある。

3　避難期

　避難期は、災害後1か月位の避難生活をする時期である（東日本大震災では9か月近くに及んだ）。避難の順序は一時集合所となる安全確保が可能な場所としての避難所（広場や小中学校）へ避難し、その後自宅へ戻れない人は、しばらく生活が継続できる避難所（ライフラインが比較的整備されている）へ移動する。

　避難所とは、災害により住宅を失った場合に一定の期間避難生活をする場所をいう。具体的な施設としては、小中学校や公民館など公共施設が多いが、そのほかにも種々存在している（表5-10）。

(1)　避難所での生活の支援

　避難所では、災害救助法に基づき、避難所および応急仮設住宅の設置、食品、飲料水、被服および寝具等の供与、医療の処置等が実施（介護保険サービスや巡回診療）され、日々の生活が保障される。避難所で多くの人々が共同生活するためには、避難所の運営を担う組織が必要になる。

　避難所の運営は、避難所を開設した直後は、市町村職員や施設の管理者が避難所の運営を行う。その後は避難者自身がつくる運営組織に避難所の運営を引き継ぐ。避難所を運営していくためには、さまざまな仕事の内容に応じて次のような活動班を設け、効率よく運営することが大切である。

表5-10　避難所の種類

種類	利用実態
避難所	自宅が被災、安全に過ごしたい、生活維持困難な人が利用（学校、公民館など）
福祉避難所	災害時要援護者（高齢者、障害者、乳幼児、妊婦、災害時要援護者等）が利用
分散避難所	被災者のニーズに応じて自宅の庭に設置したユニットハウス等として利用
その他の避難所	旅館やホテルを行政が借り上げてそこを避難所として指定し利用
テント、車中	これは認められていないが、集団生活が苦手な人が生活の場として利用

Ⅴ　災害時の介護活動と役割

① 全体の運営
・避難者の管理（避難者名簿の作成、入退所者の管理、外泊者の管理）
・問い合わせへの対応（安否確認の対応、避難者への伝言掲示）
・来客への対応（避難者のプライバシーには配慮）
・情報収集、伝達（災害対策本部への情報伝達、運営会議の要望を伝達）（写真5－2）
・避難所内への情報伝達（掲示板の作成、館内放送、口頭での伝達）
・郵便物・宅配便の荷物の取り次ぎ
・困りごとの相談（生活の困りごとの相談窓口を設置）

② 衣食住関係
・食糧・生活用品の調達、受け入れ、管理（必要な品を要請、仕分け管理）（写真5－3）
・安全な環境、危険箇所への対応等（危険箇所の補修等）
・防火・防犯（喫煙場所を指定、火気の取扱注意を呼びかけ、夜間巡回の実施）

③ 医療保健関係
・医療や介護の支援（医療機関の開設状況の把握、健康相談窓口の設置、医薬品の管理）
・トイレの管理（トイレ用水の確保、衛生状態等の環境整備）
・入浴の対応（開設状況、案内）
・衛生管理（手洗いの徹底、風邪など感染症の防止）
・生活用水の管理（洗濯等生活用水の調達分配）（写真5－4）
・清掃（共用部分・居室部分の清掃）
・ゴミの処分（ゴミ集積場の設置、環境衛生の確保、分別の徹底）

写真5－2　情報提供

写真5－3　物品の仕分け管理

写真5－4　水場で洗濯

写真5－5　ボランティアが続々と集結

④　ボランティア関係
・ボランティア受付簿の作成、受け入れ（写真5-5）
・ボランティアの役割分担の決定　割り振り（写真5-6）
・ニーズと支援のマッチングを掲示板等を活用し呼びかける。
・ボランティアにはさまざまなボランティアがある。
　ボランティアは、音楽や配食、足湯など多種多様な人たちがかかわった。
❶地域の状況を調査して、問題があれば解決方法を一緒に考える。
　・子どもの遊び場がないので子どもイベントを企画、遊び場づくりを検討
　・がれき片付けによる疲労を足湯、マッサージ等で回復（写真5-7、写真5-8）
　・仮設住宅でご近所付き合いのない人がいる不安をお茶会や健康相談チームによる訪問で解消
❷炊き出しやイベントの依頼があればマッチングやお手伝い。
　・炊き出し、音楽イベント、餅つき、文芸活動等をマッチング（写真5-9、写真5-10）
　・被災地のコミュニティや諸施設をマッチング

(2)　避難生活の課題

・地域によって、復興の差が大きい（食事や入浴、トイレなどの住環境の問題への格差）
・被災者が受けたショックや不安などが大きい（急性ストレス障害（Acute Stress

表5-11　避難生活へのアセスメントと支援のポイント

災害への備え		・災害時生活に関して 　非常持ち出しセットは各自でリュック等に用意しておくと便利である ・災害時の健康に関して　持病における医薬品やお薬手帳や障害手帳等携帯しておく
災害発災後	アセスメント	・過ごしやすい環境か（温度、湿度、通気、日照等） ・個人や家族のプライバシーが確保されているか ・女性の視点が配慮されているか（恥ずかしい） ・病気やけが、障害に対応しているか（トイレに行きづらい、移動しづらい） ・健康の維持および感染症等への対策がなされているか（病気の人がいないか） ・安全な衛生設備の確保がなされているか ・心のケアへの対応がされているか（ストレス、PTSD、精神症状の有無） ・不安や心配事を傾聴、相談できる対応があるか ・情報提供への配慮と自己決定への援助がなされているか ・安全、危険箇所等への対応がなされているか
	支援のポイント　避難所生活における支援	・各人の個別に応じた支援の提供（個別、適時、優先的、多様な視点で行わなければならない） ・窓口の一本化、かかわる人たちの連絡体制を整備し、役割関係を明確にして、総合的なかかわりをする ・さまざまな機関や人たち（行政関係者、地域住民、企業、ボランティア）との関係づくりに努める

Ⅴ 災害時の介護活動と役割

写真5-6 ボランティア募集と情報交換の掲示板
仕事の割り振り
情報交換

写真5-7 南三陸仮設住宅でタッチケア

写真5-8 がれきを燃やしての足湯

写真5-9 仮設住宅での餅つきイベント

写真5-10 ボランティアによるタオルウサギづくり

Disorder：ASD）への対応が不十分）
- 被災者は、「プライバシーの確保」が困難（声、物音が聞こえるなど）
- 避難所への訪問者が多い（被災者だけでなく、被災地救援のために駆けつける行政の職員やボランティア、初対面の人たちが大勢いるなかで、自分の生活をさらけ出す苦痛）
- 女性への配慮（乳飲み子を抱えた若いお母さんや着替えをしたい女性、生理中の女性など）
- 「いびき」による不眠　仕事で疲れた人は苦痛
- 慢性疾患患者やアレルギーをもつ人への配慮（アレルギー食品の対応不足）
- 子どもへの対応への配慮（子どもの騒ぎ声が気になる、遊びや学習への対応が必要）
- 感染症への対策（集団で限られた室内で生活をともにするため、集団感染を引き起こしやすい。予防対策が必要となる）
- 高齢者等への対応（移動が不便、トイレに近いところに居室を配置）

(3) 福祉避難所における支援

　福祉避難所とは、厚生労働省の福祉避難所ガイドライン[13]に「福祉避難所の対象は、高齢者、障害者、妊産婦、乳幼児、病弱者等避難所生活において何らかの特別な配慮を必要とする者とし、その家族まで含めて差し支えない」とある。これらの人については、一般的な避難所では生活に支障をきたすため、福祉避難所において何らかの特別な配慮、保護をする必要がある。なお、特別養護老人ホームまたは老人短期入所施設等の入所対象者は、それぞれ緊急入所等を含め、当該施設で適切に対応されるべきであるので原則として福祉避難所の対象とはしていない。

＜福祉避難所運営基準＞

　福祉避難所として機能するための必要な施設整備を行う。概ね10人の災害時要援護者に1人の生活相談職員等を配置とある。そのほか、看護師、ヘルパー、給食世話人、事務員、巡回医師等が24時間体制で支援にかかわる。
　必要な物資として、
- 介護用品、衛生用品、災害時要援護者に配慮した食料、洋式ポータブルトイレ、ベッド、担架、パーティション・車いす、歩行器、歩行補助杖、補聴器、収尿器、ストーマ用装具、気管孔エプロン、酸素ボンベ等の補装具や日常生活用具
- 段差の解消、障害者用トイレの設置など施設のバリアフリー化
- 通風・換気の確保
- 冷暖房設備の整備
- 情報関連機器（ラジオ、テレビ、電話、無線、FAX、パソコン、電光掲示板等）

---

[13]厚生労働省「福祉避難所設置・運営に関するガイドライン」
http://www.sago-octagon.com/menu02/images/hukusihinanjo.pdf

Ⅴ 災害時の介護活動と役割

(4) 福祉避難所の課題

- 狭い空間のなかで、動きが制限されることにより、生活不活発病※(廃用症候群)を起こしやすくなる。
- 避難者のADLニーズに対してのケア不足や治療の中断等があると、持病の悪化や関連死を招きやすい。
- 避難所内では床上生活、運動量低下と血中の電解質バランス悪化による上下肢の浮腫等でエコノミークラス症候群が起きやすい。
- 普段の生活リズムが崩れるために精神保健面や心理面での専門的な対応が必要になる。認知症の人へのリロケーションやなじみの関係が切れることによる周辺症状の悪化などが予測される。
- 介助者の確保が困難。現地の団体では、スタッフも被災者であり、同じスタッフが不休で支援にあたる。介護に関しては一般のボランティアに入ってもらいにくい。
- 保健・衛生・医療面のニーズに対しては、その緊急度が高いか、どの専門機関に結び付けるべきか、医師などの指示のもとどこまで保健医療ケアを行うか、災害の混乱時にどのように必要な機関等に搬送するかなど、適切な判断が必要とされる。記録や情報がないと対応が遅れるため、観察、記録、報告、相談を常に心がける。

(5) 福祉避難所生活での介護者の役割

- 個々人の疾病、障害へのアセスメントを行い、各人の個別に応じたケアを提供できるよ

表5-12 要介護者の避難生活のアセスメントと支援のポイント

災害への備え		・災害時生活に関して、 　介護保険証、医療保険証、障害手帳等 ・持病における医薬品や常時活用している杖、車いす等の介護用品、機器を使用するためのバッテリーや医療機器もしくは代用となるもの
災害発災後	アセスメント	・介助者はいるか、どの程度かかわれるか(介護負担の程度等) ・健康状態(疾病)と要介護状態(どんな配慮や支援が必要か)ADLの状態 ・1日の生活リズムと生活習慣等(活動量と休息の状態) ・感染症等の有無(感染する病気、感染を受けやすい状態の有無) ・認知症、PTSD、精神症状の有無(心のケアへの対応が必要か) ・不安や心配事を傾聴、相談できる対応があるか ・情報提供への配慮と自己決定への援助がなされているか ・必要な環境的配慮がなされているか
	支援のポイント 避難所生活における支援	・各人の個別に応じた支援の提供(個別、適時、優先的、多様な視点で、自立支援の観点から行う) ・各種サービスを活用し、介護支援専門員(ケアマネジャー)や保健師、サービス事業者との調整、連携を図り総合的なかかわりをする ・さまざまな専門職(医師、看護師、介護福祉士、ボランティア)関係機関(施設、事業所)との関係づくりに努める ・家族への支援も行う。家族がいる避難者であればその家族を中心に側面的にサポートする

うにし、支援は、個別、適時、優先的、多様な視点で行わなければならない。
- ボランティアが不足していれば、他の避難者・家族などを活用し、見守りや簡単な分野のケアを依頼できるようにする。
- 基本となるのは専門機関・専門職との連携であり、ケアについては積極的に協力してもらう体制をつくる必要がある。
- 災害時要援護者だけでなく、家族の身体的・精神的健康面でのケアも配慮する必要がある。家族がいる避難者であればその家族を中心に側面的にサポートすることが求められる。あくまでも自立支援の観点からのケアを行う。

4 復興・復旧期

　復興・復旧期は、一時的な避難所生活から新たな仮設住宅への入居や復興住宅へと生活環境が変化していく時期であり、自立生活の建て直しの支援活動と地域社会（コミュニティ）再生への支援が必要となる。
　新しい仮設住宅や復興住宅に移る場合の問題点は、以下の通りである。
- 入居時、新たな生活環境の変化による適応障害や認知症、アルコール依存等、心身の変化が生じやすい。とりわけ高齢者は住み慣れた地域・風景・コミュニティから切り離されることで心身へのショックが大きい。
- 仮設住宅は一般に、断熱性や風通しが悪い。また経済的理由からエアコンを利用している家は少なく、夏暑く、冬寒い。夏は熱中症に、冬は風邪をひくことが多い。
- 遮音性（しゃおんせい）が悪くプライバシーが守れない。
- 見知らぬ人たちが集まってくることから、住民同士の交流が乏しく、新たな環境に慣れず、ストレスを感じ、仮設住宅等での生活への不適応や孤立、引きこもり、あるいは孤独死が起こりやすい。
- 家族を亡くしPTSDなどの心の問題を抱えていると、精神的、身体的疲労が蓄積し、こころの病気を発症しやすい。

　生活支援のあり方として、まず以下の視点が必要である。

(1) 仮設住宅の見直しと支援
① 仮設住宅の構造

　仮設住宅についての避難者の意見は、上述で概観したが、その質の悪さで、狭い、隣家の音が聞こえる、高齢者を含めて、冬寒く夏暑い、雨が降ると雨漏りがする、床下浸水する、風がふくと音をたてる等がある。原因は、たくさんあるが、仮設住宅を住宅メーカーに依頼し、全国画一的な仕様で建てられたものの多いことが一因である。東北のように寒冷地帯にはそぐわない建物もある。わかりきったことであるから、「寒冷地帯仕様」など各地の気候風土にあわせた仕様を準備しておくべきである。後から、壁を2重構造にする

Ⅴ　災害時の介護活動と役割

などの補強工事も行われたが、経費がかさみ、工事期間がかかるため耐え難い。仮設住宅では、プレハブ仮設の味気なさから、地元産木材を活用した仮設がいくつかの地域で建てられて、木の香り、親しみやすさ、耐震年限の長さなどから概ね好評であった。地元経済の振興にも役立っている。

② 仮設住宅の狭さ

　東北では世帯人数の多い家庭が多い。阪神・淡路大震災のときと同様の行政による1戸40平米の広さでは間に合わない。そういうことが重なって、いくつか世帯分離して住んでいる被災家族がいる。

　例えば、東日本大震災後の岩手県飯舘村による「飯舘村民の避難生活実態及び帰村意向等に関するアンケート調査報告書」によると、「避難前に同居されていたご家族が何か所に別れて避難しているか」という問いに対し、「変わらない」602件（33.7％）、「2か所に別れて避難」719件（40.2％）、「3か所に別れて避難」314件（17.6％）、「4か所以上に別れて避難」90件（5.0％）と、別れて住んでいる世帯が多い。

　別れて住むようになった理由（複数回答）は、「住居が狭い」597件（53.2％）、「家族の仕事」572件（50.9％）、「子供の学校」240件（21.4％）、「家族の健康」177件（15.8％）、「放射能の影響」275件（24.5％）、その他である。

③ 仮設住宅の立地についての国際赤十字社のコメント

　世界の災害復興の経験をもとに国際赤十字社[14]は、「災害で家を失った人々を、彼らが収入を得ていた場所から遠く離れた"安全な"場所に移住させたとしても、災害の被害を悪化させるだけであり、結局彼らはそこに定住しないであろう。住宅環境を現地で改善するほうが、たいてい、条件が悪い新たな場所に新たな住居を建設して移住させるよりもはるかに役立つ」「災害直後の住宅ニーズを満たす際には、単に事前に決定された住宅を『製品』として供給するのではなく、被災した住宅について、使用されたさまざまな原材料を考慮し、技術的、財政的、社会的な援助を行い、『住宅』の供給を行うべきである」と述べている。

④ 「見なし仮設住宅」の課題

　仮設住宅は交通、買い物、通学、通院などの生活不便な場所が多く、ボランティア団体によるマーケットなどができて、生活の利便性が図られているが、限界がある。いずれにしても、仮設住宅は、被災した現地で建設し、復興する、という視点が大切で、その努力が必要である。とりわけ高齢者にとっては、今回は津波で土地が流されたという事情があったとはいえ、故郷を離れざるをえなかった無念さがわかる。こうした諸々の事情を反

[14]国際赤十字社「世界災害報告2010年版」

映して、東日本大震災では、自分で民間の賃貸住宅を見つけてきた場合、「見なし仮設住宅」として、家賃を5万円（一人暮らし）から9万円（5人以上世帯）まで行政が補助する措置がとられた。場所、広さ、設備、生活利便性など自分で好きな物件を見つけてくるのであるから人気は高く、仙台市の場合プレハブ仮設入居者は約1500世帯、「見なし仮設」は約8500世帯を数えた。

　しかし、ここにも問題がある。民間借家は、通学、通勤、買い物、病院、バスや電車の交通利便性などが行政のプレハブ仮設より格段に勝っているが、高い家賃を避けるために、小世帯向け住宅が多い。高齢者、障害者向けのバリアフリー住宅が少ないなどの問題を抱えている。また、一般に民間借家の経営者は、一人暮らしの高齢者に部屋をかしたがらない。家賃を滞納する、トラブルを起こす、孤独死の心配などがあるからである。かつて、東京都江戸川区の不動産業者は行政と協力して、見回り、電話などたえず連絡をとるよう対策をしていた。

　もう1つの問題は、「見なし仮設住宅」の場合、2〜3年で家賃補助の期限が切れることである。入居の契約が切れ、仕方なく出ていかなければならないことである。高齢になってからの転居の弊害は大きい。

　行政は、普段から民間借家住宅の質を上げ、家賃を下げること、家賃補助制度を設ける、などをしておけば、今回のような災害時にあわてて低質の仮設住宅を建てなくて済む。また、みんなが高い住宅の取得とその生涯ローンの負担に苦しまなくてもよい、と思われる。

(2) 地域社会（コミュニティ）再生への支援

　今回の東日本大震災においては、「仮設住宅」や「みなし仮設」等に入居する高齢者や要介護高齢者を抱えた世帯が安心して暮らせるよう「サポートセンター」を、被災市町が設置・運営した。そこで、総合相談、居宅サービス（デイサービス）、生活支援サービスや地域交流などの総合的な機能を有する「サポート拠点」としての活動を展開した。ここでは、個別支援の視点と地域支援の視点をあわせた活動によって、仮設住宅入居者の孤立の防止や要介護度の悪化を防止するとともに、高齢者が気軽に訪れることのできる「居場所づくり」を目指した。

　仮設住宅地を1つの"まち"ととらえ、一体的な整備を行うことで、仮設住宅入居者の方々への快適で安心した日常生活の提供ができ、ともに、復興後のまちづくりを見据えた取り組みを展開できることが大切である。

(3) 自立生活に向けての支援

　被災者支援業務に従事する現場支援員の活動は非常に重要である。自宅を再建できた人もいるなかで、再建の見通しの立たない人たちは焦りや不安や寂しさを募らせる。こうした結果、身体の健康不調への訴えが多くなる。自立生活に向けての支援は、専門職が中心

Ⅴ　災害時の介護活動と役割

となって、仮設住宅に暮らす高齢者や要介護者およびその家族の相談にのり、日常生活の支援を行う。閉じこもり予防や心の健康づくりや健康相談を実施し、必要があれば各専門機関へつなぐ役割を担う。

　支援員が1件1件家庭訪問をすることにより、被災者との信頼関係を築き、健康的な生活や自立した生活が送れるように、介護予防、介護相談やこころのケアなど多岐にわたって個別に支援することが大切である。介護予防では、運動指導員やリハビリ関係職種、介護相談では、介護支援専門員（ケアマネジャー）や介護福祉士、社会福祉士、こころのケアでは、保健師、看護師や精神科医、臨床心理士、精神保健福祉士等とも連携をとり対応する。個人や地域再建の長期的な視点に立ち、支援を継続することが重要である。

写真5－11　仮設住宅　団らん交流の場

写真5－12　仮設住宅（バリアフリー）

写真5－13　仮設住宅にあるサポートセンター

写真5－14　住民が集う集会所

♣コラム
災害発生から避難生活までの生活実態
―東日本大震災の体験レポートから―

はじめに

　2011（平成23）年3月11日、14時46分。私たちはこれまでに経験したことのない巨大地震をこの身体で感じ、津波により一瞬にして水没してしまった高田の街をこの目で見た。私たちの住んでいる地域は岩手県の沿岸南部に位置するリアス式の美しい海岸線の高台にそびえ立っており、松原苑から見渡せる7万本の松林の高田松原海岸の絶景は自慢だった。

　松原苑は海抜35mの高台に位置し、津波災害からは免れた。当施設は、透析センター、クリニックを併設し、入所者、通所者、入院患者、透析患者、職員をあわせると常時380人が施設の中にいた。当時の老人保健施設の利用者の平均要介護度は3.5で寝たきりの利用者が80人程入所していた。

　その人たちの救護活動の最中、大きな声で叫ぶ職員の声に振り返ってみると、眼下の高田松原海岸に向かって押し寄せる黒い波があっという間に松原苑をまたぐかのように高田の街を飲み込んでしまった。確認できたのは6階建てのキャピタルホテル1000の屋上と県立高田病院の屋上だけだった。地域の医療の要だった岩手県立高田病院は、屋上部分を残し水没してしまった。

　まるで悪夢を見ているようだった。同時に職員誰もが「私の家族は？　家はどうなっているだろう？」という思いが頭をよぎったはずだが、目の前の利用者の救護に必死だった。あの時、介護の現場にいた私たちは、利用者を救うためにどう動き、どのような多くの課題にぶつかりながら、施設の再開にこぎ着けたかを体験を通して述べる。

避難誘導

　松原苑の建物は、地震で3階ホールは特に損傷が激しく、天井ははがれ落ち、水道管の注水部分の損傷で水浸しになっていた。建物が危険と判断した事務長の指示のもとに、利用者全員の避難誘導を行った。寝たきりの方の廊下での水平移動は、備蓄倉庫から竹と毛布を取り出し、訓練をしていたとおりの簡易担架をつくって、みんなで声をかけあいながら必死で行った。

　264人の要介護者を1時間30分で、けが人も出さずに救出できたことは、まさに職員が一致団結して声をかけあいながら頑張ってくれた賜だと思う。私は搬出された利用者の保温と身体状況のチェックを看護課長たちに指示し、紙と油性ペンとテープを持って建物の中に入り、取り残されている人がいないかどうかを全室確認し"OK"という文字を赤字で書いて貼って回った（写真5-15）。

建物の中を確認して第一避難所に戻ると雪がちらついてきた。この日は気温が4℃しかなかった。以前から準備しておいた備蓄倉庫から毛布（約250枚）・タオルケット類をすべて出し、2階、3階の窓からマットレス、布団類も外に投げ落として使用した。しかしこれ以上外で過ごすことは低体温症を招くことになってしまうと判断し、デイケアを利用していた歩行可能な50人は、近くの小規模多機能ホームに移動させた。クリニックに入院の19人は1台のベッドに頭と足を逆にして2人ずつ寝かせて、敷地内のグループホームに移動させ廊下に縦列に並べた。移動が困難な120人は1階のデイケアセンターで、壊れた窓ガラスを段ボールで塞いで収容することにした。職員達は利用者の間、間に手をつなぎながら横になり、大きな余震が頻発したが、そのたびに「大丈夫だよ」と励まし合いながら冷たい夜を過ごした。それは利用者を励ましながら自分の家、家族はどうなっているだろうかと心配しながらの2日間だった。

写真5-15　施設内を確認

　その後、県の災害対策本部との話し合いで全員の避難が決定し、損傷のない同法人内の隣の大船渡市にある気仙苑へ移動するために、自衛隊のトラックの荷台にマットレス、布団を敷きピストン搬送を行った。

　翌日、トリアージにより、搬送可能な方は約1時間かかる特別養護老人ホーム、グループホーム、病院など4か所に分かれ避難生活をスタートさせた。職員も4か所に配置しなければならなかったが、通信手段はなく、現場に行って伝えることしかできなかった。私はヘルメットとスタッフジャンパーを着て毎朝7時30分に松原苑から車を運転して集まった職員を乗せて4か所を回った。それぞれの場所での毎日の利用者の身体状況、職員の状況を把握し、問題点や不足しているものなどを把握しては持ち帰り、法人事務局に相談しながら何とか利用者が無事に体調を崩すことなく過ごせるような対応を考えた。職員は家を失った人も多く、帰る場所がなく避難所生活を強いられた人は、連続で48時間勤務をしてくれた。家族との安否確認をしながら目の前の利用者へのケアに最大の力を発揮してくれた。

　震災3日目には、建物の専門家が調査した結果、松原苑の建物の駆体には問題がないことが確認され、1週間目の3月17日には足場を組んで復旧工事が開始になり、5月18日には全員の利用者が松原苑に戻ることができた。

1　時間経過、時期別の介護活動と役割

避難生活

　何とか避難して助かった命も、屋外の環境下の避難生活では、低体温症等の二次災害により、高齢者の健康が危ぶまれた。何とか屋根付きのところへ収容しようと考えられるアイデアを出しながら対策を練った。あの時間、面会に来ていたご家族もおり、自宅に帰れない状況なので、ロッカールームのロッカーを倒し、その上に毛布を敷いたり掛けたりしながら利用者と一緒に過ごしてもらった。しかし、電灯は各場所に1つ位しか割り当てることはできず、真っ暗な中、1つの電灯を頼りに声をかけあい、励まし合いながら過ごした（写真5－16）。

写真5－16　ロッカーを倒しベッドへ

　備蓄用の食糧は利用者（190人）2日分あった。19時頃食事の準備が整ったが、ほとんどの利用者は移動で疲れたのか眠ってしまい、起きている方たちに提供し、残った食料は一般避難者に配った。

　備蓄食糧は、利用者分しかなかったが、近くのスーパーから避難してきた人たちが、津波によって流れてきた自動販売機から飲み物を取り出してきた。断水で洗うことはできないので、備蓄倉庫からきれいなタオルを取り出して拭き、一般避難者、職員に配った。

　翌日になって、隣の住田町の職員が道路の状況を確認した後、自宅に戻ってたくさんのおにぎりをつくって差し入れてくれた。被災後、初めて温かいおにぎりを食べることができて、生きた心地を味わった。

　その後、全員の利用者を何とか屋内に収容し事務職員、リハビリスタッフ、栄養士たちは外でラジオからの情報を聞きながら夜を明かした。南側の空が夜通し赤く染まっていたのは、ラジオからの情報で南隣の気仙沼では火災が多発していたからだと知った。近くの林から薪を集め、腰にはシーツやカーテンを巻きながら寒さをしのぎ、余震がくるたびにデイケアセンターにいる利用者や一般避難者に声をかけながら過ごした。

　一般の方も120人位避難してきたので、使用できなくなったトイレの問題が大きくあがった。そこで、施設内の林に穴を掘ってもらい、青空トイレを設置した（写真5－17）。排泄後には土をかけ、消臭剤を振ることにより臭いの問題も解消され大きな役割を発揮した。男女1か所ずつ設置し半年間使用した。

　当初復旧までに2か月かかるといわれていた電気の回復は、透析センターを併設し

ていることで関係各所に掛け合い、11日目の3月22日に電気が復旧した。全員で喜び、万歳三唱をした。

また、敷地内で理事長の指示によりボーリング調査を行った結果、地下31mの地点で水脈に達し勢いよく水が汲み上げられた。水質検査をするまでは生活用水として活用した。現在は水質検査も済み、飲料水として主に使用している。給水車、大船渡施設からの支援で毎日使用量をチェックし、朝夕のミーティングで節水を呼びかけて大切に使用した。固定電話については6月29日に復旧したが、インターネット回線の復旧は7月26日と遅れ、それまでは他の地域はどんな状況になっているか知る術もなかった。

写真5-17 青空トイレ
排泄後は土をかける
男用、女用と2か所設置

高台の当施設の駐車場を、テレビやラジオの中継車10台ほどの拠点として使いたいとの話があった。IBC（岩手放送）ラジオのアナウンサーから「直接話してください」と言われ、私は松原苑の入所者190人と、デイケア利用者50人全員が無事だということと、出勤した職員も全員無事で利用者の救護活動に頑張っているということを伝えた。そして今不足しているものはどんなものかということを話した。その翌日、「ラジオ聞いていたよ。道路も寸断されたし家も大変なことになってしまったけど、ラジオで母ちゃんが無事だとわかり、安心して家のことを済ませてから、今来られたよ！」と泣きながらやってくる入所者のご家族がいた。このとき私はラジオの力の大きさを知った。

頼りになるのは情報だった。IBCラジオでは直接の個人情報を伝えさせてもらえたことなどで、安否確認情報への大きな力をいただいた。

医療機関への支援

水没してしまった県立高田病院は、仮設の外来棟を米崎コミュニティセンターですぐに立ち上げた。全国から多くの医療チームが応援に来ていた。市内の医療状況が把握できるため毎朝参加し情報を収集した。100人を超える人数でミーティングが行われ、私の知っている高田病院の職員たちの顔は見あたらなかった。聞いてみると支援チームが来てくれたので高田病院の職員たちは全員2週間の休みをもらい家族の安否確認などをしているという。しかし、介護施設には応援チームは入ることなく、職員たちは家の確認もできないままずっと働いていた。この違いは何だろうと疑問を抱いた。

「医療支援」ははやくから行われるが、福祉への支援はないことに落胆し、職員たちに申し訳ない思いにかられた。

老人保健施設への支援

　支援がないなかで3月29日、神奈川県の三浦半島でとれた新鮮な野菜を車いっぱいに積み込んで応援が来てくれた。医療法人青山会の内藤先生チームだった。松原苑の悲惨な現状を見て、応援に入ることを決めてくれた。全国老人保健施設協会の災害プロジェクトB（人員派遣）を立ち上げ、当施設に延べ376人の人的支援を入れてくれた。

　また、日本赤十字社においても、今回初めて介護の現場に支援チームを出してくれた。4月12日からの1か月間で120人の応援をいただいた。今があるのは皆さんの支援があったからだと職員一同が感謝している。職員は被災しているにもかかわらず、自分の家族を心配しながらも、仕事に専心してくれた。これは、利用者たちの温かい言葉に、皆が勇気をもらい、励まされたことにより、最後まで頑張ることができたのだと思う。

これまでの取り組み

　私は、前任の病院で災害派遣医療チーム（Disaster Medical Assistance Team：DMAT）隊員だった。3年前に入職したときから、この高台の松原苑は、いつかは来るといわれている宮城県沖地震、津波災害時に水没してしまう県立高田病院との連携で市民を救う何かができるのではないかと考えていた。そこで市長を囲む福祉を語る会で提案してみた。松原苑の入所者190人のほかに全館床暖のフロアに約200人を収容可能なこと、海抜35mの高台にあるので津波災害からは免れるだろうということを説明した。被災者が運ばれてきた場合の救命のためのトリアージポスト、赤・黄・緑の各ゾーンの設置、県立病院との連携での心肺蘇生法訓練の実施などを2008（平成20）年から行ってきた。震災の前の年、2010（平成22）年11月28日には「気仙地域災害医療訓練」を実施していた。

　県立高田病院、行政、当施設の合同訓練として被災者役は地域の住民の方々に依頼し、有事には松原苑に避難するよう広報も行い、県立高田病院のスタッフに当施設の建物の構造を知ってもらい、避難時に活用できるように働きかけることが目的だった。避難訓練として、竹棒2本に毛布を巻いた簡易担架を使った搬送訓練、トリアージポストでのトリアージの仕方の訓練、事務職によるホワイトボードへの書き込み訓練等、全職種の参加で実施した。緊急治療群のレッドゾーンでは県立高田病院の医師、看護師と一緒に治療にあたる訓練を行った。また、イエローゾーンでは簡易担架からベッドに移す訓練、そして、レッドゾーンとの連絡調整の仕方、観察項目の

Ⅴ　災害時の介護活動と役割

写真5−18
レッドゾーン訓練　　　イエローゾーン訓練　　　グリーンゾーン訓練
（クリニック）　　　（デイケアセンター）　　（デイケアセンターホール）

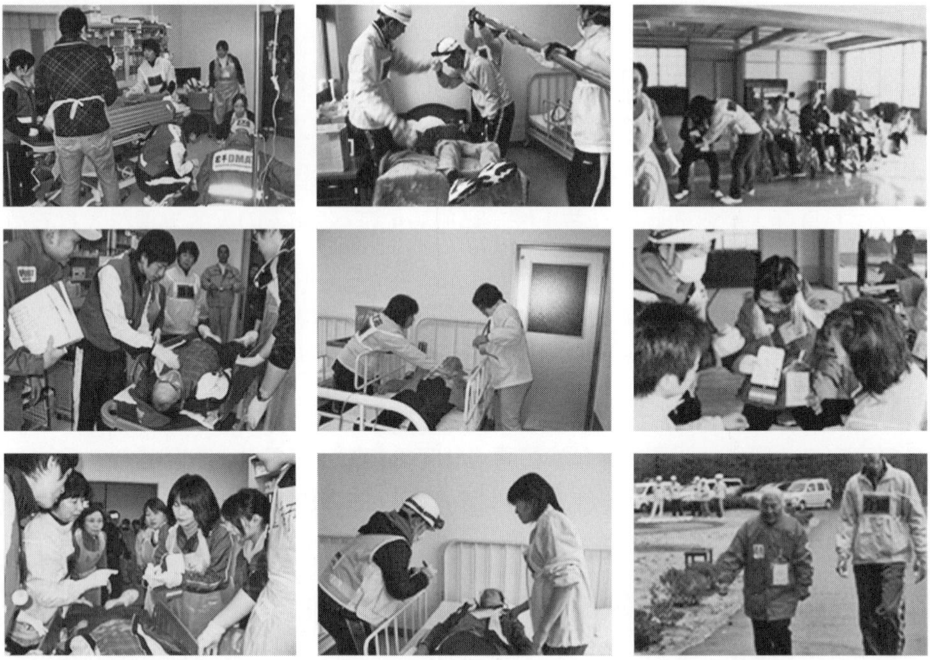

　チェックなどを行った。グリーンゾーンは歩行可能群だが、ここでは地域住民の方々に被災者役をお願いし、訓練を行った。施設の前庭は芝生のスペースが広くあり、県の防災航空隊の検証により、臨時ヘリポートとして使用可能となり、市の予算に計上され3月中（平成22年度）に砂利道の舗装工事が行われる予定となっていた。

　災害用備蓄倉庫は2009（平成21）年の6月に整備した。そのなかには職員や市の婦人団体等から協力してもらって集めた毛布が約250枚、タオルケット、バスタオル、利用者がつくった新聞紙のエチケット袋、簡易担架をつくるための竹棒が常に20本準備されている。食糧は利用者・入院患者2日分の備蓄をしていた。今回の震災時にこれらは大いに活躍した。

　これまで県立高田病院との連携として、当施設の協力病院になっていることから、毎週水曜日の午後は寝たきりの方たちが待ち時間なく診察が受けられるような専門外来を立ち上げてもらっていたこと、震災の前の年の2010（平成22）年2月28日のチリ地震で大津波警報が発令され高田病院の人工呼吸器装着の患者を警報解除になるまでクリニックで受け入れたことにより連携が深まった。その後には臨床工学技師の人工呼吸器取り扱いのために研修派遣を行い、有事の受け入れに備えた。地域のなかでこのような連携は初めてのことだった。

日頃、災害への備えとして、中越地震の時にサンダル履きの看護師たちはガラスの破片の上を歩くことが困難だったという報告を聞いていたので、当施設ではシューズは足を保護するタイプにしている（写真5－19）。いつ起こるか予測のつかない災害に備えて職員全員で取り組んできた。これが今回の震災時には大いに役立った。そのため松原苑は1人の犠牲者も出すことなく、全員が安全に避難することを可能にしたと思う。

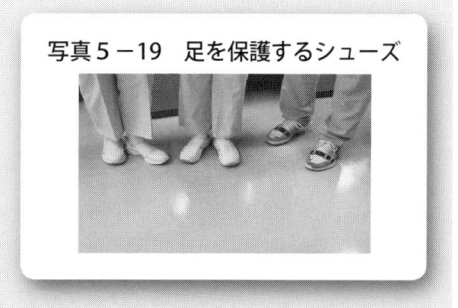

写真5－19　足を保護するシューズ

今後に向けて

　このような取り組みを高田病院と松原苑で行ってきたが、実際の東日本大震災は想像をはるかに超えた大津波に襲われた。

　高田病院では9人の職員が犠牲になり、15人の患者が命を失った。津波災害に向けて合同訓練を行ってきたが、今回の大津波における対応は困難であり、高田病院は水没し取り壊された。改めて、震災後にさまざまな課題を確認しあった。

① 88人の寝たきりの患者の水平移動は、訓練を積んでおいた簡易担架で行い職員たちからは「あの訓練を行っていて本当によかったです。役立ちました。」と言ってもらえた。しかし、階段は竹を抜いて2～3人で抱えながら降りた。他に何かいい方法がないだろうかという課題が残された。

② 懐中電灯・ヘルメットのヘッドライトは各部署夜勤者の数しかなかった。今回の体験で、職員たちは自己完結の必要性を確信したので自分の物としての準備も行うことにした。

③ 経管栄養剤については消費期限があり、多くの備蓄は問題があるものの2日分準備しておいたが、流通がストップしてしまうことの体験から、最低3日分は備蓄用としてストックし、期限を確認しながら順番に使用していくこととした。

④ 職員用の食糧の備蓄はなかったが、今回の経験から法人としても備える方向で検討中だが、これに関しても職員一人ひとり自分の身は自分で守る、誰もあてにはできないということを学んだので自分で準備をしておくことにした。

⑤ いつこのような災害が起きるかわからないことから、四季を通じて対応できるように使い捨てカイロ・保冷枕・団扇等の準備も進めている。

⑥ 利用者の救助・搬送に関しても自分はどのように行動したらいいのかがわかるアクションカードの必要性がどの部署からもでたため現在、アクションカードづくりを行っている。アクションカードとは緊急時にスタッフ一人ひとりに配布される行動カード、限られた人員でできるだけ効率よく行うための行動指針となるものであ

る。

おわりに

　今回は、日頃からの訓練が有効に機能した。第一に、簡易担架での水平移動搬送訓練であり、震災時すぐに行動でき全員を無事に避難させることができた。第二に、当施設は透析センターを抱えていることから32ｔの受水タンクを整備していたことにより給水車、大船渡施設からの支援を受け大量に水を保管、管理できたことであった。第三に、食糧については利用者２日分の備えがあり、３日目に自衛隊による食糧支援が入るまで何とかしのぐことができた。第四に、震災前から市内の婦人団体や職員の協力のもと、毛布を約250枚集めて備蓄しておいたことである。あの寒い震災当日はすべて使い大いに役だった。発電機の設備はあったので、少ない軽油を使用しながら時間を限定して夜間の照明に使用できた。第五に、排泄物処理の仕方（ポータブル便器にビニール袋をかけ、紙おむつを敷いた便、尿処理）は研修を行っていたのでスムーズに行うことができた。また、敷地内の林に青空トイレをつくってもらった（職員のなかには土木関係の仕事に長けている人が数人いた）。男女１か所ずつ土を掘ってもらい、排泄後は土をかけ消臭剤を使用した。臭いの問題もなく８月31日まで使用した。第六に、スタッフジャンパー、ヘルメット、ヘッドライトの数は不足したが、震災前に整備してあり大いに役立った。震災後の災害対策委員会では万一に備え、職員一人ひとりが自己完結の意識を常にもっていないと、生き延びることができないことを自覚した。今回、身をもって体験したので、その体験を活かし、全員にパンフレットを配り、車やロッカーの中に準備している。

　現在、陸前高田市では2200戸の仮設住宅がある。地域のなかで介護サービスを使うべき人が使わないで困っていないか等を知るためにも社会福祉協議会等との連携、情報の共有は不可欠で、私たちもさまざまなサロンに出向いてネットワークづくりを行っている。また、一人暮らしの受診困難な人たちへの訪問活動も立ち上げた。災害で家族を亡くした人の心のケアへの活動もしている。今後は、介護の現場に応援チーム結成のための研究活動も開始し、支援の和を拡大するための活動をしていきたい。今回の経験から「人を支えるのはやっぱり人」であるという大切な学びをいただいた。

2 ライフラインが停止した状態での介護活動と役割

1 避難所生活のケア

　住まいは人が生きくらす基盤である。雨風、暑さ寒さ、さまざまな外敵を防ぎ、日々の安全とくらしを守る。高齢者は、健康な成人に比べて、同じ居住環境でも受ける影響が極端に大きい。いわば、「環境弱者」である。例えば、各種の災害によって長年住み慣れた家と土地を失い、あるいは放射能汚染から逃れるために、慣れ親しんだ居住地から見知らぬ土地に避難・移住することの影響は、主婦や子どもにとっても大きいが、とりわけ高齢者にとっては、大きく作用する。長く住んできて、見慣れた風景や、助け合ってきた隣人とコミュニティ、生業の場などをすべて失うことは、心身とくらしへの影響が大きい。

　そして、身を寄せた避難所や仮設住宅などの居住環境は、一般に劣悪低質で、寒さ、暑さ、隣人からの音や視線などを防げず、プライバシーが保てず、心身に大きな影響を与える。高齢者、障害者、乳幼児、母親などの地域に密着してくらしてきた人たちに大きく影響を与える。すなわち、震災後に、多くの被災者が真っ先に避難するのは、日常的に親しんでみんなが知っている身近な小中学校である。阪神・淡路大震災のとき避難所となった体育館、講堂などの床面はかたく冷たく、天井は高い。そこに毛布や布団１枚に身体をくるめた。プライバシーはなく、ストレスが強い。風邪をひき、肺炎にかかった人が大勢いた。トイレは寝ている場所から遠く、薄暗く、段差があり、和式で、高齢者には使いにくい。トイレに通うのがつらいので、夕方から水を飲むのを控える。そのことから脳梗塞などを起こす人が多かった。また、トイレに行くのを我慢すると、膀胱炎を起こす。音や視線などのプライバシーがないことによるストレスは大きい。以上のようなことから避難所で、助かった多くのいのちが、劣悪な環境のなかで失われたことを心しておかねばならない。

　そうした避難生活が困難である災害時要援護者に対しては、災害時に「福祉避難所」という別枠の対応が、仮設住宅の確保ができるまでされるようになった（1996（平成８）年災害救助法で指定）。福祉避難所は、一般の避難所（公共施設）の一角に設置される場合と一般の避難所と分けて福祉施設等に別に設置される場合がある。福祉施設での受け入れに際しては、症状別に条件のあう人を振り分けて受け入れ先を決定する。集団で受け入れる場合には、概ね10人の要援護者に生活相談員等が１名配置される。基本的にバリアフリーで水回りがあることが条件となっているが、すべて条件が揃うわけではない。比較的

よい条件ではあるにしろ、通常の生活とは異なり、不自由なことが多い。それゆえに、介護職は、生活環境上の問題に早期に気づき、要援護者一人ひとりの心身の状況に即して支援をすることが求められる。

介護職の支援の原点は、どのような状況におかれてもその人らしい生活の実現を目指して、安全に、安楽に、そして自立へ向けての支援を行う。そのためには、一人ひとりの声をよく聴き、その人のニーズをアセスメントし、その人らしく生活できるための支援を計画、実行できることが大切である。避難所の介護は特別のものではなく、日頃の実践を有効に活用していくことが基本となる。

ライフラインが停止した状態においても、生活の知恵を出し合い、快適な生活ができるように、介護職の創意と工夫が必要である。

2 災害時の環境調整の工夫と応用

避難所での生活を余儀なくされた人は、環境の激変により、不安やストレスが増大する。災害時要援護者のなかには、「周囲の状況が理解できない」「自分の意思をうまく伝えられない」など、生活の変化に適応困難な人が多い。このような状況をよく理解し、共感的な態度で接することが重要である。

急激な環境の変化が、健康被害につながり健康レベルの低下や病状の悪化などの二次災害の要因となる。これまでの震災においても「直接死」より、避難生活の疲労やストレスによる「関連死」が多いことは、よく知られている。

避難生活における環境調整では、まず、災害時要援護者が生活しやすいように環境調整

表5−13　災害時要援護者に対する避難所での環境アセスメントと支援のポイント

災害への備え		・避難所の立地、避難環境の把握、リスクの確認 ・情報の迅速な入手 ・物的人的支援の要請
災害発生後	アセスメント	避難生活環境の情報収集とアセスメント ・平常時の生活環境はどのようにしていたか ・室内環境…温度、湿度、風通し（空気が悪い等）、日照等、作業時や夜間等の灯りはどうか ・プライバシー…騒音（話し声）、間仕切りはどうか ・本人の場…一人当たりのスペースが狭い、寝具は適切か、活動ができるか、快適さはどうか ・生活導線…移動方法、段差の有無、洗面所やトイレまでの移動距離はどれくらいか、移動方法、介助方法 ・衛生環境…生活用水の確保（手洗い、うがい）、汚物の処理、整理整頓（物品管理）と掃除はどうか、入浴回数や方法と足湯等、洗濯や衣類寝具の衛生はどうか ・人との関係…家族との関係、他の人との人間関係はあるか、トラブルはないか
	支援のポイント	・室内環境の調整、間仕切りによるプライバシー確保 ・快適で衛生的な環境を維持する ・人との関係を築く場、文化的な環境をつくる ・生活導線において、生活用具が活用でき、自立的な行動がとれるように配慮する

することが大切である。移動が困難で動きが制限されるとやる気がなくなり、生活不活発病に陥りやすい。また、環境衛生面においても、集団感染が発生しやすく二次的健康課題への取り組みが必要である。また、人間関係等においても孤立しないように、人との関係がもてる場や交流会などを設けるなど、特別な配慮が必要な場合があるので、健康状態や障害、生活の状況、人との関係のもち方などについても、周知しておく。

(1) 避難生活環境のアセスメントと対応

① 室内環境

体育館など広い空間で生活する場合、夏は暑く、冬は寒く、雨の時は湿度が高いなど天候による影響を受ける。夏は送風機で風を送る、たらいに氷を入れて涼をとる、冷やしたタオルでうなじを冷やす、などの工夫をする。冬の寒さ対策では、新聞紙を衣類に挟む、アルミシートを身体に巻く、床に段ボールや寝ござ、マットや畳などの断熱材を敷く。寝たきり者の場合には介護しやすいように、マットや段ボール等の断熱素材を積み上げてベッドをつくり、冷えを予防する。

通気性が悪いと空気がこもり、感染リスクが高くなるため、日中の換気に心がける。また、明かりに関しては、夜間消灯後も完全に照明を消さないと、安眠の妨害になるが、高齢者等は足もとが暗いとトイレに行くことが困難になり、転倒につながるため、足もとを明るく照らす工夫が必要である。

掃除は、ほうきで掃くと埃が舞いやすいため、ペーパーや布きれにアルコールや少量の石けん水を吹き付けて拭くと、埃が舞うことなく掃除ができる。

② 間仕切り

間仕切りを段ボールやテント式の囲い等でつくる。住居スペースは決まった広さで、公平に区切ることが求められる。入り口、出口やトイレ、洗面所などの配置を考えて、どこに、どの「おうち」をつくり、入ってもらうか、その人の障害や他者との関係を考えて配置を決める。トイレに頻回に行く人は、出入り口の近くにスペースをとり、寝たきり等で動けない人は、奥の方の人の出入りが少ない静かなスペースが好ましい。おむつ交換や更衣等のプライバシーを確保する空間になるが、臭いがこもったりしないように天井は換気できるように解放しておく。また、壁をつくるような高い仕切りは好ましくない。プライバシー空間は、密室となりやすく見守りが容易でないこと、人との関係が築きにくいことなどがあるので、配慮する。

③ 寝具の取り扱い

規則正しい生活を送るためには、布団を上げ下げするほうがよい。震災後は臥床したまま動かないとの訴えも多い。震災前から活動量の少ない高齢者は、布団が敷きっぱなしだと、狭い環境で動きづらいうえに、生きる意欲が減退したり、生活不活発病を引き起こす

V　災害時の介護活動と役割

原因となる。また、布団が湿っぽくなると不衛生になり、ダニやカビを発生させるため、外に干して日光消毒や乾燥をさせ清潔保持に努める。

④　活動する場、人との関係をつくる場

　個人のプライベート空間のほかに、人と交流する場が必要である。人が自然に集まれるような空間で自然に人との関係がもてるように足湯やイベント、作業などを行えるようにすると癒しの空間になる。

⑤　生活導線（移動）

　生活導線が、身体状況によって配慮されていることが重要である。足腰の弱い人は、極力出入り口に近いところに居室空間を設ける。段差は解消し、安全に歩行できるように環境整備する。

⑥　整理整頓と物品管理

　必要な衣類やおむつ、日用品など多くの支援があると、物品の収納や出し入れが容易なように整理しておくことが必要である。ラベルを貼りよく使用するものと、今すぐに使用しないが重要なものなど、また、食品や衛生材料等種類別に仕分けして、利用しやすいように配置する（写真5－20）。

⑦　衛生環境

　飲料水の確保はできても水回りがない場合には、手を洗う水の確保が困難である。その場合には、ウェットティッシュを活用したり、水を浄化する用具等によって必要な生活用水を確保するために、水の確保場所と配給情報を入手する。生活用水は、どんな水があるかを知る。水の入る容器を確保し、川、池、プールの水、雨水などを取水する。取水した水は浄化する。

　臭気は、ゴミ・廃棄物、燃えるゴミ、燃えないゴミ、汚物処理用（手袋使用）等の処理によりかなり防ぐことができる。

　水不足の場合には、食器の洗浄ができないので、食器にラップをかけて、ラップのみを使い捨てにする。

　トイレ（下水道）使用不可の場合には、排泄物はビニール袋や新聞紙にくるみ、素早く処理をすることが衛生的である。自分でトイレまで歩いて行けない人には、自動ラップ式トイレなどがあり、1回ずつラップにくるんで処理をする（図5－6）。

　また、新聞紙で便器をつくり、排便後捨てることも臭いを防ぎ衛生的な処理ができる。

写真5-20

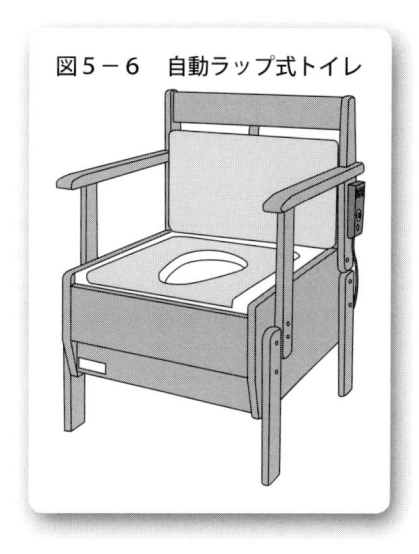

図5-6 自動ラップ式トイレ

恵仁ホームの例
　使用済みの紙おむつ、トイレ代わりに使用した新聞紙、水気を含んだゴミ、一般ゴミ、不燃物等大量に出る。毎日のように来所していたゴミ処理業者が来なくなった。紙おむつ、汚物をくるんだ新聞紙と水気のあるゴミ、一般ゴミ、不燃物と分別し、外にゴミ置き場を設置し、シートで覆うなど工夫し、ゴミ処理業者が稼動できるようになるまで保管せざるを得なかった。

3　感染予防・保健衛生

(1)　災害時に発生しやすい主な感染症とその予防

　災害後の被災地や避難所などでは、多くの人が出入りすることや限られた空間に多数の避難者が生活していること、避難の長期化などにより感染症の流行が懸念される。表5-14のように、それぞれの感染症によって感染経路や感染微生物に違いはあるが、災害後に多く発生する感染症は、基本的な予防策で流行を防ぐことが可能な場合もある。したがって、個人の予防対策の励行に加え、避難所全体での衛生的な環境の維持・管理が大切となる。

　これらの予防には手指の衛生を保つことやうがいなどが最も基本的で重要なことである。能登半島地震後の避難所でノロウイルス胃腸炎が集団発生した際、手洗いやうがい、環境面への消毒などによって介入後1週間で集団発生は終息にむかったという報告がある。ここでは、災害後に予測されるおもな感染症とその予防、対応について考えてみる。

① 風邪、インフルエンザなどの呼吸器感染症

風邪やインフルエンザなど、呼吸器感染症の症状は、発熱、のどの痛み、咳、たん、鼻汁、頭痛、関節痛、筋肉痛など多様で、個人やその時期の流行の特徴などによってさまざまな症状を呈する。

風邪やインフルエンザは免疫力が弱っていると感染しやすく、特にインフルエンザでは感染したときに症状が重くなるおそれがある。また、呼吸器感染症は、咳やくしゃみによる飛沫感染によって広がることから、咳エチケットやマスクなどを使用し予防することが大切となる。

＜対応＞

❶症状の観察……高齢者の場合、症状が顕著でないことがあるので注意が必要
　・発熱、たん、咳、咽頭痛、鼻汁、顔色（悪い、青白）、けいれんの有無、食欲、呼吸（数、息切れ、呼吸困難、苦しそう）、症状が長引いて悪化してきた、胸の痛みが続いている、バイタルサイン、意識の状態

❷安静と保温に努める……睡眠、休養

❸水分補給と栄養価の高い食べやすい食事の提供

❹薬は医師の指示に従って正しく服用する

インフルエンザの場合、医師が必要と認めた場合には、抗インフルエンザウイルス薬が処方される。抗インフルエンザウイルス薬の服用を適切な時期（発症から48時間以内）に開始すると、発熱期間は通常1～2日間短縮され、ウイルス排出量も減少する。医師の指示（用法や用量、服用する日数など）を守って服用する。

❺避難所の環境を確認する……室温、湿度、換気状態等

表5－14　主な感染経路と原因微生物

感染経路	特　徴	主な原因微生物
接触感染 （経口感染含む）	・手指・食品・器具を介して伝播する頻度の高い伝播経路	ノロウイルス、腸管出血性大腸菌、メチシリン耐性黄色ブドウ球菌（MRSA）、緑膿菌など
飛沫感染	・咳、くしゃみ、会話などで、飛沫粒子（5μm以上）により伝播 ・1m以内に床に落下し、空中を浮遊し続けることはない	インフルエンザウイルス ムンプスウイルス 風しんウイルス レジオネラ属菌など
空気感染	・咳、くしゃみなどで、飛沫核（5μm以下）として伝播 ・空中に浮遊し空気の流れにより飛散する	結核菌 麻しんウイルス 水痘ウイルスなど

出典：厚生労働省『高齢者介護施設における感染対策マニュアル』（平成25年3月）を一部改変

＜予防＞

❶うがい、咳エチケット、マスク着用、手指消毒の必要性について説明し励行する

【咳エチケットを守る】
- ハンカチやティッシュで口元を覆う
- 使用したティッシュはゴミ箱に捨てる
- 咳やくしゃみをしたときは手を洗う
- 呼吸器症状のある人はマスクをする

【マスクを着用する】
- マスクをするタイミング……咳やくしゃみの症状があるとき、風邪やインフルエンザが流行しているとき、安静時・就寝時（呼吸器感染の症状のある人）
- マスクの使用は喉の保湿・保清のためにも必要……空気が乾燥すると、のどの粘膜の防御機能が低下するため、日常的には加湿器などを使って、適切な湿度（50～60％）を保つことが効果的であるが、災害時にはマスクを使用して湿度を保つ
- インフルエンザの予防接種を受けていない人は特に注意が必要である
- インフルエンザウイルスは熱が下がっても体内に残っていることから、周囲の人への感染を防ぐため、熱が下がった後も、インフルエンザウイルスの潜伏期間があることを理解する
- 正しい方法で使用する……鼻と口を隙間のないように確実に覆う

【正しい手洗いを心がける】
- こまめに手を洗う……さまざまなものに触れることにより、自分の手にもウイルスが付着している可能性があることからウイルスの体内侵入を防ぐことが大切である
- 手指の衛生が必要なタイミング……外出先から帰宅時、調理や配膳作業前後、屋外での作業後の屋内への入室後、食事の前、トイレの後、排泄処理後（特に感染症の症状のある方の排泄物、嘔吐物の処理後など）
- ウイルスは石けんに弱いため、次の正しい方法で石けんを使う
  水がない場合……速乾性アルコール製剤で手指消毒をする
  水がある場合……流水で手洗い用石けん液を使って手洗いをし、速乾性アルコール製剤で手指消毒をする

【手洗い時の留意点】
- 手を洗うときは、時計や指輪をはずす
- 爪は短く切っておく
- 使い捨てのペーパータオルを使用する
- 水道栓の開閉は、手首・肘などで簡単にできるものが望ましい
- 指、腕を洗う。特に指の間、指先をよく洗う（30秒程度）
- 0.2％逆性石けん液またはこれと同等の効果を有するものをつけ、手指をよくこする（または1％逆性石けん液またはこれと同等の効果を有するものに手指を30秒程

度つける）
・石けんをよく洗い流す（20秒程度）
・水道栓は洗った手で止めるのではなく、手を拭いたペーパータオルで止める
・手を完全に乾燥させること

❷必要物品の確保と供給（特に避難所）
・うがい薬、擦り込み式エタノール剤、ウェットティッシュ、マスクなど
・必要時暖房用具の確保と供給

❸環境への配慮
・換気
・湿度の確保

❹ワクチン接種の推奨

② 嘔気・嘔吐や下痢、腹痛を伴う感染症
＜ノロウイルス、感染性胃腸炎＞

　ノロウイルスは1年を通して発生はみられるが11月くらいから発生件数は増加しはじめ、12月～翌年1月が発生のピークになる傾向がある。

　ノロウイルスは手指や食品などを介して経口で感染して腸管で増殖し、嘔吐、下痢、腹痛などを起こす。潜伏期間（感染から発症までの時間）は24～48時間である。通常、これらの症状が1～2日続いた後、治癒し、後遺症もみられない。また、感染しても発症しない場合や軽い風邪のような症状の場合もある。

　ノロウイルスに感染する主な状況は以下の通りである。

❶ノロウイルスが大量に含まれる便や吐物から人の手などを介して二次感染した場合
❷家庭や共同生活施設など接触する機会が多いところで直接感染する場合
❸食品取扱者（食品の製造等に従事する者、飲食店における調理従事者、家庭で調理を行う者などが含まれます。）が感染しており、その者を介して汚染した食品を食べた場合
❹汚染されていた二枚貝を、生あるいは十分に加熱調理しないで食べた場合
❺ノロウイルスに汚染された井戸水や簡易水道を消毒不十分で摂取した場合

　以上のように、災害発生時、避難所や施設などでは、衛生状態も決して万全とはいえないなかで多くの人が生活することになり、感染のリスクが高いといえる。

　健康な人は軽症で回復するが、子どもや高齢者などでは重症化したり、吐物を気道に詰まらせて死亡することがある。ノロウイルスについてはワクチンがなく、また、治療は輸液などの対症療法に限られる。したがって、予防対策を徹底することが重要となることから、以下のことに十分留意する必要がある。

❶食事の前やトイレの後などには、必ず手を洗う
❷下痢や嘔吐等の症状がある人は、食品を直接取り扱う作業をしないようにする

2 ライフラインが停止した状態での介護活動と役割

写真5-21 手洗いの順序

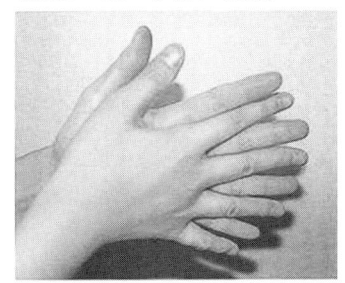

1. 手のひらを合わせ、よく洗う
2. 手の甲を伸ばすように洗う 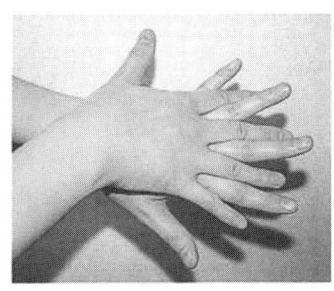
3. 指先、爪の間をよく洗う 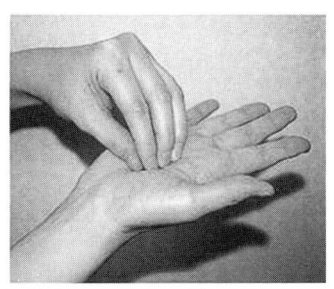
4. 指の間を十分に洗う 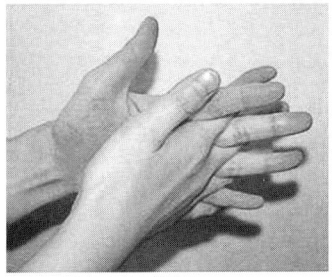
5. 親指と手掌をねじり洗いする 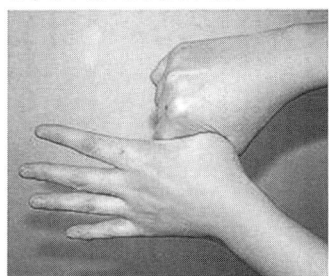
6. 手首も洗う 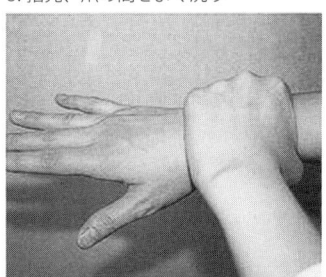
7. 水道の栓を止めるときは、手首か肘で止める。できないときは、ペーパータオルを使用して止める 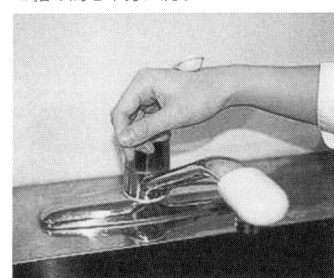  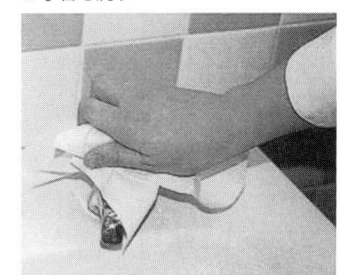

出典：厚生労働省「高齢者介護施設における感染対策マニュアル」2005年

表5-15 手洗い以外による手指の消毒法

消毒法	方法
擦式法（ラビング法）	エタノール含有消毒薬を約3ml手に取り、よく擦り込み（30秒以上）乾かす。
擦式法（ラビング法）ゲル・ジェルによるもの	エタノール含有のゲル・ジェル消毒薬を約2ml手に取り、よく擦り込み（30秒以上）乾かす。
清拭法（ワイピング法）	エタノール含浸綿で拭き取る。

＊ラビング法：手が汚れているときは無効

V 災害時の介護活動と役割

❸胃腸炎患者に接する人は、便や吐物を適切に処理し、感染を広げないようにする
❹加熱が必要な食品は中心部までしっかり加熱して食べる。また、調理器具等は使用後に洗浄、殺菌をする

ノロウイルスを完全に失活化する方法には、次亜塩素酸ナトリウム液による消毒、加熱がある。市販の漂白剤の使用方法を表5-16に示した。

また、まな板、包丁、へら、食器、ふきん、タオル等は熱湯(85℃以上)で1分間以上の加熱が有効である。

床等に飛び散った患者の吐物や便を処理するときには、使い捨てのガウン(エプロン)、マスクと手袋を着用し汚物中のウイルスが飛び散らないように、乾燥する前にペーパータオル等で静かに拭き取る。拭き取った後は、次亜塩素酸ナトリウム(濃度約200ppm)で浸すように床を拭き取り、その後水拭きをする。おむつや拭き取りに使用したペーパータオル等は、ビニール袋に密閉して廃棄(この際、ビニール袋に廃棄物が充分に浸る量の次亜塩素酸ナトリウム(濃度約1000ppm)を入れることが望ましい)する。

時間が経っても便や吐物、それらにより汚染された床や手袋などには、感染力のあるウイルスが残っている可能性があるため、これら感染源となるものは必ず処理をすることが大切である。

リネン等は、付着した汚物中のウイルスが飛び散らないように処理した後、洗剤を入れた水の中で静かにもみ洗いする。その際にしぶきを吸い込まないよう注意する。下洗いしたリネン類の消毒は85℃で1分間以上の熱水洗濯が適している。ただし、熱水洗濯が行える洗濯機がない場合には、次亜塩素酸ナトリウムの消毒が有効である。布団などすぐに洗濯できない場合は、よく乾燥させ、スチームアイロンや布団乾燥機を使うと効果的であ

表5-16 漂白剤の使用方法

例)市販の漂白剤(塩素濃度約5%)の場合:漂白剤のキャップ1杯約20～25ml

対象	濃度 希釈倍率	希釈方法
・便や吐物が付着した床等 ・衣類などの漬け置き	1000ppm (0.1%) 50倍	①500mlのペットボトル1本の水に10ml 　(ペットボトルのキャップ2杯) ②5Lの水に100ml(漂白剤のキャップ5杯)
・食器などの漬け置き ・トイレの便座やドアノブ、手すり、床等	200ppm (0.02%) 250倍	①500mlのペットボトル1本の水に2ml 　(ペットボトルのキャップ半杯) ②5Lの水に20ml(漂白剤のキャップ1杯)

出典:厚生労働省「高齢者介護施設における感染対策マニュアル」(平成25年3月)より抜粋

る。

　ノロウイルスは感染力が強く、環境（ドアノブ、カーテン、リネン類、日用品など）からもウイルスが検出される。

【ノロウイルスに感染した物品等を処理するための必要物品】
・使い捨て手袋・ビニールエプロン・マスク・ペーパータオル
・使い捨て布・ビニール袋・次亜塩素酸ナトリウム・その他必要な物品

③　外傷による感染

　災害時には避難する際や家屋の後片付けなどの際に負傷する場合がある。特にけがの傷口が土などで汚れている場合、破傷風に感染するおそれがあることから、傷を放置せず医療機関、救護所などで処置を受けることが必要となる。

　土の中には破傷風菌が存在しており、外傷を負って傷口から破傷風菌が侵入した場合に、破傷風に感染することがある。感染すると、3〜21日後になって、全身のこわばりや筋肉のけいれんが起こる。はじめは、顎や首の筋肉がこわばり、口が開けにくくなる。意識ははっきりしているが、こわばりは全身へ広がることもある。重症の場合は死に至ることもある。

　東日本大震災では、被災地で震災当日のけがが原因で7名の破傷風患者が確認されている。

【けがをして傷がある場合】
・傷口に土がついたり、がれきや釘などでけがをした場合には、傷口をよく洗い、医師の診察を受ける。
・医療機関では、けがの手当とともに、必要に応じて、破傷風の予防のための処置をすることがある。
・万一、けがをして3週間くらいの間に、顎や首の筋肉のこわばり、口が開けにくいなど、破傷風の症状がみられたら、すぐに医療機関を受診する。

④　食中毒

　災害発生に伴い、避難所や施設などではさまざまな人が、限られた空間で生活を送ることになる。さらに、混乱のなかで、食品やトイレの衛生管理、生活環境の整備など、人々の生活のために万全な体制を整えることが困難になることが予測される。このような状況下では、残飯やゴミの始末が十分できない、水の使用制限があり手洗いが十分できない、高齢者は消化吸収能力が衰えている、抵抗力が低下しているなど、結果的に、食中毒のリスクが高まってくることは予測するに難くない。特に高齢者や幼い子どもは食中毒に伴う下痢・嘔吐で水・電解質バランスを崩し重篤な状況に至るおそれがある。

　したがって、介護者自身の衛生管理、健康管理を徹底するのはもちろんのこと、食中毒予防の徹底を支援のなかで実施していくことが大切となる。以下に、食品の衛生と食中毒

Ⅴ　災害時の介護活動と役割

の予防について列挙した。

　　【食品の衛生】
　　　・食事の前の手洗いを励行する
　　　・適切な温度管理（冷暗所などでの保管など）をする
　　　・加熱が必要なものは中心部までしっかり加熱する
　　　・調理器具等は使用後できるだけ消毒する
　　　・下痢や嘔吐などの症状がある人は食品を取り扱う作業をしない
　　【食中毒の予防】
　❶アセスメント
　　　・食中毒症状の観察：嘔気、嘔吐、腹痛、下痢等の消化器症状の有無
　　　・避難所の衛生状態の把握：居住空間、ゴミ捨て場所、残飯処理の状況
　❷予防

表5-17　食中毒予防

食事の衛生状態の確保	・配給食料の衛生状態の確認と保管方法の工夫 ・就寝場所と別に食事場所を確保する ・ゴミ捨て場を設置しゴミの分別廃棄ができるようにする
手指消毒の励行	・手洗いの励行 ・水の確保ができない場合は手指消毒薬やウェットティッシュを配布する ・トイレ近くにも手指消毒薬を設置する
食中毒予防の啓発	・食中毒の危険性と予防方法についてチラシやパンフレットを配布する

(2)　保健衛生

　トイレの衛生や生活環境の整備・衛生管理などは、前述した食中毒の予防のみならず、人々が被災後の制限のある生活のなかにあっても、できるだけ快適な生活を送るための環境をつくり出していくことは重要なことである。ここでは、トイレの衛生、生活環境の整備・衛生管理、暑さへの対策、水分の確保・衛生のポイントについて列挙した。

　　【トイレの衛生】
　　　・利用者の数に応じた手洗い場とトイレの設置（必要に応じて野外に設置）
　　　・可能な限り男女別にする
　　　・使用後の手洗い、消毒の励行
　　　・トイレの定期的な清掃、消毒の実施

表5-18　トイレの消毒方法

薬剤	・3％クレゾール石けん液、3％逆性石けん液 ・原液を30倍希釈
方法	・噴霧器で噴霧 ・1トイレにつき180ml程度使用
頻度	・1日1回を目安とする（使用頻度によって適宜）
注意事項	・原液や高濃度の希釈液が皮膚に付着すると炎症などの症状を起こすことがあるので、直接皮膚につかないように注意が必要 ・薬品の注意事項をよく確認する

【生活環境の整備・衛生管理】

・室内の定期的な清掃

・定期的な換気（病気の方や高齢者への配慮、暖房等）

・布団・毛布などの日干し（ダニの繁殖防止）

・ゴミの収集・管理

・害虫駆除（ハエ・蚊、ネズミ、ゴキブリの発生、防虫剤などの使用）

・下痢……保温への配慮（床マット、毛布、こたつ、あんかなど）

【暑さへの対策】

・外出時の注意……日傘、帽子の着用、日陰の利用

・こまめな水分補給

・室温の確認とエアコンなどの使用（室温28℃を目安とする）

・めまい、頭痛、嘔気などの症状があるときは医療機関を受診する

【水分の確保・衛生】

・水分の確保……災害時にはストレスが大きく、トイレの整備不十分等により水分摂取量の不足が予測される。水分が不足すると、疲れやすい、頭痛、便秘、食欲の低下、体温の低下などが起きやすくなる。また、血流をよくする、血圧や血糖をコントロールするためには、水分をしっかりとることも大切である。避難所に避難している人のなかには遠慮したり、排泄のことを気にしたり、水分摂取を意識していない人もいるため、支援する場合には水・お茶などを適宜摂ることができるよう、声かけが必要となる

・気温が高いときには脱水状態になりやすいが、高齢者は脱水に気づきにくい

・尿路感染症や心筋梗塞、エコノミークラス症候群などの原因にもなる

【飲料水の衛生】

・ポリタンクに配給日時を明記する

・古くなった水は生活用水に使用する

・飲水はできるだけペットボトル入りのミネラルウォーターを使用する

・やむを得ず井戸水を使用する際には煮沸など殺菌、水質調査などする

4 栄養管理とケア

(1) 健康状態（アセスメント）の視点

　災害時の健康状態は、極めてよくない。なぜなら不測の事態が起こり、通常通りの考え方はできず、食事ものどを通らない状況となっている。通常は健康だといわれている人たちでさえも不安やストレスを抱えるとともに栄養バランスの取れた食事を摂取することはできず、それによって気分も優れない。そこで栄養管理をするうえで必要な情報や視点を確認することが必要である。

① 一般高齢者
・持病はあるか
・咀嚼（そしゃく）・嚥下（えんげ）に問題は無いか
・食物アレルギーをもっているか
・一番最近食べ物・飲み物を口にしたのはいつか
・一番最近食べた物・飲んだ物は何か、量はどれくらいか
・現在は空腹か
・今は食欲があるか
・食べたいものは何か
・好きな物は何か
・通常食事を摂取していた時間帯はいつか
・介助は必要か（自助具利用、部分介助、全介助等）
・現在の体重は何キロくらいか

② 高血圧、糖尿病、咀嚼・嚥下困難者
　一般高齢者の質問項目に加えて以下の項目についても情報を得る。
・現在服用している薬は何か
・制限食を食べているか、それはどのようなものか
・特別用途食品を取り入れているか、何をどれくらいの頻度で摂取しているか
　これらの項目について、アセスメントシートを使って個人の栄養相談記録表を作成することが必要である。

(2) 課題

　健康状態の確認を行ううえで大切なことは、高齢者が正直に質問項目に答えられるような環境をつくることである。自分一人がよくない状況ではなく、すべての人が災害を受け避難生活を送っていると考えると質問項目への回答も遠慮がちになり、アセスメントがうまくいかなくなる可能性が高い。また食事については個人差があると同時に、その人の疾

病や病状を加味してシートの質問項目を調査していかなければならない。そして希望通りの食事の提供ができるわけではないため、代用できるものは何であるか、歩み寄ることのできる部分はどこであるかを明確にし、栄養や健康にかかわる支援者とともに最初のうちは"いのちを守る食事"の提供をしなければならない。時間が経つにつれて"いのちを守る食事"から"生活のなかの食事"へと移行をしていくことも考え、周りとのバランスをとりながら栄養管理を行っていくことが必要である。

健康状態がよくない状況になることは十分覚悟し、そのなかでもできる範囲でその人なりの健康な状態を保つことができるように支援していくことが重要であり、その後の生活につなげていくことを考えなければいけない。

また食事は人間にとって楽しみでもある。食べることの充実は"生活の質"を上げることにもつながるため、災害発生時から避難所生活においても食事への配慮は忘れてはいけない。

(3) 栄養摂取の方法とその応用

2012（平成24）年岐阜県健康福祉部保健医療課が出した『岐阜県災害時栄養・食生活支援活動ガイドライン（初版）』の参考資料として「3　食事における災害時要援護者の特徴と支援内容のポイント」が記述されているが、そのなかに「オ　災害時要援護者の対策」として❶乳幼児、❷高齢者、❸高血圧、❹糖尿病、❺腎臓病、❻食物アレルギーの留意点に加え、栄養補助食品（保健機能食品）、咀嚼・嚥下困難などの介護食、病者用・乳幼児用などの特別用途食品などの使用例が取り上げられている。

今回はそのなかの高齢者に多くみられる疾病について記述する。

①　一般高齢者

1日1.5l（安静時）〜2.5l（通常時）の水分補給が必要であるため、食事以外にも水分補給を行う必要がある。また、栄養摂取の面からいえば低栄養状態に陥る可能性があるため、不足しがちなたんぱく質などの栄養を補給しなければならない。乳製品などを意識的に摂取するとともに大豆製品、特に豆腐など真空パックであり保存期間が長いものを上手く利用し、たんぱく質摂取量を上げることが必要である。

また、全体的にエネルギーが不足している場合は、あんこを使った羊かんなど少量でエネルギーが多く摂取できるもの、また回数を多く摂ることができるものを上手く利用することが大切である。

②　高血圧

避難所の生活はストレスも溜まり、血圧の変動も大きくなる。また、通常は高い値を示していない高齢者でもこの状況下において血圧が上昇する可能性もみられる。非常食は長期保存を目的としているため、味付けも濃いものが多い。極端な減塩食は見込めないにせ

よ、若干気を遣い、味を調整することが必要になってくる。また、食事が上手く摂取できないときにお菓子などを積極的に摂っていると気がつかないうちに塩分を摂取してしまう可能性があるため注意をしなければならない。また、避難所生活が長く続く場合、栄養摂取に偏りがみられるだけでなく運動量が減るため、体重増加が心配される。体重が増加すると心臓に負担がかかり、血圧が上昇するため体重管理には十分気を遣わなければならない。

③　糖尿病

　非常食や支援物資のなかには糖質を十分摂取できることを目的としてつくられているものも多く、糖尿病を持病としている人たちは注意をしなければならない。また、生活リズムをつかむことが難しいため、食事の時間も不規則になりがちであり、血糖の変動も大きくなってしまう。できる限り同じくらいの時間に食事を摂ることができるようにし、エネルギーを摂りすぎることなく適量を摂取できるよう心がけなければならない。避難所生活のなかでは野菜や果物などビタミンや食物繊維を多く含む食品を摂取することは困難なため、自己意識のなかで食に気を配ることが必要になる。

④　咀嚼・嚥下困難者

　咀嚼・嚥下困難な高齢者は避難所から受け取った食品では食べることができないものも多くなる。咀嚼困難者用食品や咀嚼・嚥下困難者用食品、とろみ剤を使った食品などを摂取することが望ましいがそれらが手に入るとは限らない。食べにくい食品しか手に入らない場合には、あめ玉やはちみつ、水あめなどを上手く活用しエネルギー源の確保に努めなければならない。

(4)　調理方法の工夫と食事摂取のポイント
①　一般高齢者

　一般高齢者は脱水症状にならないよう気をつけなければならない。そのため、水分の多い食事（汁物など）を積極的に摂取することが大切である。汁物は汁のなかに栄養が多く含まれるとともに水分も十分摂取することができる。けんちん汁や豚汁のような具がたくさん入った汁やスープ、うどんやそば、ラーメンのように汁を伴う食事を勧めることが大切である。また水を常に手元に置いておき、随時意識的に水分補給を行うよう声かけをしていくことが必要である。救援物資などで届いた水を遠慮なく飲むことができるよう、小さな入れ物に分けて入れ、回数多く水分摂取をできるよう工夫することが重要となる。また水分を多く摂取するとトイレが近くなると考え、摂取を控えるようなことが起こるが脱水になってしまっては命が危なくなってしまう。簡易トイレ、排泄袋など日頃から食事と組み合わせて考えておく必要がある。

　低栄養に対してはたんぱく質を簡単に摂取できるよう、乳製品であればチーズなどの摂

取を勧め、簡単にできる物としてゆで卵（これは他の食品を温める時に一緒につくることが可能である）、豆腐は真空パックをお湯の中に入れてそのまま温め、温かい豆腐を食する。避難所生活では温かい食べ物がごちそうとなり、食欲増進につながるため豆腐のように温かくなり、なおかつ食器を使わずに食することができる物は大変便利で重宝とされる。

　高齢者のエネルギー摂取を上げるには間食を上手く利用することが大切である。なかでもあんこを使った物は日もちすることが知られている。非常食の1つに羊かんなどを加え、災害時に備えることが必要である。

② 高血圧

　塩分の摂取に気をつけなければならないが、避難所に運ばれてくる救援物資の味付けは統一されたものとなっている。配給があった後、自分のものに関してはお湯で味付けを薄めることや、すべてを摂取するのではなく味の濃いものは少しずつ摂取するよう心がけなければならない。しかし、避難所生活を送っている時に劇的な食事療法での改善を見込むことは困難であるため、現状維持ができるような食事を心がけ、生活の状況が以前のものに近くなったときに再度減塩や健康な食事への工夫をするべきではないかと思う。全く気を遣わず食生活を送ることはよくないが、状況に合わせて現状を維持するということでも十分対応できる場合もあることを覚えておかなければいけない。多分、現状維持も難しいことだと思われる。

③ 糖尿病

　糖尿病は、糖質の摂取を控えなければならないが、避難所での生活のなかではそれを行っていくことは難しいと考える。支援物資は、少量で高エネルギーの物が多いため、糖尿病の高齢者の場合は全量摂取ではなく、部分摂取で糖質を摂取していかなければいけなくなる。糖質を食事のなかで摂取することができるのであれば、その時のみの摂取とし、間食として出されるお菓子や甘い味付けをしたパンなどは摂取を控えたほうがよいと考える。食事のなかではビタミンや食物繊維を積極的に摂らなければならないが、これがなかなか難しいため、具がたくさん入った汁物やスープを積極的に摂りながら糖質の摂取は様子をみることが大切である。また、糖尿病の場合は低カロリー食品や糖尿病調整食品などを利用することが必要である。

④ 咀嚼・嚥下困難者

　咀嚼・嚥下困難者は救援物資として届いたおにぎりやパンを温めたお湯や牛乳などにひたし、軟らかくして食することができるよう工夫することが大切である。避難所ではライフラインが切れている状態が続くことが多いため、ポットにある温かいお湯などで配給された物を上手く軟らかくすることが咀嚼・嚥下困難者に提供できる食事となる。また、入

Ⅴ　災害時の介護活動と役割

れ物を重ねて包み、時間を待てば随分軟らかいご飯をつくることができるため、厚手の鍋におにぎりを入れ熱いお湯を注ぎ、毛布や新聞紙で鍋を包んで保温効果を上げ、その熱でおにぎりを軟らかくするなどいろいろな工夫をして軟飯やおじやをつくることが可能となる。どうしてもおにぎりやパンなどが無い場合は水あめやはちみつ、あめ玉などでエネルギー摂取を心がけることが必要である。

(5) 今回の震災の現状

今回の被災地訪問で感じたことは、第一に、震災直後の3日間の食事が最も重要であり、その時期を第1期とすれば、この第1期をいかに乗り切るかが大きく栄養状態を左右しうると考えられる。被災地に救援物資が届くまでのタイムラグは最低約3日間であり、この3日間の栄養摂取は「現在あるものを分け合って食べる」という行為に至る。これは栄養摂取というより「食べ物を口にする」「空腹をしのぐ」といった行為になることはいうまでもない。

今回のように備えが十分でない状態で被災してしまった場合、通常の高齢者施設などでは献立作成に基づいた1週間分の生鮮食料品の蓄えとそれ以外の缶詰めや乾物等が若干あるため、それらを食することになった。また、この蓄えについては、施設や関係機関によってかなりの差があった。

① 事例1

A施設は日常的に施設内の食事の充実を目指していたため、比較的多くの生鮮食品が購入してあった。避難後は冷蔵庫にあったものを小さく刻み、大鍋で軟らかくなるまで煮込み、温かい具だくさんの汁物を毎日出すよう心がけたといっていた。また、この施設はガスボンベがあったため、ライフラインが完全に途切れた後でも温かい食事の提供を続けることが可能であった。もちろん、状況に応じてエンシュアリキッドなども利用した。そして何よりこの施設が震災後に、比較的おいしく栄養のあるものを提供することができた理由は、地域との結びつきが強かったことである。施設長が日常的に地域の方たちとコミュニケーションを取り、施設の状況を周囲の方たちに話していたため、施設周辺の農家や漁師がそれぞれの食品を提供してくれることとなった。熱源さえあれば、それらを使って温かい食事（汁物）を提供することが可能となり、高齢者も体調を崩すことも少なく体調を保つことができ、3日間をしのぐことができたといっている。

② 事例2

B地方公共団体では、思うように食事を取る（今回はあえて"摂る"ではなく"取る"を使用）ことができず、大規模な避難所ではとにかく乳飲み子や子どもに食料を最優先に渡すように心がけて過ごしてきた。まずは粉ミルクをつくる水の確保をしなくてはいけないため、避難所の人たちの協力を得て水の確保を行った。そして避難者の食事となるが、

2 ライフラインが停止した状態での介護活動と役割

表5-19 食事のケアに対するアセスメントと支援のポイント

災害への備え		・災害時食料の調達が困難であることが予想されるため、3日分の利用者全員の食料を備蓄する。また職員の分も同様に備蓄する ・備蓄の際に治療食やアレルギーのある人への食品、咀嚼・嚥下に困難な人へ配慮した食品等を考慮して備える ・備蓄してある食品の賞味期限や消費期限、調理方法などを確認しておく ・備蓄してある食品の賞味期限や消費期限を確認し、中身の入れ替えを行う	
災害発生後	アセスメント	・持病はあるか ・咀嚼・嚥下に問題は無いか ・食物アレルギーをもっているか ・一番最近食べ物・飲み物を口にしたのはいつか ・一番最近食べた物・飲んだ物は何か、量はどれくらいか ・現在は空腹か、今は食欲があるか、食べたいものは何か ・好きな物は何か　食べられないものは何か ・通常食事を摂取していた時間帯はいつか ・介助は必要か（自立、部分介助、全介助等） ・現在の体重は何キロくらいか ・体温は何度くらいか（温かいものの摂取等）	
	支援のポイント	避難所生活における食事の必要性と認識	・脱水予防…1日1.5ℓ（安静時）～2.5ℓ（通常時）の水分補給が必要、トイレが近くなると考え、摂取を控えないようにする 　低栄養状態に陥る可能性があるため、不足しがちなたんぱく質などの栄養を補給する。 ・持病の悪化予防 　高血圧の人には、非常食は長期保存を目的としているため、味付けの濃いものも多いため、味を調整するか、控えめに摂取する。 　糖尿病の人には、食事の時間も不規則になりがちであり、血糖の変動も大きくなってしまう。食事が過不足にならないようにすることや、できる限り同じくらいの時間に食事を摂ることができるように配慮する。避難生活は運動不足になりがちであるため、運動を取り入れる。 ・誤嚥予防 　咀嚼・嚥下困難者には、食品をお湯や牛乳などにひたし、軟らかくする。また、誤嚥しやすい人には、食品をビニール袋に入れつぶす、こねるなど練り状にして、食べやすく加工する。 　経管栄養の人で栄養剤がない場合は、糖水ミルクで代用する。
		介助のポイント	・介助する際には手を洗い、エプロンを着ける、使い捨て食器を使うなど清潔・整理・整頓を心がける ・できる限り本人の自立を尊重し、スプーンやフォークなどの自助具を用意して食べることを促す ・まひがある場合にはまひがない側から介助する ・あごを引いた姿勢で介助する（誤嚥予防） ・利用者の食べるペースと、その方に応じた一口量を与える
		食品の確保と食中毒予防	・食料は不足する。特にたんぱく質の不足や新鮮な野菜の不足によりビタミン欠乏となる。スーパーや食品会社などを手分けして探し、必要な食品を調達する。必要によっては栄養補助食品、サプリメントを適用する ・できれば温かい状態で食べられるよう、食事の温度にも配慮する。炊き出しを行う場合には、手指の衛生に気をつけて食中毒の予防に努める。水は飲用水として貴重なため、薄手のグローブを使って調理中の食中毒予防をする

子どもも高齢者も同じものを分け合って食べることになった。『高齢者だから……』『病気があって……』ということはほとんど考慮されず、おにぎりやパンを食べて3日間をやり過ごしたといっている。しかし、市の担当者は「こんな時は、何を渡しても誰も文句も言わず食べてくれました。生きることが最優先ですから、なんでも食べなくては命がなくなりますから。」と話してくれた。ただ、時間が経つにつれ食事が重なる（パンが毎日続く・おにぎりしか届かない）ため、苦情があちこちから聞こえるようになった。そして、だんだんおいしいものを食べたいと思うようになったといっている。

(6) ライフラインが途絶えた3日間の食事について

表5-20は震災後3日間、実際に摂った食事の内容である。

ライフラインは3月16日に電気が復旧し、3月17日昼にプロパンガス、ガス台2台が入荷された。しかし水道の復旧は3月28日となり、それまでは水の確保も困難であった。震災3日後からは救援物資が届くようになり食材は多く提供されたが、熱源が確保できず調理できない日が続いた。

震災後3日間の食事を振り返るとたんぱく源を缶詰を食することにより補っていたことがわかる。ビタミンを確保するような食材（野菜や果物）の備蓄がなかったため、3日目に野菜スープやイチゴを食べることができただけで、前2日間はゼリーから摂取するしか方法がなかった。サプリメント等を備蓄し、それを上手く利用していくことも必要だと感じられた。トイレの確保が困難な時ではあったが、食物繊維などの摂取もできていなかったためこれらもサプリメント等で補うことができていればよかったのではないかと思われた。

＜問題点＞

こうしていくつかの施設や関係団体を訪ね、話を伺うといくつかの問題点が明確になってきた。

・非常食の少なさ

どこの話を聞いても「備蓄が少なく（もしくはなく）高齢者の状況別に対応することなく食事を進めなければいけなかった。」と言っている。

・非常食慣れしていない

非常食を食べることがあったが、日常的に非常食を口にしていなかったため、どうしてもそれが口に合わず食べられない人も何人かいた。

・食事を割り振る人材がいなかった

救援物資が届くようになってきた時に、すべての人が「早く食べたい」と思っているにもかかわらず、素早い対応ができない状況になっていた。また、子どもへのミルクの対応は早かったが高齢者への対応は遅れがみられた。高齢者は個々人によってかなり状況が違うためそれに対応できる人材がいなかったことが問題だと考えられた。

表5-20 震災後のメニュー（入所者170人の高齢者施設）

日付	時間	献　立（食事の具体的内容）	備考
3/12	10時	・レトルトご飯（粥） ・ツナ缶 ・練り梅	カセットコンロ （5台）
	15時	・レトルトご飯（粥） ・さんまのかば焼き ・ぶどうゼリー	
3/13	10時	・レトルトご飯（粥） ・ツナ缶 ・のりの佃煮	
	15時	・レトルトご飯（粥） ・レトルトカレー ・ゼリー	
3/14	10時	・ご飯（粥） ・野菜スープ（卵・白菜・油揚げ・厚揚げ） ・ポテトサラダ（ミキサー食の高齢者：ゼリー） ・イチゴ1粒（ミキサー食の高齢者：オレンジジュース30cc）	
	15時	・お皿うどん風（麺の上に具をかける） ・おしるこもどき（ミキサー食の高齢者：水ようかん）	

(7) 非常食の必要性と管理について

① 非常食のポイント

＜ライフラインを使用しない非常食を置いておく＞

　これはインタビューから最も明確にみえたことであるが、震災が起こり約1週間で食事内容は別にして"食べる"には困らないような状況になってくる。すなわち食料を口にすることはできるようになり空腹も少なくなってくる。しかし災害が起こって3日間は飲まず食わずの人や水しか口にすることができない人たちが多くみられた。ライフラインがすべて切れてしまったとき、電気・ガス・水がない状態であってもある程度の栄養が摂れ、水分補給をすることができるものが3日間のための非常食として必要である。具体的には、スポーツ時に摂取することが多い『ゼリー飲料』の非常食版があると、ライフラインを使用しないだけでなく、高齢者も食べやすく水分も同時に補給できるため大変使い勝手がよい。今後はこれらの開発が進み高齢者向けの味付けや栄養素を加味した非常食ができあがることが望ましい。

＜非常食を日常食として食べ慣れておく＞

　非常食はとびきりおいしいものではない。ましてや日常私たちが食事をしているようなおいしさを非常食に求めるべきではないように考える。しかし、この状況を少しでも解決

するためには、非常食を日常から食べ慣れておく必要がある。それを行うことによって非常食の入れ替えを行うこともでき、賞味期限切れを防止することも可能になる。もし、非常食を日常食として使用することが不可能であれば『避難訓練（災害の日）』に非常食を食べることを訓練のなかに組み込み、食べ方などを理解し食べ慣れておく必要がある。特に高齢者は急に新しい食品を出しても拒絶してしまう可能性も高く、全く食べない状態に陥ってしまっては本末転倒になってしまいかねない。少しでも抵抗なく非常食を食べられるよう無理のない食事トレーニングしておく必要がある。

＜食事コーディネータの養成＞

今回の教訓として、各箇所においてコーディネータ的役割を果たす人材が不足していることがみられた。食の場面でもそれがみられ、同じ人が同じものの救援物資を受けたなどという話が多く聞かれた。避難所全体をみて誰に何を提供することが最もよいかを考えられる総合的なコーディネータの育成が必要になってくると思われる。仮にこれは管理栄養士や栄養士、保健師のみならず、介護福祉士のように総合的に多くの知識を身につけている者、高齢者などの状況が十分に理解でき判断能力のある人間がその役割を果たすことがよいと考える。

5　身だしなみのケア

避難生活における身だしなみへの支援は、生活リズムをつくり、それまでの生活を維持するための支援として重要である。優先順位として生命維持や重篤な症状に対しての支援が中心となり、身だしなみを整えることが後回しとなる場合や、遠慮から訴えがない場合もある。非現実的な日常のなかにおいてこそ、着替えや髪型を整えるなどの日常生活行為を支援することが、落ち着きと生活感を取り戻す1つのきっかけとなる。これまでの習慣や意識を尊重しながら、訴えがなくても支援の一連として装いや身だしなみを整え、個人の尊厳を保つことが大切である。

更衣の際は関節の動きや体幹の維持等をよく観察し、痛みや不自由な箇所がないか確認する。また、季節や生活の場の気温に応じて衣類の量を調整したり、着心地や好みについても把握する必要がある。

避難所では鏡やヘアブラシなど日常生活用品が手元にない場合が多く、髪の乱れを整えたりひげの処理ができないことも多いが、生活意欲を引き出すためにも、身だしなみを整え、少しずつこれからの生活に向かう支援も行いたい。

(1)　整容、身だしなみへの配慮

整容、身だしなみを整えることは、気持ちを爽快にし、生活意欲を引き出す一歩となる。本人が行えない場合は、遠慮から細やかな要望を伝えられない場合もある。できる範囲で整容を行い、本人の意思を尊重したそれまでの生活に近い風貌を保つよう心がける。

① 整容

　ストレスや疲労感から疲れ切った表情や痩せた頬、伸びたひげなど、本人の意識以上に風貌が変化していることがある。したがって無理に行わず、清潔のケアの際に併せて行う。災害時要援護者の家族がおり、緊張やままならない生活からくる疲労により、頭髪の乱れなどがあった場合には、さりげなくブラシを差し出すなどして対応する。

② 爪の観察・手入れ

　手指の爪は栄養状態、冷感によるチアノーゼの出現など、健康状態を知る指標ともなり、コミュニケーションを図りながら観察を行う。足指の爪は、十分に清潔を保つことができない避難生活では伸びすぎや巻き爪などによって皮膚を損傷し化膿しやすい。また、損傷による痛みから歩行を妨げる原因となり生活不活発病を誘発する。よく観察し、手入れする。必要があれば医療職に報告する。

(2) 更衣をする場所の確保

　他者に見られることによる恥ずかしさや、そのことによって着替えを億劫に感じさせることがないようカーテンやスクリーンを用いる。被災直後カーテンやスクリーンが新しい

表5-21　身だしなみのケアに対するアセスメントと支援のポイント

災害への備え		・災害時、整容や身だしなみを整えるための必要物品は後回しとなることが多い。皮膚の保護や清潔の保持、日常性の維持のためにもまとめて準備しておく（ポケットティッシュ、ウェットティッシュ、靴下、下着、綿棒など） ・季節によって必要なものを念頭に置く。日差しから身を守る帽子、ストール、冬の寒さの防寒となる手袋やマフラー、カイロなどの準備をする。カイロは使用期限や高齢の方に用いる場合には留意する
災害発生後	アセスメント	・整容状態…爪（長さ、色、爪周辺の皮膚）、ひげ、頭髪の乱れ、衣類の乱れ ・生活リズム…疲労や緊張による不眠、昼夜逆転 ・これまでの整容習慣…整髪、ひげそり、爪切り、化粧、装飾品 ・整容に対する意識…喪失感や焦燥感からくる諦め、整容に対する関心の有無、他者からの評価 ・整容・更衣のための動作…けがや痛みの有無、着脱のための関節可動域、着脱のための体位（立位、座位、仰臥位）、更衣室までの移動 ・身だしなみに必要な物資の状況…鏡、ヘアブラシ、電気カミソリ、綿棒、ウェットティッシュ、ティッシュペーパー、爪切り ・身だしなみを整えるための環境整備…更衣室、プライバシーを確保するための仕切り、ついたて、カーテン、スクリーン、大判のバスタオル
	支援のポイント 避難所生活における身だしなみ・整容の必要性認識	・後回しになりやすいが、自己イメージを高め、生活意欲を引き出すきっかけとなる ・これまでの生活習慣を実践することにより、生活者としての意識を高める
	更衣をする場所の確保	・羞恥心への配慮、プライバシーの確保に努める ・仕切り、囲いなど介護者ができる範囲で工夫する
	清潔な衣類の確保と提供	・水が使用できない場合が多く、洗濯ができないため、不衛生になりやすいが、水洗いや支援物資によってできるだけ清潔な衣類を身につける ・衣類は本人の嗜好、年齢や活動性にあったものを選択する

生活スペースの確保や保温のための毛布代わりに用いられ確保できない場合は、バスタオルや毛布、大きめの衣類で身体を覆い、不必要な露出を避けた更衣の介助をする。
　避難所において男女別の更衣室が設けられている場合があるが、更衣室までの移動が困難な場合や、生活スペースでの着替えが必要となる場面も多い。生活スペースでは、背の低い仕切りがあるのみで、プライバシーを確保しながら着替える場所が不足していることもある。ついたてになるものや、一時的に布・毛布などカーテンの代わりになるもので覆い、プライバシーの確保に努める。

(3) 清潔な衣類の確保と提供
① 衣類（靴下）・下着
　清潔な衣類、下着の支給が十分ではなく、確保することが困難な場面がみられる。支援物資については各避難所での充実度も異なり、十分に確保できた避難所もあれば、不足している避難所もみられた。靴下は、足の保温や皮膚の保護だけではなく、手指の防寒具や大切なものを保管しておく貴重品入れにもなるためできるだけ確保する。

② 靴
　避難所では、体育館や教室など内と外の区別がなされている場合と、各スペース以外は、外履きが必要な場合がある。けがの予防や足の保護、安定した歩行のためにも靴があることが望ましい。スリッパは履き替えが楽だが、転倒に注意する。ルームシューズは履き替えが楽であり、足にフィットするため動きやすいが、素足に近い状況のため、大きい荷物の落下やけがに注意する。また、一度脱いでしまうと、個人の持ち物としての管理が難しいため、記名や目印などをつけて対応する。

③ 洗濯
　ライフラインが停止した状況では洗濯も困難な場合が多い。皮膚に直接触れる下着類は汗などによって汚れやすく、清潔な下着を身につけられない時間が長くなると、皮膚疾患（発疹、掻痒感）やにおいが生じてくる。洗剤がない場合でも水洗いである程度汚れを落とすことができるため、可能な場合は手洗いし、清潔な下着を身につけられるよう働きかける。十分な支援物資がある場合には、衛生面から使い捨てにするという方法も検討する。

(4) 個人や環境に合わせた衣類の選択と管理
　本人の嗜好、年齢、季節や気候、気温にふさわしい衣類の選択を行う。体に合わない衣類による裾のひっかかりによる転倒、年齢等にそぐわない衣類で尊厳を損なわないよう留意する。避難所では限られたスペースでの生活を余儀なくされており、衣類やその他の生活物資で溢れていることも多い。本人の承諾を得ながら整理整頓を行う。持ち物の整頓や

管理をしておくことで、福祉避難所、仮設住宅や自宅への転居をスムーズにする。

(5) 季節ごとに必要な衣類等の準備

夏は日差しから身を守る帽子やストール、また、寒暖差や虫さされなどにも留意し、長袖シャツやズボンがあるとよい。冬は防寒具となる手袋・軍手やマフラー、カイロなどの準備をする。カイロは使用期限や高齢の方に用いる場合には低温やけどに十分留意する。手袋や軍手は防寒が十分ではない避難所では、就寝時も身につけて防寒とする。

(6) 個人が大切にしているもの（装飾品等）

個人にとって特別な思い出のあるものや大切にしているものを身につけていることがある。着替えや清潔のケアの際紛失しないよう注意する。

6　皮膚、粘膜の清潔ケア

ライフラインが停止した状況下では、十分な水の使用が困難となり、不衛生な状態を引き起こしやすい。

皮膚、粘膜の清潔が保たれないことにより、感染症や皮膚疾患といった身体への影響のほか、抑うつ的な気分やにおいによる他者への遠慮、他生活者からの疎外感が生じる。限られた水量と物資のなかではウェットティッシュや温めたタオルの活用など個々の状況に応じた工夫が求められる。貴重な資源を有効に活用し、清潔を保持できるよう支援する。

また、皮膚や粘膜の清潔を保つ支援の際、肌を露出するため、差恥心を伴う場面ともなる。部位に応じて支援を行う環境を整え、温度の管理を十分行い、限られた資源でも満足してもらえるよう支援する。

体の前面や腋窩など、手の届く部位については、こまめに清潔を保つことが可能だが、上肢機能の低下、障害のある方、お湯を多く利用する洗髪や体全体の清拭については遠慮から我慢しがちになる。さらに皮膚は外部からの保護機能をもっているが、清潔が保てないことによる免疫力の低下によって細菌やカビが付着してしまうこともある。体力が低下している高齢者など、長い避難生活によって疲労し消耗の激しい状況では皮膚の疾患が生じる。特に汚れやすい陰部や腋窩だけでも清潔を保つことが望ましい。

ストレスや内臓の疾患が皮膚の炎症として現れる場合がある。自己判断でそのままにしておくことによって悪化する場合もあり、かゆみや発赤などがある場合には、医療職に報告する。

硬い床での生活、低栄養、体力の低下などにより褥瘡になりやすいため褥瘡好発部位の観察と清潔ケアを行うことも重要である。

(1) 入浴以外の保清（部分清拭・部分浴）

入浴できない場合も、腋窩や陰部など汚れやすい部分を温めたタオルやウェットティッシュで清拭する。全身を清拭する場合には、皮膚の状況や浮腫の有無などを観察する。不必要な露出を避け、「本日は下肢を中心とした清拭」「2日後は上肢を中心とした清拭」など、体力や物品に応じて清拭部位を決める。栄養が十分でない状況や排泄機能の低下による浮腫やストレスによって皮膚が弱くなっているため、強く擦らず優しく丁寧に拭く。十分な湯の確保ができる場合には、手浴や足浴などの部分浴が可能となる。容器は洗面器、段ボールに大判のビニールをかぶせるなどし、体力や要望、支援環境に応じて体位を決め、より満足感を得やすいようにする。足浴は心地よさや睡眠を促すため、安心感があり背もたれのあるいすや仰臥位が望ましい。スペースがない場合には、避難所の階段や段ボール等を強化した簡易いすをつくり、足浴が実践できるコーナーを設置してもよい。手浴、足浴後は手指、足指は十分に乾燥し、白癬を予防する。

① 季節ごとの留意点

夏場は皮膚と皮膚の接する乳房や汗のたまりやすい内股などに汗疹や湿疹がでやすい。冬は冷感から清潔ケアが億劫になることもある。腋窩や陰部など汚れやすい部位はできるだけ清潔を保つ。暖房や栄養不足による皮膚の乾燥がみられ、強く擦ると皮膚を損傷しやすい。手足の末端が冷え、十分に睡眠を取ることができない方には、身体全体を十分に保

表5-22 皮膚、粘膜の清潔ケアに対するアセスメントと支援のポイント

災害への備え		・ライフライン停止による断水に備え、水を使用しない、または少量あれば皮膚、粘膜の清潔が可能となる物品を十分な量準備する ・ウェットティッシュ（アルコール入り、アルコールなしの2種類） ・お湯を沸かすための物品（やかん、カセットコンロ・ガスボンベ） ・口腔ケアに必要な物品
災害発生後	アセスメント	・全身の観察 ・皮膚の観察（発赤、掻痒感、汚れ、潤い、浮腫等） ・かゆみや痛みなどの訴え、掻く、触るなどの行為の有無、におい ・清潔に関する行為の自立度（自分でできる範囲、支援が必要な部分、それまでの清潔習慣の継続性） ・口腔・口腔周辺機能の観察（口唇の乾燥、舌、歯牙・歯茎、口臭、含嗽可否、歯磨きの方法、義歯の有無・管理） ・入浴環境（場所、浴槽、更衣室、時間帯、混雑状況）
	支援のポイント	入浴以外の保清：・清拭や部分浴など、限られた物資で満足感が得られるよう支援する
		入浴が可能な場合の支援：・災害時要援護者のための入浴環境が整っているか確認し、危険のないようにする（浴槽の状態、更衣室、混雑状況等）
		口腔ケア：・口腔とその周辺機能の観察と専門チームとの連携 ・水が十分に使えない、物資が整わないことが多いため、口腔清拭や少量の水によるぶくぶくうがいで対応する ・ウェットティッシュなどを用いて義歯の洗浄を行う
		尊厳や羞恥心に配慮したケア：・肌の露出を最小限にする ・性別やかゆみやにおいなどの訴えにくさに配慮し、羞恥心に配慮する

温し、足浴や蒸しタオルによる足部の温パックによって睡眠を促すことができる。

② 洗髪の方法

頭部は他の皮膚と比較し、皮脂腺が発達しており皮脂の分泌が盛んである。したがって、長期間洗髪できない場合には、汚れやにおいが生じ不快感が強まる。また、かゆみによるかき傷から炎症を起こす場合もあり、観察と洗髪の支援が必要となる。十分にお湯を確保できない場合は、頭髪を分けながら、頭皮をホットタオルで拭く。皮脂腺の多い生え際や耳の後ろなどを拭くことによりさっぱりする。ドライシャンプーを用いる際は、頭皮をよく観察し、刺激や痛みに留意する。また、においや頭皮トラブルの原因とならないよう、シャンプー剤を残さずしっかり拭き取るようにする。十分なお湯を確保することができ、寝たままでの洗髪が必要な方は、バスタオルと大判のビニール袋で洗髪器を作成する。洗髪シートがあると便利である。洗髪器は、足浴を行うための容器や陰部洗浄に応用することもできる。

(2) 入浴が可能な場合の支援

入浴が可能となっても余震が続く場合には、速やかに避難できるよう、シャワー浴を継続することもある。しかし、避難生活が長期間に渡り、入浴できない状況が続いた場合には、ほんの少しの入浴でも大変うれしいものである。入浴時は全身状態の観察と、体調の変化に対応できるよう、十分な観察のもと支援する。

また支援団体における入浴支援においては、入浴時間の確保、混雑状況、男女別、脱衣所の確保、浴室との温度差などに留意する。被災地における入浴支援では、設置した浴槽の縁が高く、階段を上ることや大きくまたがなければならない場合もあり、高齢者や障害のある方の入浴が困難な場合もある。したがって利用する際には、必ず見守りを行う。また、多くの方が利用するため、可能であればかけ湯をして終了する。

(3) 口腔ケア

避難所では食料や水の確保に重点が置かれ、口腔ケアに必要とされる物資が整うまでには時間がかかるとされている。水の不足や口腔ケアがなされないことによる身体への影響について十分知り得ない場合には、疎かになる場合が多い。食物残渣による不衛生な状態だけではなく、疲労や栄養不足、ストレスによって、自覚がないままに口腔内の衛生は保たれにくくなる。口腔ケアに必要な歯ブラシ、歯磨き粉、義歯洗浄剤など、口腔衛生に関する用品の確保に努める。

被災生活が長期化することによる全身状態の悪化、不十分な栄養、体力が低下している場合には、誤嚥性肺炎（ごえんせいはいえん）や不顕性肺炎（ふけんせいはいえん）を引き起こしやすくなる。適切な口腔ケアと肺炎の減少はこれまでに多くの文献、大規模災害の経験から明らかとなっている。不規則な生活、栄養状態の悪化、唾液分泌の低下、義歯の紛失などによる口腔内の機能の低下により、口

腔内を清潔に保つことが難しい災害時要援護者に対する支援として重要である。

　歯ブラシや十分な水がない場合でも、口腔内洗浄機能を高めるための唾液分泌を促す健口体操や唾液腺の刺激、ウェットティッシュやガーゼ、小さいタオルなどで、歯の表面を拭く。誤嚥のおそれのある方には口に含む量に留意しうがいを実践する。殺菌作用のある緑茶による洗口も有効とされる。

　義歯の紛失や破損、歯・歯肉の痛みのある方は、専門機関に報告する。

① 水を十分使用できない場合の口腔ケア

＜歯ブラシやスポンジブラシがあり含嗽（がんそう）が可能な方＞
・口唇の裂傷を防ぐため、水で濡らしてから始める。
・紙コップ2つに水を適量入れる。1つは含嗽用の水とし、1つは歯ブラシやスポンジブラシを洗浄しながら口腔内を磨くためのものとする。
・歯ブラシ等を濡らし、口腔内を磨く。歯ブラシ用のコップでゆすぎながら再度使用する。
・最後に含嗽する。

＜歯ブラシやスポンジブラシはあるが、含嗽ができない方＞
・口唇や口腔内を水で湿らせてから始める。
・歯磨きをしながら口腔内の残渣物を優しく取り除く。舌の汚れも力を入れないように拭き取る。

＜歯ブラシやスポンジブラシが不十分な場合＞
・健口体操等で唾液の分泌を促し、口腔内の自浄作用を促す。また、ウェットティッシュや湿らせたガーゼ、タオルなどで、歯や歯肉等を拭く。

② 義歯について

　災害により破損、紛失してしまう場合や食事が十分ではない状況で口腔内が痩せてしまい合わなくなってしまったという例もある。義歯がないことによって食物を十分に咀嚼（そしゃく）・嚥下できない場合は誤嚥性肺炎を起こしたり、消化や吸収を阻害し、低栄養状態に陥る危険もある。義歯の有無や使用状況をアセスメントし、必要時には専門機関等へ引き継ぐ。

　また、義歯の装着について人前で行うことに抵抗感をもつ方もいると考えられ、汚れた義歯をそのまま装着している場合も予測される。口腔内環境の保清の重要性について伝え、さりげなく預かり洗浄する。水が不足している場合には口蓋と接する部分や奥歯の汚れがたまりやすい場所、溝になり食物残渣のおこりやすいところを中心にウェットティッシュや絞ったタオルなどで丁寧（ていねい）に拭き取る。

7　排泄ケア

　被災時はトイレまで遠い、1人で行くことが困難などの理由から水分を控え、脱水症状や便秘、膀胱炎を起こすなど排泄に関する課題が多くあがった。また、排泄行為だけではなくライフラインの停止による断水によって排泄物がたまり、トイレ環境の衛生を保てない、手洗いの不徹底からの感染症の蔓延など、さまざまな場面に波及した。介護者は災害時要援護者と避難所の環境をアセスメントし、できるだけ排泄行為に支障がないよう配慮することが求められる。

　避難所の仮設トイレは屋外に設置され、地面からの段差も高く和式も多いため高齢者や障害をもつ方にとって使用しにくい場合が多い。したがって、水分を控え脱水症状や膀胱炎を起こしたり、便秘になりやすい。介助者は遠慮なく声をかけてもらえるよう配慮すると同時に、水分を摂っていただくよう、広く周知する。介護を必要とされる方専用の支援スペース以外の体育館などの居住スペースで暮らす高齢者の生活状況を把握することも忘れずに行う。

(1) 排泄のアセスメントと対応
① 排泄を我慢しないための環境の整備

　仮設トイレは、地面からの段差が高く、トイレ内も狭い。また、和式トイレが多く、高齢の方には使いにくい。トイレ内で立位となり、大腿部に尿取りパッドを挟み、そこに排泄するという状況もみられた。

　夜間は照明によってできるだけ明るくし、日頃から見回りや清掃などを行い、清潔感を保ち抵抗感なく使用できるようにする。

　また、本人、家族に水分の必要性を伝える、アクティビティの時間に摂取してもらうなど、水分を摂取する場を設ける。さらに体のだるさや、意識がぼんやりするなどの不調やトイレが遠いなど排泄に関する困りごとを聞き出し、脱水や便秘の予防に努める。

(2) 排泄の援助
① トイレ誘導

　避難所のトイレが使用でき、歩行可能な方、車いすでも使用可能なトイレの場合は、トイレで排泄できるよう支援する。仮設トイレの場合は和式が多く、しゃがむことや立ち上がりが困難な方には排泄が難しい場合も多い。仮設トイレにおいては後付けで洋式トイレに変えることのできる用具を取り付けることも可能である。

　しかし、生活スペースから、いったん外に出る、靴を履き替える、トイレまで移動する、高い階段を上る、狭いトイレで排泄するなど、トイレまでに多くの動作を必要とする。災害時要援護者の心身状況をよく観察し、ポータブルトイレの設置や簡易トイレの導入など負担感を軽減する。

Ⅴ　災害時の介護活動と役割

表5-23　排泄ケアのアセスメントと支援のポイント

災害への備え		・紙おむつ・生理用ナプキンの確保 ・ポータブルトイレの確保 ・簡易トイレ、手作りのトイレの制作・工夫 ・清拭など清潔支援に必要な物品の確保
災害発生後	アセスメント	・表情等の観察（脱水の兆候…目がくぼむ、ぼんやりする、腹部膨満による苦痛など） ・避難所の排泄環境（仮設トイレ、ポータブルトイレの有無、照明、生活スペースからの移動距離、衛生状態） ・排泄動作（立位、座位、しゃがむ、衣服着脱、排泄後の後始末） ・被災前の排泄方法・動作（自立度の確認、尊厳を保持した排泄の支援） ・排泄状況（排尿・排便リズム、尿・便量、色、性状） ・飲水量・食事摂取量 ・排泄に使用する物品（個々の状態にあったもの）
	支援のポイント　排泄環境の整備	・災害時要援護者にとって使いにくい状況の改善・工夫 ・羞恥心、においへの対応
	状況に応じた排泄方法、排泄介助の工夫	・正しい紙おむつの使用 ・水の有無による簡易トイレ等製作・工夫
	脱水、便秘予防	・水分摂取の機会を設ける ・観察による脱水症状の早期発見 ・排便リズムの把握と便意の訴え確認
	羞恥心・尊厳に配慮した支援	・排泄が自立している方に対する尊厳 ・羞恥心への配慮（見えない工夫、音、におい、露出を最小限にすばやく行う） ・尊厳に配慮した代用品の工夫 　おむつカバーや使い捨て手袋の代用など、身につけるものとして買い物袋やゴミ袋を使用することに対する説明と同意

② ポータブルトイレへの介助

　ポータブルトイレの確保が困難な場合も多い。段ボールやビニール袋による簡易トイレの製作など工夫する。排泄物の処理方法を決めておき、においや音などに配慮して排泄環境を整える。

③ おむつ交換（立位によるおむつ交換）

　仰臥位だけではなく、立位によるテープ式紙おむつの装着が必要になることもある。仮設トイレや狭いスペースでの交換を余儀なくされる。背部から支援した場合、テープ式の紙おむつの場合は、前面が見えにくいため、漏れたり外れたりすることのないよう装着する。また、装着後はつけ心地を確認し、皮膚の損傷や窮屈で動きにくいことのないよう留意する。

④ 正しい紙パンツ・パッドの使用

　できるだけトイレに行く回数を減らすため、尿取りパッドの重ね使いをしている場合があるがかえって漏れを招く。紙おむつ、紙パンツ、尿取りパッドについて正しく組み合わ

せ使用する。紙おむつは不足する場合が多く、不足した場合は物資の供給が遅れる場合がある。

　また、在宅で生活されている方々へは行き届かないという課題も残る。紙おむつやパッドは、簡易トイレなどにも利用でき、十分な確保が必要である。効果的な吸収をするためには、テープ式紙おむつとパッド、パンツ式紙おむつとパッド、布パンツとパッドのように、外側に身につけるものとパッドを組み合わせることが有効である。紙おむつが不足している場合には、観察や排泄パターンの把握によりパッドの交換で終えることも可能となる。

⑤ 布おむつの使用

　現在、施設でのケアでは少なくなりつつあるが、紙おむつやパッドが不足している場合にはさらしや清潔でやわらかい生地の布（救援物資の衣類等）を用いて布おむつを使うことも可能である。布でT字をつくり、身体の動きを阻害しないよう一人ひとりの体型に合わせた装着をする。T字布だけでは、排泄物が広範囲に広がってしまうため、小さくたたんだ布と組み合わせて使用する。布のため冷感が伝わり、不快なため、こまめに交換する。排泄物が肌に密着し、湿潤しているため、交換時は陰部、臀部の観察と丁寧な清拭を行う。

⑥ 使い捨て手袋について

　使い捨て手袋の不足や十分な手洗いができない場合が想定される。日頃より在庫の確認をし、やむを得ない場合は極力相手に不快な思いをさせないよう、ビニール袋など代用品の使用について承諾を得る。

⑦ 脱水、便秘の予防

＜脱水の予防＞

　高齢者はトイレへ行くことを控えるために水分を制限したり、のどが渇いているという自覚症状も乏しい。したがって、脱水の兆候（落ちくぼんだ目、口や皮膚の乾燥）がないか観察する。支援物資にはミネラルウォーターなどは豊富であるが、夏場は特に熱中症の予防のためにもアイソトニック飲料などナトリウムを含む水分を少しずつ摂るようにする。

＜便秘の予防＞

　食事の変化やストレス、活動量の低下により、便秘をきたしやすい。本人の排泄パターンの把握に努め、自然な排便を支援する。栄養士等と連携し、腸の動きを円滑にする飲料や食事を取り入れる。また、内臓に刺激を与えるため、できる範囲で体を動かす。立ち上がりや散歩、手足の屈伸など軽い運動を取り入れる。

Ⅴ　災害時の介護活動と役割

図5-7　災害時の簡易トイレ

ステップ1　便袋を広げ
ステップ2　便器に被せます
ステップ3　完成
※洋式便器が無い場合は、そのまま広げてご使用頂くこともできます。

⑧　羞恥心・尊厳に配慮した排泄の援助

　避難生活の前は、自分でトイレに行くことができた方も、やむを得ず紙パンツなどを利用した方も多くみられた。介助することによってトイレが使用できる方は、できるだけトイレへ誘導する。ポータブルトイレの使用、簡易トイレの使用時は、段ボール等でスクリーンやパーテーションに代わるものを作成し、羞恥心に配慮する。排泄時は、便器内に新聞紙を敷くことによって音を消し、そのまま排泄物を包んで捨てることも可能となる。
　また、においに対しての配慮も大切になる。多くの方が生活しているなかで、排泄行為も行わなければいけない状況にある。瞬間消臭剤や排泄物のにおいを吸収するビーズ、液剤などがあるとよい。ポータブルトイレや簡易トイレでの排泄は、予めビニール袋やパッド、新聞紙を敷き、避難所のルールに従い適切な処理をする。
　おむつカバーの代わりに買い物用ビニール袋を使用する場合もあるが、動くたびに音がしたり、通気性に乏しく皮膚の弱い方は損傷しやすい。また、人が身につけるものについては、動きが制限されている方でも、できるだけ肌触りがよく、身につけていても恥ずかしくないもので代用を試みたい。しかし、物資が不足するなかでさまざまなものを代用する必要もあるため、ビニール袋を使用する際には、広告が全面的に見えない、肌に直接当たらないよう、また外から見えないように下着と組み合わせるなどして用いる。

⑨　ストーマ使用者について

　阪神・淡路大震災の経験から、替えのパウチがない、スキンケアができないなどの課題が残り、東日本大震災においては、被災地において、自治体始め支援団体がストーマの配布について情報提供した。また、プライバシーにより、本人自身が周囲にストーマの使用を伝えていない場合や、交換時に人の目が気になる場合もある。避難先にストーマに関する知識を有する人がいないため相談できず、相談内容も理解できないという場合もある。介護者は災害時の問い合わせ先、内部障害、ストーマに関する知識をもち、多職種と連携する。

8　活動と休息へのケア

(1) 要介護者に対する活動と休息

避難所では、施設や住み慣れた自宅とは違い、多くの人が1か所に集まっており、不慣れな環境であるため活動しにくく、また精神的ストレスも感じやすい。特に要介護者にとっては顕著であり、バリアフリーになっていない避難所では、十分な活動や休息をとることが困難となる。そのため、二次的災害であるエコノミークラス症候群などが起こりやすい状況といえる。そのため、要介護者における避難所での休息がとれる環境づくりは大切な生活支援といえる。具体的な方法として以下の点がある。

① 動きやすい空間（動線）

要介護者にとって避難所は、不慣れな環境であると同時に手すりやスロープなどバリアフリーとなっていない場合が多い。さらに、多くの人が1か所に集まっているため、動きにくい空間（動線）となっている。このような状況に対して、トイレや野外までの通路の確保や起き上がりの際に身体を支えることができるよう、補助具として安定した箱やいすを横に置くこと。これらの対応により自ら身体を動かすことがしやすくなり、活動の機会が増えることで二次的災害を予防することにつながる。

② 活動と休息のリズム

要介護者に対して意図的に身体を動かす機会をつくる必要があるが、何も行うことがなく起き上がり、身体を動かすことを勧めることは難しい。そこで、離床して過ごす生活時間をつくる方法として、山田は「すること」を提供する方法を示している。災害時であるため介護者は忙しいことが予測される。その場合の対応として、離床を促して、雑誌や新聞を読んだり、支援物資から子ども用の絵本や塗り絵、折り紙や人形などの玩具があれば、それを手渡すことで暇つぶしの「すること」がみつかる。幼児や子どもと触れ合う機会をつくるのも明るい気分になれるため効果的とのことである[15]。

活動の機会をつくることは、二次的災害であるエコノミークラス症候群などを予防でき、精神的にも安定を図ることができる。災害時にはアクティビティにまで手が回らないとの感想が筆者らの被災地の介護現場からのインタビューから確認されているが、要介護者の身体機能の低下を予防する意味からも、活動の機会をつくるような支援が望まれる。

上記のように環境の整備や活動の機会をつくるなどの取り組みは、要介護者の精神的安定を図る支援につながっていく。そのうえで要介護者ができる限り休息がとれるようなかかわり方をしなければならない。東日本大震災の折には、介護者は避難をしている要介護者に対して、手を握るなどをして寄り添い、できる限りコミュニケーションを図りながら

[15] 前掲②

Ⅴ 災害時の介護活動と役割

表5-24 活動と休息へのケアに対するアセスメントと支援のポイント

災害への備え	・避難時に支援が予測される災害時要援護者についての状況を把握しておく ・災害時の避難誘導方法や避難先などを記したマニュアルを整備しておく ・避難所での適切な介護支援ができるよう、支援者は日頃から訓練を行うとともに、対応方法についての学習を行う	
災害発生後	アセスメント	避難先にて要介護者が活動しやすい空間が確保されているか… ・トイレや野外までの導線 ・臥床時からの起き上がりができる環境整備の確認 活動状況… ・アクティビティの状況 ・1日の活動状況の把握 ・役割の有無 ・二次的災害の発生の危険性の確認 要介護者の休息状況… ・十分な休息をとるのに適した環境の確認 ・介護者の支援方法の確認
	支援のポイント	動きやすい空間（導線）の確保… ・トイレや野外など生活のなかで移動する導線を確保する ・臥床時からの起き上がり時など、自力での対応ができる環境を整える 活動の支援… ・「すること」をつくることができるよう、雑誌や新聞などの読み物や、絵本や塗り絵などを手渡すことで暇つぶしが期待される ・アクティビティの機会をつくり、二次的災害の発生を予防するために活動の機会をつくる 休息できる配慮… ・室温を保てる工夫、床面の快適性の工夫、他者からの視界を遮る工夫、においや騒音に対する工夫などの環境的配慮 休息への支援… ・要介護者が精神的安定を図り休息をとることができるよう、介護者は手を握るなどして寄り添い、できる限りコミュニケーションを図りながら過ごしていく ・介護者が忙しく動いていると、要介護者も落ち着くことができないため、介護者自身がこころを落ち着かせる必要がある ・活動と休息のリズムをつくる

過ごしていた。そのためか、建物の損壊を免れた福祉施設の要介護者は、体調を崩す人はでたものの、大きな混乱もなく大方は落ち着いて過ごすことができたとの報告を受けている。

　大きな震災の後でもあり、窮屈な避難所生活やライフラインの停止もしくは制限、また家族の安否など、要介護者は大きな不安を抱いて過ごしている。そのような状況に対して介護者は、不安な心理状態を理解し、寄り添うなどにより、要介護者が少しでも休息できるような対応をすることが望まれる。十分な休息が取れなければ、体力や免疫力が低下するなど二次的災害を発症する危険があるため注意しなければならない。また介護者が忙しく動いている状況では、周りも落ち着いて過ごすことは困難である。その意味でも介護者自身がこころを落ち着けてかかわることが大切となる。

　活動と休息のリズムをつくることで通常に近い生活を取り戻すことが大切である。

(2) 災害関連死、エコノミークラス症候群の予防の実践
① 避難生活の実態

　避難生活は同じ環境に複数の人が生活し、床の上での共同生活となるため過酷な環境といえる。要介護高齢者や障害者などは、自力で日常生活を築くことができないため、心身の状態が悪化していることが過去の震災でも明らかにされている。

　1995（平成7）年の阪神・淡路大震災では、介護保険導入前だったため、要介護者の介護や支援が遅れ、また高齢者へのサポート体制も不十分であったため、災害後の孤独死が社会問題となった[16]。2004（平成16）年の新潟県中越地震では、エコノミークラス症候群（後述）などの「災害関連死」がクローズアップされ、初めて虚弱高齢者専用の福祉避難所の設置や、災害時要援護者である要介護高齢者や障害者などに対する安否確認などが行われている。今回の東日本大震災でも、これまでの震災同様に「災害関連死」が疑われる死因が多く報告され、NHKの241病院を対象とした調査では、災害関連死と考えられる患者は524人で、そのうち、41％の人が震災後2週間で亡くなり、また90％近くの人が65歳以上であった。また自宅で避難生活を送っている人の災害関連死の割合も高く、多賀城市の坂総合病院では、2011（平成23）年4月14日までに災害関連死と考えられる患者は30名で、そのうち53％が自宅避難者であった。自宅で避難を続ける人は要介護高齢者や障害者が多いことも原因とされている。2012（平成24）年5月11日に復興庁が発表した災害関連死者数は1632人であり、震災時に助かったいのちも、その後の避難生活で亡くなる人数がこれほど多いのが実態である[17]。

　災害時要援護者である高齢者は、避難するまでの動作に時間がかかるため、避難所の入り口付近での避難生活を余儀なくされる傾向にあり、その後の支援がないかぎり、人の出入りが多く過ごしにくい環境での避難生活を余儀なくされ、心身状態が悪化しやすくなる。その後仮設住宅に転居しても状態が改善することはなく、2011（平成23）年12月8日NHKによると、震災前は介護保険の認定を受けていない元気な高齢者のうち、震災後に歩けなくなり、または歩きにくくなった人の割合は、南三陸町の3000人のうち、町内の仮設住宅で30％、町外の仮設住宅で29％とのことであった[18]。

② エコノミークラス症候群……車内での避難生活、狭い空間での生活、水分不足

　エコノミークラス症候群とは、『狭い場所に同じ姿勢で長時間座っていると、足の血液の流れが悪くなり、静脈内に血液の塊（血栓）が出来る症状のこと』[19]であり、2004（平成16）年の新潟県中越地震では、車内での避難生活による同様の症状を発症し死亡すること

---

[16] 新井英靖・金丸隆太・松坂晃・鈴木栄子編著『発達障害者の防災ハンドブック―いのちと生活を守る福祉避難所を―』クリエイツかもがわ、2012年
[17] 上田耕蔵『東日本大震災　医療と介護に何が起こったか―震災関連死を減らすために―』萌文社、2012年
[18] NHKスペシャル「シリーズ東日本大震災―助かった命がなぜ(9)」2011年12月8日
[19] 前掲[16]

が問題視された。しかし東日本大震災も同様に、高齢者や障害者などの災害時要援護者は、避難所での生活にストレスを感じたり、認知症の症状が悪化するなどにより避難所での生活を諦め、崩壊寸前の自宅や車内での避難生活を余儀なくされた人が多い。そのため、狭い空間での生活でもあり、身体機能が低下し、トイレを我慢するために水分を自ら制限することからくる脱水症状などの「二次的災害」に陥る傾向が高い。

　国は災害時要援護者への支援のために、2005（平成17）年以降に「災害時要援護者の避難支援ガイドライン」を策定し、避難支援の取り組み方針や福祉避難所の指定などを進めていたが、東日本大震災のような広範囲の震災では、十分に機能できていたとはいい難く、上記に示したように災害関連死の人数が多く示されている。

　このエコノミークラス症候群に対する対応策として、意識的に身体を動かすことが求められる。そこで、過去の震災で取り組まれた方策を以下に示していく。

③　過去の震災から学ぶ予防方法

＜仮設住宅内でのサポートセンターの活動＞

　2004（平成16）年の新潟県中越地震では、2000（平成12）年に介護保険制度が施行されていたため、要介護者に対する支援では介護事業所が役割を担っている。震災後にケアマネジャーが避難所をまわり、受け持ち利用者の安否確認を行うとともに、介護サービスにつなげる支援を行っている。その介護支援のなかの1つとして、新潟県長岡市の高齢者総合ケアセンターこぶし園の「サポートセンター千歳」の取り組みがある[20]。これは仮設におけるデイサービスを行い、そこで介護予防や口腔ケア体操などに取り組むことで、避難生活を続けている高齢者の健康維持を行っていた。

　このセンターでの取り組みは行政などの地域全体とも協力した組織的な支援活動であった。この活動は2年間つづけられ、そのしくみは「災害福祉広域支援ネットワーク」として構築されている。

＜アクティビティの実施＞

　震災直後の避難所や福祉施設では、ライフラインが停止しており、生命の安全や生活を継続するために、介護支援としては衣食住が優先されがちである。そのため、要介護者の活動の機会は乏しくなるとともに生活の質（Quality of Life：QOL）は低下してしまう。筆者らがインタビューした被災地域の高齢者福祉施設の介護職は、震災時の介護で、アクティビティに対応することができず、その部分を外部のボランティアにお願いしたかったとの意見がきかれた。災害ボランティアは、要介護者の支援や片付けなどの実践だけに留まらず、音楽やレクリエーションなどのアクティビティの実施も大切な役割である。日本レクリエーション協会では、避難所の仮設住宅をまわり、レクリエーションを通した支援

---

[20] 高齢者総合ケアセンターこぶし園編『介護災害を防ぐ生活支援システム─新潟県中越大震災を乗り越えたサポートセンター千歳の取組み─』筒井書房、2008年

活動を行っている(21)。このような取り組みが、災害サイクルの復興期から回復期にかけて継続的に必要だと考えられる。

＜仙台大学学生による避難所での体操支援＞

　東日本大震災直後に仙台大学では、体育系大学で行われている介護福祉教育を活かし、宮城県の亘理町や女川町などの避難所で健康維持とエコノミークラス症候群予防を目的とした運動支援を学生とともに行っている。震災直後ということもあり、当時の避難所では参加者がおらず暗い雰囲気だったとのことだが、回を重ねるごとに参加者が増え、体操を通してお互いに会話が生まれるまでになったとのことである。その後、避難所から仮設住宅に生活拠点が移ったが、教員の大山は、避難所で知り合った人間関係が崩れるために「仮設住宅での活動は避難所の時よりも重要性が高い」として、活動を継続している(22)。

　この取り組みは学生の介護福祉教育として評価されるとともに、被災者の健康維持のためにも有効な取り組みといえる。

(3) 介護職自身の活動と休息

① 活動……がんばりすぎ

　災害時要援護者の支援を継続していくためには、支援を行う介護職自身の心身状態も安定が図れるようにしなければならない。災害は長期的に支援が必要になるため、介護者も心身の状態が継続して安定した状態を維持しつつ長期的に取り組めるように、バランスを考慮しながら支援に取り組むことが必要である。

　被災した福祉施設に勤務している介護職は、自分自身も被災者であるにもかかわらず、要介護者への支援を24時間体制で行っていた。また、その際には要介護者との「関係性」を重視して、自分たちで支援を継続していた。この場合、職員が充足しており対応が可能な状況であればよいが、ライフラインが停止し物資が不足した状況であるため、普段以上に介護職の負担は大きい。通常の日常とは違った状況であるため、介護職のがんばりが要介護者を支えた結果となるため、その功績は大きい。しかし、がんばりすぎてしまうと、バーンアウトなど体調を崩すおそれがあり、要介護者および職員自身が生活を継続していくうえで支障となることも視野に置いた取り組みが必要である。

　実際の現場にいる場合には、業務の性質上、がんばりすぎてしまう傾向に陥るおそれが十分に考えられるため、その場をコーディネートする立場の人や管理者は、介護職自身にも目を配り、無理のない支援の継続を図れるような体制を整える必要がある。

---

(21)公益財団法人日本レクリエーション協会「東日本大震災復興支援事業［笑顔Again］プロジェクト」http://team.recreation.jp/

(22)大山さく子・小池和幸「東日本大震災直後の学生支援と地域ボランティア―介護福祉教育に活きた体育系大学の取り組みから―」『介護福祉教育』第18巻第1号、84～87頁、2013年

② 休息……うまく休養をとる

　支援を継続的に行うには、自分自身が負担にならないように、自分自身の身体も大切にし、無理することなくうまく休養をとる工夫が大切である。

　震災時に休息をとることに抵抗を感じることもある。確かに震災直後の緊急時には人命救助が優先されるため速さが求められるが、災害サイクルの「対応期」から「回復期」、さらに「復興期」にかけて災害は長期的に取り組むことが必要である（第Ⅴ章1参照）。そこに至るまでの支援を行う側が途中で体調を崩すことは、結果的に要介護者に不利益な状況に陥るおそれがあることを理解していなければならない。

　休息をとる方法としては、職員間で休息がとれるようにローテーションを守り、またボランティアなどの応援は可能な範囲で受け入れることが望ましい。その際、ボランティアをもてなす必要はなく、本来ボランティアは自己完結が基本であるため、受け入れることは要介護者、介護者双方にとって有意義に活用される時間を築けることが大切である。

　これらは介護ボランティアなど外部から応援を行う立場でも同様である。支援のために現地に入った者が体調を崩すのは、逆に被災地に迷惑をかけることにつながってしまう。

表5-25　介護職自身の活動と休息に対するアセスメントと支援のポイント

災害への備え	介護ボランティア受入	・震災時に介護職が行う支援体制についてのマニュアルを作成する ・ボランティアの受け入れ体制や業務の振り分け方法の確認
	介護ボランティア派遣	・ボランティア派遣のマニュアル（自己完結、倫理、取り組み方法など）の整備および訓練の実施 ・速やかな介護ボランティア派遣体制の確立 ・事業所間の介護ボランティア派遣の事前提携
災害発生後	介護職に対するアセスメント	支援を行う介護職自身の心身状態 　・安定が図られているか 　・休息をとることができているか 　・バーンアウトを起こしていないか 介護職の活動内容の確認 　・職員間で休息がとれるようにローテーションが組まれているか 　・活動を適切にコーディネートすることができているか
	介護職への支援ポイント	どの部分に支援に入ることが適切か、状況判断を行う 　・要介護者との関係性に考慮し、要介護者のストレスにならないような支援を行う 　・状況に応じた臨機応変な支援を行う 自己完結での支援 　・被災地に迷惑をかけることのないよう、衣食住を含めた準備を行う

9　移動へのケア

　通常、避難誘導を行う際には、まず安全な場所に誘導を行う。この際に、どこに避難誘導を行うかは、マニュアルに基づいて判断をするため、特に日頃の避難訓練の効果が現れる部分といえる。しかし、震災が発生したときには、それぞれが動揺しており、慌てて行動することが予測されるため、特に誘導を行う人は落ち着いて行動をする。

　災害時要援護者は下肢機能が低下していたり、精神疾患から状況を正しく判断できないなどの理由から、誘導とともに移動の介助が必要な場合が多い。

　ライフラインが停止した状態では電気が使用できないため、2階以上の施設における縦の移動は階段を使用しなければならない。不安定であっても自らの足で移動が可能な方であれば、介護職は支える程度での対応でよいと思われるが、歩行困難な要介護者の移動には職員が担ぐことが求められる。介護職が複数人確保できる場合は最低でも2名で要介護者の上半身と下半身を支えて移動する方法となる。介護職が1人で担ぐ場合には、さらしなどの布やロープを活用することは有効的である。

　平地での移動であっても、自力での歩行が困難な要介護者に対する移動手段は、車いすや担架などを利用することになるが、そのような備品が不足している状況では、毛布と物干し竿で担架をつくるなどの工夫が望ましい。また人力で移動支援を行う場合には、可能であれば複数人で対応することが望まれる。特にけが人の搬送が必要な場合には、1人での搬送は相手の身体を無理に動かすことになるため、できるだけ複数人で対応したほうがよい。

　避難時など緊急な状況であれば、介護職ができるだけ多くの要介護者を避難させなければならないため、用具を活用することができない状況も予測される。そのため、利用者を抱える方法を日頃から訓練して身につけておくことが必要である。

Ⅴ　災害時の介護活動と役割

表5-26　移動方法に対するアセスメントと支援のポイント

災害への備え		・避難時に支援が予測される災害時要援護者についての状況を把握しておく ・災害時要援護者の情報が避難所にて伝達しやすいように、移動時に速やかに持ち出せる個人カード（氏名・年齢・食事形態・病歴など）を準備しておく ・災害時の避難誘導方法や避難先などを記したマニュアルを整備しておく ・災害時に避難誘導の応援要請が可能な近隣者の確認をしておく ・災害時に落ち着いて誘導が行えるように、日頃から実際の災害を想定した避難訓練を実施する ・人力で要介護者の避難誘導が行えるよう、日頃から訓練を行う ・避難誘導時に活用されるロープや担架などを準備し、緊急時に速やかに準備ができるように用意しておく
災害発生後	アセスメント	災害発生直後の災害時要援護者の心身状態の把握… 　・発生直後のけが人の有無や興奮状態の方などの状況を確認する 避難誘導の対応が可能な介護者の人数確認… 　・安全な場所への避難誘導の対応が可能な職員の人数を確認し、効率よく対応できるよう配置を行う 　・可能であれば、近隣者に対して避難誘導の応援を要請する 避難誘導前後の人数確認… 　・避難誘導前は、避難誘導が必要な災害時要援護者が、どこに何人いるかを確認する 　・避難誘導後は、全員の避難ができたことを確認する
	支援のポイント	安全な場所への避難誘導… 　・建物の崩壊など最悪の状況を想定して、安全な状況が確保できる場所に避難誘導を行う ライフラインが停止しエレベーターの使用ができない状況での避難誘導方法… 　・車いすに乗ったままでの移動 　・介護職が災害時要援護者の上半身と下半身を支えての移動 野外での避難誘導方法… 　・車いす 　・ソフト担架、背負い搬送具、携帯用折りたたみ担架等の利用（備品が不足している場合は、毛布と物干し竿で簡易式担架をつくる） 　・複数の介護職で災害時要援護者を担ぐ 災害時要援護者の人数確認の方法… 　・病院や福祉施設では、全員の避難誘導が確認できるように、各居室の出入り口に張り紙などを貼ることで、避難漏れを防止する

3 災害時の障害形態別による介護活動と役割

1 医療的ケアへの対応

　災害は、その種類や特徴によって人々の生活にさまざまな影響を与え、ひいては日常性を脅かすことにつながる。特に、災害によるストレスや食事環境の変化による栄養状態への影響、薬の不足などにより、医療的ケアの必要な人々にとっては大きな健康問題を抱えることになる。慢性疾患をもつ人が医療の中断によって時には生命の危険にさらされる可能性もある。また、体力がないため、避難所などでの共同作業ができない場合もある。これらのことを踏まえて、介護職は、その人の病気と日常の症状を把握したうえで、災害が発生した場合、症状の変化にいち早く気づき医療職と連携して対応することが求められる。

　ここでは、慢性疾患をもち自宅療養しながら地域で暮らす人に焦点をあてて、それぞれに必要とする災害への備えや災害時の介護支援のポイントについて考えてみる。

Ⅴ　災害時の介護活動と役割

(1) 人工透析を要する人へのケア

　人工透析の必要な災害時要援護者は、災害時も継続して人工透析が必要であり、特定の医薬品や治療を必要とする。そのため、被災状況やかかりつけ医の稼働状況、受け入れ可能な医療機関など、医療職や関係機関から得られる情報が本人・家族へ早急に伝わるよう、介護職は日頃から医療職と連携を密にしておくことが大切である。特に、在宅で生活している人への情報提供や受け入れ可能な医療機関への移動などについては、災害時にスムーズに情報提供できるよう、支援する側の準備が必要である。

　また、本人・家族には日常生活のなかで災害への備えをしてもらうよう働きかけることも大切である。かかりつけ医以外の医療機関でもスムーズに受診できるよう透析データや治療内容、使用中の医薬品などを記載した緊急用のカードなどを作成しておくと役立つ。

表5-27　災害時透析患者カード　例

ふりがな		アレルギー	
氏　　名		禁忌薬剤	
住　　所	〒○○○-○○○○	合併症	
生年月日		感染症	
血液型	A　B　O　AB　RH（＋　-）		
連絡先	☎　　　　氏名 ☎　　　　氏名	薬	お薬手帳

血液透析　　腹膜透析　　併用		シャント部位	
通院施設名		留意点 お願い	
治療サイクル	1回　　時間、　回/日（週）		
ドライウエイト	Kg		
治療方法	血液透析（HD・HDF）CAPD・併用		
ダイアライザー	ダイアライザー： CAPDシステム名：		
透析液・血液流量		メーカー 連絡先	
抗凝固剤	種類、量		

3 災害時の障害形態別による介護活動と役割

表5-28 人工透析を要する災害時要援護者へのアセスメントと支援のポイント

災害への備え	災害時の対応について話し合っておくこと	・透析施設の確認（病院名、場所） ・避難先 ・家族との連絡方法、集合場所 ・透析に行く途中で被災した場合は自宅に戻らずその施設に向かう ・透析を受けている施設の災害対策マニュアルを確認する ・通院している施設に自宅で被災した場合の避難場所と連絡方法を伝える ・透析をしている人と普段から災害時の対応について情報交換をする ・県外の医療機関での透析情報を得ておく ・関係団体や医療機関と災害時の対策を具体的に話し合う
	日頃から心がけておくこと	・家の周囲の安全確認 ・家の中の安全な場所の確認 ・応急手当の知識を身につける ・消火や火気器具などの安全確認 ・避難場所や避難道路の確認 ・緊急持出品の点検と置く場所の確認 ・日頃から歩きやすい履物で透析に通う ・スリッパやスニーカーを手近におく ・食事と水分を上手にコントロールしておく
	緊急時持出物品の準備	・緊急時に必要とする確認事項を一覧表にする ・腹膜透析…在庫の確保（1週間分位） ・非常食、飲料水、カリメート、ケーキサレートの予備（カリウム対策） ・常備薬 ・透析手帳（患者カード）（表5-27） ・保険証 ・身体障害者手帳 ・懐中電灯 ・タオル ・ラジオ ・持続的携行式腹膜還流（CAPD）による透析療法をしている人は、透析液加温器のバッテリーの予備、透析液パックを非常持出袋と同じ場所に常におく
災害発生後	アセスメント	以下の症状を中心に観察し悪化の兆候がないか確認する ・尿毒症の兆候…疲れやすい、体がだるい、嘔気・嘔吐、手足のむくみ、意識がぼんやりする ・高カリウム血症の兆候…心臓がドキドキする、口の周囲などのしびれた感じ ・過剰な水分貯留の兆候…息切れ・息苦しさ、手足のむくみなど ・シャント…シャント音、拍動、シャント部の感染・出血
	支援のポイント	
	自覚症状の確認	アセスメントの項目を中心とした観察
	栄養面	食事量、個々の病態に応じた適切な栄養指導が必要 ・腹膜透析…食事摂取不足、透析不足、ブドウ糖負荷、透析液へのタンパク喪失にもとづくタンパク質エネルギー低栄養状態をおこしやすい. ・塩分、水分、高タンパク質、高カリウムの食品を避ける
	ライフラインの確保	・大量の水が必要となることから水道局の給水車などを優先配車する（1人分1回200ℓの水が必要） ・電気の確保…自家発電装置、発電車の優先配車 ・ガスの確保…プロパンガスの配給
	透析施設相互間の連絡・通信など	・電話の代替機能…パソコン通信、無線 ・携帯電話（電池による充電器）

Ⅴ　災害時の介護活動と役割

図5-8　東日本大震災の実際から
⇨震度6強の地震でも抜針事故は起きなかった
⇨日頃行っているトイレ時の離脱が訓練となった
⇨避難した人は遠慮している
・慢性疾患の有無を聞かれて初めて手を上げた人がいた
・何日も透析を受けず救急車で搬送された人がいた
⇨情報収集
・MC無線、衛星電話、NHKの報道など
・タクシーを利用し現場に出向いた（看護師）

図5-9　血液透析中に発災した場合
⇨振り落とされないようにする
　針が抜けないように血液回路をしっかり握りベッド柵につかまる
・停電の場合…掛け布団などで体温を調節する
・火災の場合…タオルなどで口元を覆い身を屈める
⇨医療スタッフの指示を待つ
・避難する際は穿刺部からの出血などに注意する
・避難する場合は回路からの離脱を行う（トイレ時の離脱が訓練となる）
・エレベーターは使用しない、非常口を確認しておく
・履物を履いて避難する
・指示された避難所へ集合する
⇨避難後、今後の透析について医療スタッフから指示を受ける
・穿刺部の消毒や傷の手当てを受ける
・帰宅の指示が出るまで待機する
・帰宅する際には帰路の安全や移動手段の確認をする
・家族との連絡方法、待機場所などを事前に決めておく

図5-10　腹膜透析中に発災した場合
〈透析が継続できると判断できる場合〉
　⇨情報に気をつけながら治療を継続し、終了した後避難する
〈透析操作を継続しない方がよいと判断した場合〉
以下のいずれかの操作により透析を中断し、避難する
　⇨透析液バッグのチューブ2か所をカテーテルクランプで遮断し、その間をはさみで切断し避難する
　⇨透析バッグとバッグ交換機を抱えて避難する
〈避難後〉
　⇨透析を行う場所、機材の被害状況の確認
　⇨避難所では腹膜透析患者であることを申し出る
　⇨落ち着いたら透析施設へ連絡をして今後の指示を受ける
　　連絡が取れない場合…保健所や災害時拠点病院などに連絡する
　⇨不足物品について相談する（メーカーへの連絡）
　⇨治療が継続できる場合は再開する

図5-11　東日本大震災における透析に関連する状況

岩手、宮城、福島では透析患者が1万2330人。電力と水の供給を断たれた多くの民間透析医療施設での診療は困難となり、残った基幹病院から移動の可能な患者は盛岡や仙台などの大規模透析施設に移動した。

→

＜問題点＞
○十分な透析を供給できない（患者の激増）
○透析用機材・薬剤の欠乏（大量の保管の困難さ、輸送効率の悪さ、燃料不足等）
○スタッフの疲弊
○患者の広域移送…東北を除く都道府県（受け入れ先、移送手段、患者の同意、安全な輸送路の確保等）

(2) 糖尿病をもつ人へのケア

　糖尿病は自覚症状がないことが多く、治療することなく放置すると、網膜症、腎症、神経障害等の合併症を引き起こし、末期には失明したり人工透析治療が必要になることがある。さらに、糖尿病は脳卒中、虚血性心疾患などの心血管障害の発症・悪化を促進することも知られている。災害時、糖尿病をもつ人は、ストレスや栄養の悪化、薬が十分に使えないなどにより血糖コントロールが乱れることが予測される。したがって、災害時には糖尿病悪化を予防することが大切になってくる。

表5－29　糖尿病の治療を要する災害時要援護者へのアセスメントと支援のポイント

災害への備え		・食事療法…冷凍糖尿病食など保存食の準備 ・薬物療法…インスリン、自己注射セット、使用量の確認 ・低血糖時の対応について理解しておく ・インスリン使用の場合…薬品名、用法、用量をメモしておく 　記入例　使用している注射器：メーカー＿＿＿＿＿＿＿＿． 　　　　　薬品名：＿＿＿＿＿　単位数：＿＿＿＿　単位 ・災害発生時の薬品確保の方法を確認しておく…かかりつけ医、関係機関
災害発生後支援のポイント	アセスメント	自覚症状の有無と悪化の兆候を確認する ・低血糖の兆候…動悸、手足の震え・しびれ、冷汗、ぼんやりするなど ・糖尿病性昏睡の兆候…食欲がない、疲れやすい、体がだるい、嘔気・嘔吐、口渇、尿量増加、急激な体重増加・減少、意識がぼんやりする ・糖尿病性腎症の兆候…食欲不振、嘔気・嘔吐、手足のむくみ、尿量減少、急激な体重増加 ・糖尿病性神経障害の兆候…めまい ・脳梗塞の兆候…めまい、感覚がおかしい、ろれつが回りにくい、飲み込みにくい、二重に見える ・心筋梗塞の兆候…息切れ・息苦しさ、嘔気・嘔吐、めまい、冷汗
	自覚症状の確認と低血糖への注意	・アセスメントの項目にもとづいて観察する ・飲食が不足しがちな状況のなかで通常のインスリン注射を行う可能性があるため低血糖を起こす危険性がある
	栄養面	・災害時の食事…おにぎり（炭水化物の増加）、カップラーメン（脂質、塩分量の増加） ・食事量およびその人に必要な摂取カロリー ・保存食の活用 ・体重管理 ・十分な水分摂取

Ⅴ 災害時の介護活動と役割

(3) 呼吸の補助を必要とする人へのケア
① 在宅酸素療法を必要とする災害時要援護者への支援

　慢性気管支炎やCOPD（慢性閉塞性肺疾患）などでは、動作時の呼吸困難が著しく、自宅で酸素療法を行いながら生活している人がいる。酸素療法は酸素流量をはじめ医師の個別に応じた指示のもとで行われることであることを認識し、生命に直結するものであることから日頃から災害の備えをしておくことが大切である。

表5−30　在宅酸素療法を必要とする災害時要援護者へのアセスメントと支援のポイント

災害への備え	物品の準備	・災害対策用療養手帳 ・在宅酸素指示書のコピー（関係書類をまとめて1つの袋に入れ酸素供給器のそばに置く） ・携帯用酸素ボンベの予備 ・酸素ボンベのキャリー ・カニューラ、延長チューブ、単4乾電池（4本） ・使用機器の確認・点検（酸素濃縮器、液体酸素装置） ・緊急用酸素ボンベはすぐ使えるところに置いておく ・定期的に業者に残量を点検してもらう ・ボンベからの酸素吸入の練習をしておく ・停電への備え…バッテリー内蔵型酸素濃縮器の準備、発電機の購入、自動車バッテリーやシガーソケットの活用方法、酸素ボンベの使用と切り替え方法 ・火災への備え…避難方法、避難場所の確認 ・懐中電灯などの照明具を近くに置いて就寝する（地震の場合、ロウソクは火事の原因になるので使用しない） ・濃縮酸素の濃縮器、液体酸素のボンベ→火気から離れた場所に保管 ・酸素チューブの配管→体にからまないように工夫して配管してもらう
	協力者	・災害時要援護者支援制度への登録 ・地域要援護者登録制度への登録 ・近隣協力者（2名程度） 　⇒避難所との連絡、移動時の搬送介助、携帯酸素ボンベ等の運搬など ・介護力の把握（独居、老老介護、家族同居）と生活パターン
	災害時の連絡先・災害時の体制の確認	連絡先を書いたメモを室内に明示しておく（外出時も携帯する） ・酸素供給業者　・主治医　・訪問看護事業所、担当者 ・電力会社　・他の関係者
災害発生後	アセスメント	・呼吸状態、チアノーゼ、顔色など身体の状態と不安の有無を確認 ・酸素流量の維持と確認
	支援のポイント	・火気がある場合、カニューラなど燃えやすいものが触れないように注意する ・停電への対応…酸素濃縮器が使えないため、酸素ボンベに切り替える ・液体酸素方式の機器…停電になっても普段通り使える。残量の確認をし、場合によっては酸素ボンベに切り替えて使用する ・業者との関係…交通事情等で予定通りに進まない可能性がある。万一の場合に備えて、業者への連絡と合わせて、入院依頼要請を行う必要も出てくる ・自宅から避難する場合…避難先を業者へ連絡する。通信が不通の場合、使用している機器のそばに避難先を書いたメモを残しておく

② 人工呼吸器を必要とする災害時要援護者への支援

　ALS（筋萎縮性側索硬化症）や進行性筋ジストロフィーなどの疾患により人工呼吸器装着をしている人は、災害時ハイリスクの災害時要援護者と判断する必要がある。人工呼吸器を必要として生活をしている人にとって、停電と移動の困難はとりわけ生命に直結する重大な問題となる。停電は、人工呼吸器装着者にとって生命にかかわる大きなハザード（危険・災害）となる。同時に、移動が非常に困難であり、通常の避難行動は不可能である。以上のことから、家族はもとより緊急時に協力者がいるか否か、医療職との連携や支援が得られるか否かが大きな鍵となり、支援の緊急性が高い。

表5－31　人工呼吸器を必要とする災害時要援護者へのアセスメントと支援のポイント

災害への備え	物品の準備	・ケア内容のマニュアルの準備 ・必要物品…非常時持ち出し袋に入れ身近なところにおく 　バッテリー、充電式・手動式吸引器、吸引カテーテル、発電機、シガーライターケーブル、アンビューバッグ（手動蘇生バッグ）、衛生材料（滅菌手袋、アルコール綿、消毒薬、ガーゼ、注射器、蒸留水など）、人工呼吸器回路、気管カニューレ、人工鼻、災害対策用療養情報手帳、人工呼吸器指示書のコピー、移動用具（物干し竿2本、毛布など）、文字盤、内服薬など
	協力者	・災害時要援護者支援制度への登録 ・地域要援護者登録制度への登録 ・近隣協力者（最低でも4名） ・介護力の把握（独居、老老介護、家族同居）
	災害時の連絡先・災害時の体制の確認	・連絡先を書いたメモを室内に明示しておく （主治医、取り扱い事業者、訪問看護事業所・担当者、訪問介護事業所、専門医療機関、保健所、電力会社） ・情報の入手方法を決めておく ・避難方法、避難場所の確認 ・環境の整備…安全を確保できるようベッド周囲には物を置かない
災害発生後	アセスメント	・症状と悪化の兆候の観察（バイタルサイン、呼吸困難の有無、顔色、チアノーゼの有無など） ・人工呼吸器の使用時間（24時間使用か夜間のみか） ・内部バッテリーの有無（無…停電時危険度が高くなる）と持続時間 ・外部バッテリーの有無と持続時間 ・自家発電機、車（シガーソケット等）による発電や電力供給の可否
	支援のポイント	〈停電直後〉まずは在宅で待機する 　・人工呼吸器の確認 　・準備した対応 　・情報収集 〈在宅療養が困難な場合〉停電が長引く、在宅での対応が難しいなど 　・避難先の確認（自家発電設備がある場所…公共施設） 　・病院（かかりつけ医の病・医院、近くの病院、拠点・協力病院等） 　・移送手段の確認と確保（家族・近隣者、福祉タクシー、業者などによる搬送手段） 　・上記搬送ができない場合の対処方法：移送支援者への連絡 　・安否の連絡方法…NTT災害用伝言ダイヤル（171）へ録音、NTT災害用ブロードバンド伝言板（Web171）または携帯電話災害用伝言板などへメール

Ⅴ 災害時の介護活動と役割

(4) 関節リウマチをもつ人へのケア

関節リウマチはさまざまな症状を呈し、進行度によっても違いがあるが、日常生活に支障をきたしている人も多くいる。災害時は、環境が変化することや内服薬を中断せざるをえない状況があったりすることから、病状が悪化することが予測される。普段から災害への備えをしておくことはもちろんであるが、災害時の支援にあたっては個々の状態を的確に把握し、病状の悪化を防止することとともに、日常生活面において十分な配慮が必要となる。

表5-32 関節リウマチをもつ災害時要援護者へのアセスメントと支援のポイント

災害への備え	・内服薬の準備…副腎皮質ステロイド薬（プレドニゾロンなど）など、常時1週間くらいの予備を持っていること（常に持ち歩く、玄関におく） ・自分の病名、合併症を把握しておく ・検査成績、内服薬の名前、量（お薬手帳）もコピーして持ち歩く ・注射薬（レミケード、エンブレルなど）を使用している場合、何を使用しているか説明できるようにしておく ・連絡がとれる手段を確保しておく（メール、衛星利用無線） ・患者仲間をつくっておく…安否確認、情報交換など ・風邪の予防…マスク、うがい、手洗い、インフルエンザの予防接種	
災害発生後	アセスメント	自覚症状の有無と悪化の兆候の確認 ・関節の痛みと部位 ・こわばりと時間帯、程度 ・手足のしびれ、めまい、食欲低下、疲労感、熱などの症状 ・日常生活動作の変化…動けなくなる、起きあがれないなど
	支援のポイント	自覚症状の確認：アセスメントの項目を中心として観察
		栄養面：・過食、アルコールの摂り過ぎに注意 ・こまめな水分摂取
		生活環境への配慮（悪化の予防）：・保温…暖房機、カイロ、衣服の調整 ・風邪の予防…マスク、うがい、手洗い ・生活のリズムを整える…睡眠、リハビリの継続
		ストレスへの対処：・相談…家族、近隣の人、友人、保健医療従事者 ・適度な運動と人とのかかわり

新潟中越地震の体験から
・内服薬を中止せざるをえない状況になると、関節リウマチの症状が急激に悪化する
・関節痛が悪化する、動けなくなる、起きあがれない
・余震のさなかに台所の食器棚においてあった薬を取りに行きかき集めてきた

(5) ストーマをもつ人へのケア

　ストーマ保有者は、交換装具や交換場所の確保、水の確保など、災害時には多様な配慮を必要とする。東日本大震災では装具名が不明だったり、新たな装具を選択した人も多かった。また、支援を受けられるまでには時間を要することから、普段からの備えが重要になってくる。介護職はストーマ保有者の状況を把握し、医療職と連携を密にしながらかかわっていくことが必要となる。

表5-33　ストーマをもつ災害時要援護者へのアセスメントと支援のポイント

災害への備え	非常持出袋の準備（共通事項） 安全な場所に保管、複数箇所に分散、2週間分程度、中身は1年毎に交換		・携帯電話、充電器、懐中電灯、ペットボトルなど ・緊急連絡用の携帯メモをつくる（ストーマの種別・サイズ、日常使用している装具の商品名、緊急連絡先） ・身体障害者手帳（常時携帯する） ・交換時に使用する物品をセットして準備しておく…ストーマ装具と付属品、小物類など
	ストーマの種類による準備	人工肛門	・洗腸セット（水、ウエットティッシュ、輪ゴム、ビニール袋、はさみ、型紙をとるための紙など） ・普段から自然排便法にも慣れておく ・ドレーナブル・ストーマ袋（下部開放型）を入れておく（ストーマ袋交換の手間が省けるため避難所などの不便な場所では都合がよい）
		人工膀胱	・ロールガーゼ、紙おむつ・生理用ナプキンや使用済み装具を捨てる時に入れるゴミ袋 ・レッグバッグ（下肢装着用蓄尿袋）、ナイト・ドレナージバッグ（夜間用蓄尿袋）
	緊急連絡体制等の準備		・オストメイト仲間との連絡…安否確認、情報交換、装具の融通など ・家族との連絡方法を決めておく ・災害用伝言ダイヤル「171」（局番なし）の使用方法を覚えておく ・家族の理解…防災カードの内容、処理方法 ・自宅近くの「避難所」を確認しておく ・近所の人達との付き合いを大切にする ・装具購入先、装具メーカー相談窓口、市町村の役所、受診しているストーマ外来、（公社）日本オストミー協会問合せ窓口
災害発生後	アセスメント		自覚症状の有無と悪化の兆候の確認 　・便や尿の性状、色、量などの観察 　・ストーマ周囲の皮膚の状態（発赤、ただれ、発疹、かゆみなど） 　・腹痛、腹部膨満感、嘔気・嘔吐、熱の有無等の観察
	支援のポイント	観察	・アセスメントの項目を中心として観察 ・遠慮がないか確認をする
		支援	・バランスのとれた食事、水分補給への配慮 ・汚物を処理する際のスペースの確保 ・排泄物の処理を行い清潔な環境を保つ ・保温への配慮…排泄物の処理、ストーマ装具の交換時、冬季など ・医療職との連携を密にする…異常時の報告
		装具の緊急調達	・避難所で災害時救援物資指定の「ストーマ装具」支給を申請 ・日本ストーマ用品協会からの支援 ・電話が復旧した時点で、補装具販売店へ連絡して日常使用している装具を届けてもらう。補装具販売店と連絡が取れないときは、装具メーカーの相談窓口へ連絡する

(6) 経管栄養を要する人へのケア

　経管栄養法には経鼻胃管栄養法や胃ろうがあり、経口的に食事摂取できなくなったときにチューブを介して流動食を注入し栄養を補給する方法である。

　災害時に備え、普段から栄養剤や注入物品の予備を確保しておくことが大切であるが、災害が起こったときは、対象者の栄養状態を観察しながら、栄養剤以外の流動食を考慮することや、また注入物品が不足している場合、物品は無菌である必要はないことを踏まえ、身近にあるもので代替を考慮することなども必要である。

表5－34　経管栄養の必要な災害時要援護者へのアセスメントと支援のポイント

区分	項目	内容
災害への備え		栄養剤の備蓄・確保 ・日頃からかかりつけ医と相談し、栄養剤の備蓄についての対処法を考えておく ・栄養剤は粉末状や液体状のものなどさまざまであるが、被災状況によっては水分が使えない場合があるため、缶詰タイプの栄養剤を準備しておく必要もある 必要物品の確保 ・注射器、チューブ、イリルガートル（栄養剤を入れる容器）、計量カップ、聴診器など
災害発生時	アセスメント	チューブ挿入部の皮膚の状態 〈経鼻的栄養法〉 ・鼻腔とチューブ接着部の発赤・疼痛の有無 〈胃ろう〉 ・チューブ挿入部周囲皮膚発赤・出血・潰瘍・肉芽形成・疼痛の有無 ・栄養剤注入のチューブ先端の位置。注射器を使用し、空気音や胃内容物の引けがあるかを確認 ・注入中の吐気・嘔吐の有無 ・出血物の嘔吐（消化管出血の有無）
	支援のポイント	・注入物品・チューブ挿入部について、無菌を保つ必要はないが、被災状況によっては衛生を保てない状況であることも多く、不潔にしないように注意する ・栄養剤は、冷たくないものを注入する。栄養剤の温度が高すぎると胃粘膜熱傷、低すぎると下痢の危険性がある ・誤嚥性肺炎や窒息予防のため、注入前のチューブ先端の位置確認を必ず行う ・胃内容物の色・形状に注意する 注入中の観察 ・栄養剤の逆流予防のため、注入時は半座位または起座位を保つ ・注入中に喘鳴・吐気・嘔吐が出現した場合、誤嚥の危険性があるため、すぐに注入を中止する ・注入時の環境について、場所・時間・プライバシーの確保に努める ・チューブ内の菌の繁殖・閉塞予防のため、注入終了後に、20～30mlの白湯を注入する ・栄養剤の不足時は、代わりに別の流動食を考慮することもある

2 薬に関する管理や対応、記録の管理

(1) 日常使用している薬の確認と管理

　災害時はいつもと違って薬がなかったり、混乱のなかで内服することを忘れたり、症状が悪化する危険性がある。内服治療やインスリン注射の必要な人などにあっては、災害時であってもできる限り規則正しく使用することが必要であり、そのためにも日頃から1週間分程度の薬が手元にあるようにしておくことが大切である。普段から自分の内服している薬の名前や服用方法、副作用、インスリンの自己注射薬などについてもメモしておくと、いざというときに役立つ。

　具体的な準備としては、表にしておくと誰が見てもわかるので便利である。また、日頃から、処方された時に渡された作用・副作用などを記入した用紙をお薬手帳に貼っておくことで緊急時に役立つ。

　薬は服用時間や方法、保管方法に誤りがあると効果が期待できない場合もある。また、高血圧症治療の降圧剤やステロイド剤などは勝手な判断で服用をやめると症状が悪化したり病状が急変したりする場合がある。したがって、災害時においては、薬の管理や服用について、本人はもとより、身近な家族や介護職はよく理解しておくことが大切である。

① 災害に備えて

普段の外出時……必要最小限のものを最低3～7日間分常に携帯する

薬の保管方法

・いつも使用している薬は避難袋には入れず通常通り保管する

・保管場所はすぐ持ち出せる場所にする

・保管場所は家族や知人にも知らせておく

・災害に備え1週間分くらいはストックしておく

・インスリンの保管方法……高温や直射日光のあたるところにはおかない。遮光していれば1～2か月くらいは有効である。未使用のインスリン製剤は冷蔵庫のドアポケットに保管する。使い始めたインスリンは室温のまま保管する。

薬の入手方法……災害時薬がなくなった場合

・病院に連絡して入手可能か否かを確認する

・近くに病院がない場合や連絡が取れない場合は避難所の救護所に依頼する

・避難所の管理をしているスタッフに相談する

常備薬……阪神・淡路大震災（1995（平成7）年1月）、新潟中越地震（2004（平成16）年10月）において、一般用医薬品等の供給量は、風邪薬や鎮痛解熱剤が4割程度で最も多く、次いでうがい薬やトローチ、外用薬などが多かった。災害の発生時期により必要とされる常備薬に多少の違いはあるが、各自が年間を通して比較的必要とする薬の備えが必要といえる。

災害現場の実際から―東日本大震災―（日本薬剤師会）

その1　段ボール箱に風邪薬、胃腸薬など各種医薬品を詰め合わせた医薬品セットを作成し、水産庁船舶へ積載、被災地の第一次集積所などに搬入、仕分け作業や管理が行われ、その後、各避難所・医療救護所へ払い出された。一般的には大震災の発生直後に必要となる医薬品は、主に外科的処置に必要な救急医療用の薬剤や衛生材料であるが、東日本大震災では津波による被害が甚大であったため、初期の段階から慢性疾患用の薬剤に対するニーズが高かった。

その2　避難所・医療救護所への医薬品の供給についてはそのルート（無償分）にもとづいて行われた。

その3　東日本大震災では、直接的な被災地でなく通常の医療体制がある場合でも、ガソリン不足のため交通手段がなく、いつも通っている医療機関を受診できないという状況が発生した。また、遠方への避難を余儀なくされた被災者も多数発生し、かかりつけの医療機関を受診できない人が発生した。

その4　被災地では薬剤師の活動内容の一部として、薬の相談窓口を開設し服薬指導や糖尿病や高血圧等の慢性疾患使用薬の聞き取り、医薬品の識別・特定とお薬手帳への記載などを実施した。これらのことにより被災者は処方薬を自己管理し間違うことなく服用でき、継続した薬物療法を受けることが可能となった。

お薬手帳
　東日本大震災では、直接的に津波被害を受けた地域では多くの人が「お薬手帳」も流された。一方で、お薬手帳はこんなところで役立った。
・手帳の記載情報が処方や使用薬品の選択、代替薬の提案に役立った
・お薬手帳があることでスムーズに診療が進んだ
・被災地の避難所から二次避難先などに移動する際、その後の医療にスムーズに引き継がれた
・カルテ、薬歴代わりとしても活用された
普段から必要事項の記載や処方薬の添付を習慣づけておくことでいざというとき役立つ。

(2) 記録の管理
① 災害時における記録の意義

　介護職による記録は、報告と同様に災害時要援護者への一貫したケア提供のために欠かすことのできないものである。また、情報を共有し同職種・他職種との連携を深める、実践の証となる、医療職への貴重な情報提供となる、などさまざまな意義や目的をもつ。災害発生後は混乱のなかで、人命の救助や必要最低限のケアの提供などが優先され、災害時要援護者の日常性を継続するという意味では多くの課題を抱えることになる。しかし、そのようななかで記録を継続することは、長期的にみると災害時要援護者の日常性の回復につながるものであり、重要な意味をもつ。

　また、災害支援では、普段福祉サービスを提供しているなじみの職員のみならず、災害支援の介護職も参加することが多く、短期・中期にわたってケアした後に次のチームへと引き継がれる。したがって、災害時の記録は普段接していない介護職への道しるべになることからも記録の意義は大きい。

　ここでは、特別養護老人ホームや介護老人保健施設などの社会福祉施設以外の、つまり、指定避難所や福祉避難所などにおける支援の際の記録を中心に述べる。

② 記録の種類と内容

＜活動日誌＞

　1日の活動について、1日1枚を目安として記載する。内容は、記入者、活動時間・内容（経時的に）、活動上の課題・改善点等とする。

＜後続支援の介護職への引き継ぎ書＞

　後続の介護職への引き継ぎ書は、活動期間最終日に記入し、後続チームへ引き継ぎを行うための記録である。引き継ぎ書は避難所などの概要と災害時要援護者の概要に大別される。

＜活動報告書＞

　災害支援のために派遣された場合には、所属法人や団体、職場などに報告する場合がある。報告書の内容は、活動期間、活動場所、活動内容、所感などについて、簡潔に、Ａ４用紙1枚程度、多くても2枚以内にまとめることがよい。法人や団体によっては記録様式が定められている場合もある。

③ 記録の管理

　記録された内容には個人情報が多く記載されている。したがって、記録の管理は十分配慮され徹底される必要がある。

Ⅴ　災害時の介護活動と役割

外出時持ち歩くもの　例：糖尿病

- お薬手帳
- 保険証のコピー
- 一番新しい薬の説明書
- 現在使用している薬（3日～1週間分）
- インスリン注射セット
- アルコール綿
- 血糖測定セット
- 低血糖用のブドウ糖
- 簡単な非常食
- 笛

避難時持出袋

- 非常食、飲料水　・湿布薬、消毒薬
- 傷絆創膏　・常備薬（風邪薬、胃腸薬など）
- 携帯ラジオ　・懐中電灯　・電池
- 雨具　・防寒具　・衣類
- ろうそく　・マッチ
- 手袋　・マスク
- その他（眼鏡などその人にとって必要なもの）
   ＊季節や年齢などによっても違いがある

緊急連絡先：例

家族・友人など	かかりつけの病院・薬局など
名前　　　　（続柄） 電話番号　自宅 　　　　　携帯	○○○○○　病院 電話番号　（　）－
名前　　　　（続柄） 電話番号　自宅 　　　　　携帯	○○○　眼科医院 電話番号　（　）－
名前　　　　（続柄） 電話番号　自宅 　　　　　携帯	○○○　整形外科医院 電話番号　（　）－
名前　　　　（続柄） 電話番号　自宅 　　　　　携帯	○○○　薬局 電話番号　（　）－

活動日誌（例）

活動日　年　月　日（　）	
記入者	所属
時間	活動内容・災害時要援護者の様子
1日の所感	
課題・改善点	
備考	

引き継ぎ書（避難所等）

福祉避難所・指定避難所名：
記載日：

責任者：	
医療支援の有無　有・無	
1日の流れ・定期的な連絡・報告会など	ライフライン
	留意事項

引き継ぎ書（災害時要援護者）

福祉避難所・指定避難所名：
記載日：

氏名：	年齢　性別
医療支援の有無　有・無	
支援内容	既往歴
	使用薬品
配慮を必要とする事項	

3 認知症状や精神症状への対応

(1) 災害時に出やすい認知症状と精神症状

　認知症状には中核症状と周辺症状があり、物忘れや見当識障害の中核症状は認知症を患ったら必ず発症する症状である。周辺症状である徘徊や幻覚妄想等の精神症状は、環境やケアの対応などからくる本人のストレスから発症する症状である。この周辺症状は改善が可能であるが、在宅で認知症介護を行っている家族にとって、この周辺症状が大きな負担になっている。

　避難生活をしている認知症の人には、環境が変化することにより、リロケーションダメージが大きく、以前には見られなかった不穏、幻覚妄想の訴えや、徘徊、焦燥（イライラ）感、暴言暴力などの周辺症状が悪化することがある。そのため避難生活において、家族も周囲も負担が増大する。

　一方、福祉施設に入所された人で、施設の専門介護スタッフによるケアを受けられた人は、大きな問題としてあがっていなかった。このように、認知症の人は変化に適応することが極端に苦手である。認知症の人への理解と少しの配慮をすることで、できる限り今までの生活を変化させずに継続させるための支援が大切である。

　また、災害によって、精神障害者や発達障害者、そして一般の人でも避難所での不適応反応が出現する場合がある。落ち着かせることが困難な精神反応や錯乱・混迷などの重篤な精神症状が出た人は、緊急に対処する必要がある。よく見られる症状として、幻覚・妄想、パニック発作、不安症状や数日続く不眠、抑うつ症状などの観察と関係機関への連絡が必要である。そして、今後発生すると思われる精神疾患、精神的不調を防ぐよう対応していくことも必要である。

　東日本大震災の際に、被災者に多かった精神症状として、仮設住宅での生活にストレスを感じ、抑うつやPTSD（心的外傷後ストレス障害）と診断され、また睡眠障害の症状を訴える人が増加し、自殺者も相次いでいる。2011（平成23）年9月23日時点で、石巻市周辺で睡眠障害の疑いがある人が43％、不安や抑うつ症状で、専門的な支援が必要とされる人が7％、震災の記憶が「思い出したくないのに思い出す」人が37％といわれていた[23]。また、2011（平成23）年11月20日NHKの報道では、東松島市1万5500人のうち1230人がうつ病やPTSDの傾向を示していることが判明し、「死にたい」と漏らす人もいるとのことであった[24]。慣れない環境で仮設住宅での生活により、これまでの地域社会が崩壊してしまい、顔なじみの関係も失ってしまう。そのうえ、仕事が見つからず生活が困窮している状況で、先の見通しが立たない人にとっては、不安からくるストレスが大きい。

　これらの精神症状について、身近にいる人が気づき、1人にしないことや地元の保健師

---

[23] 朝日新聞「被災者43％睡眠障害疑い」2011年9月23日
[24] NHKスペシャル「シリーズ東日本大震災—助かった命がなぜ(2)」2011年11月17日

V 災害時の介護活動と役割

やかかりつけ医、精神保健福祉士や災害時こころのケアチーム（精神科医師、看護師、保健師、精神保健福祉士）につないでいくことが大切である。こころのケアチームは、震災によって障害された既存の精神医療システムの機能を支援する役割をもち、以下の機能を担う。震災によって障害された地域精神医療機関の機能を支援する。そして、避難所、在宅の精神障害患者への対応を支援する。症状の悪化や急性反応への対応や、薬が入手困難な患者への投薬、受診先がなくなってしまったり連絡がとれていない人への対応、現地医療機関への紹介や移動困難な在宅患者の訪問などにも対応してもらえる。

表5-35 認知症状や精神症状に対するアセスメントと支援のポイント

災害への備え		・支援が予測される災害時要援護者についての病歴や薬事情報、家族の連絡先などが、災害時でも確認できるよう、書面にてまとめておく ・災害時の避難先までの経路や、避難所の構造を確認しておく ・避難所で必要となる食糧や水分、また排泄関連用品や体温調節が可能な防寒具など生活必需品の備蓄 ・緊急時に対応可能な医療機関や福祉施設を確認しておく
災害発生後	アセスメント	リロケーションダメージ ・避難所から親類宅などを転々とするなどにより、環境が変化することからくる不安やストレス状態 認知症状の変化 ・以前には見られなかった周辺症状（幻覚妄想、徘徊、焦燥（イライラ）感、暴言暴力など）の発症の有無 ・物忘れや見当識障害など、中核症状の進行の有無 精神症状の変化 ・地域社会の崩壊による顔なじみの関係の喪失状況の確認 ・避難生活に対するストレス、抑うつ、PTSD、睡眠障害の症状の訴え
	支援のポイント	環境の整備 ・避難所などで本人の身体の向きや場所などを工夫し、人の出入りの多い場所は避けるなど雑音に対するストレスから守る工夫をする ・水分摂取や排泄方法などを確保し、体調が悪くなることを予防する 支援者の接し方 ・慌ただしい雰囲気をつくらないよう、ゆっくりと焦らずに話をする ・今、何が起こっているのか、本人がわかるように説明をする ・「心地よい刺激」が提供できるよう、手足をさすったり歌を歌うなどの工夫を行う ・「エコノミークラス症候群」を予防するため、身体を動かす機会をつくる ・落ち着かないときには、抑えるのではなく、手伝いなどの機会をつくる 家族や介護者への支援 ・介護から解放されホッとできる時間を確保できるような支援をする 医療機関への受診 ・仕事や家などの不安から生じる精神症状の悪化については、最悪の場合は自殺に至ることもあるため、早い段階で医療機関への受診を勧める

出典：認知症介護研究・研修東京センター「避難所でがんばっている認知症の人・家族等への支援ガイド」より一部変更

4 災害時のグリーフケア

　災害は、普段では経験しないいのちにかかわるような出来事が突然起こり、これまでの生活が激変する。一瞬にして大切な人、家など多くのものを失い、被災者のこころの状態、悲しみや苦痛は計り知れない。そのような状況下で活動する介護福祉士は、被災者の悲嘆や心身の反応を理解し安心・安全確保、苦痛緩和に努める役割を担っている。大切なのはこころのケアを強調せずに、被災者に寄り添い、生活者としてのかかわりからニーズに合わせて多面的ケアを行うことである。

(1) グリーフケアの基本的知識

① グリーフ*「悲嘆」とは

　愛する人や大切なものを喪失した時に体験する複雑な心理的、身体的、社会的反応であり、それによりその人の生き方や対人関係に影響を与える。

② 悲嘆反応とは

　かけがえのない家族との死別など大きなショックを受けた時、そこに生じる心身の反応は多様であり、死別を体験した誰にでもおこり得る自然で正常な反応であるが、反応の種類や強さ・頻度・期間は個別性が大きい。一般的には感情・身体感覚・認知・行動の4領域に大別される。

表5-36　悲嘆反応の4領域

感情の特徴	身体感覚の特徴
悲しみ、怒り、罪悪感と自責の念、不安、孤独感、ショック・衝撃、消耗感、無力感・孤立無援感、感情鈍麻、思慕等	胸部の圧迫感、空腹感、息切れ、喉のつかえ、音への過敏さ、離人感、筋力の低下、エネルギーの欠乏（活力の低下）、口渇、不定愁訴等
認知（思考）の特徴	行動の特徴
否認（信じない）、混乱、判断力や決断力の低下、集中力低下、無気力、故人の実在感、幻覚等	睡眠障害、食欲の障害、ぼんやりしている、社会的引きこもり、故人を思い出させるものの回避、故人の夢、探索行動、ため息、落ち着きのない過剰行動等

出典：J. W. ウォーデン、山本力監訳『悲嘆カウンセリング 臨床実践ハンドブック』誠信書房、18～31頁、199頁、2011年を一部改変

③ 悲嘆のプロセスとは

　死別による悲嘆を乗り越え日常生活を取り戻すまでのプロセスには諸説があるが、アルフォンス・デーケンは12段階をたどると述べている。[25]

---

[25] アルフォンス・デーケン『ユーモアは老いと死の妙薬 死生学のすすめ』講談社、124頁、1995年

Ⅴ　災害時の介護活動と役割

表5-37　悲嘆のプロセス

1	精神的打撃とまひ状態	死別という衝撃により一時的に感覚がまひする
2	否認	死の現実を受け入れることを否認する
3	パニック	死に直面した恐怖から極度のパニックに陥る
4	怒りと不当惑	苦しみを負わされたという怒りを抱く
5	敵意と恨み	周囲の人や故人にやり場のない感情をぶつける
6	罪意識	過去の行いを悔やみ、自分を責める
7	空想形成・幻想	故人がまだ生きているかのように思い込む
8	孤独感と抑うつ	孤独を感じる
9	精神混乱と無関心	あらゆる物事に関心を失う
10	あきらめ―受容	つらい現実に直面しようとする
11	新しい希望―ユーモアと笑いの再発見	ユーモアと笑いは悲嘆のプロセスを上手く乗り切るしるしでもある
12	立ち直り―新しいアイデンティティの誕生	以前の自分に戻るのではなく、新たなアイデンティティを獲得し成長する

　悲嘆のありかたは個人差が大きい。すべてが順を追って現れるわけでなく、個々の悲嘆の状況に応じて、繰り返したり、停滞したり、経過は一人ひとり異なり、他人と比較できることではない。

④　グリーフケア*とは
　家族や愛する人との死別後の悲嘆に苦しむその人に寄り添い、あたたかく見守り、その人に備わっている自己治癒力を活用して、こころの平安と日常生活が戻る過程を援助することである。

(2)　災害におけるグリーフケアの特徴
・遺された人もまた被災者である。さまざまな状況下でいのちの危険にさらされながらも自分は助かったが、愛する人との死別というつらい現実と同時に住み慣れた家、思い出の品、仕事、安全、未来への希望などを重複して喪失している。
・災害は通常の死と異なる場面に遭遇することが多い。遺体の損傷が著しい、遺留品や遺骨との対面、いのちを失う瞬間（例えば津波に襲われ、握った子どもとの手が離れた）など目の当たりにした体験は心に深く刻まれ、強い自責の念、生存者罪悪感として生じやすい。
・行方不明者の家族は生死の事実が確認できないため、現実を受け入れられない。
・復興や生活再建の見通しが立たない不安、仮設住宅暮らしが長引くなど悲しみを抱えたストレスが持続する。

・予期せぬ突然の別れにより遺族の心身に受けた衝撃、ストレス、悲しみは計り知れない。
・時間経過とともに被災者間に個人差が生じていく。精神的支えを失った人はよりストレスの多い生活となりやすい。

(3) グリーフケアの目標

悲嘆は避けられないものであり、その人自身が事実を受け入れ、悲しみを抱えながらも、その人らしい暮らしを取り戻していく過程にこころを向け、寄り添い、支えることが目標である。

(4) グリーフケアにかかわる介護福祉士の基本姿勢

遺された人を生活者として尊重し見守り、総合的にとらえていくことが重要である。そのなかで守秘・倫理的に配慮した誠実な姿勢で、被災後の一人ひとりの生活の様子・行動からこころと身体の変化を観察・把握する。心身の反応を理解して無条件に受け止め、早期からストレスの軽減、安全確保や苦痛緩和を図り、深刻な状態への移行防止に努める。尊厳が守られた全人的ケアを実践していく。この過程がグリーフケアにつながる。

(5) グリーフケアのポイント

① 寄り添う

そばにいて「今」を支える人の存在自体が大切なケアである。身近な人による支えがあることで、悲嘆が深刻な状況を防止するといわれており、受容・共感的・支持的な態度でかかわる。

② 傾聴する

遺族の思い・気持ちを表出できるよう共感をもって丁寧に接し、相手の話にじっくり耳を傾けることによって、被災者自身が「楽になれた」「安らいだ」という気持ちになれるよう努める。

＜傾聴の基本的な態度と注意事項＞
・相手が安心して話せる雰囲気を整える。
・相手との信頼関係を築く。
・ありのままに思いを受け止めて聴く。
　　相手の話を評価・否定せず、相手の価値観を理解する。
　　自分の意見や価値観で判断しない。
・対等なパートナーシップの目線で聴く。
・タッチングを活用する。
　　特に高齢者には、背中や手などのタッチングによる温もりは不安や緊張を和らげ、コ

ミュニケーションを促進する効果がある。
・相手のニーズを知る。
　　表情や態度、言葉のなかにあるメッセージを読み取る。
・深い悲しみ、怒りや不満を示す場合、自然な反応として受け止め、穏やかに対応する。
・二次被害の防止。二次被害とはかかわり方で相手のこころを傷つけてしまうことをいう。
　　安易な励まし、助言、説得などしない。例えば「わかります」「がんばって」「時間が解決してくれます」「生きていてよかった」等は、被災者をさらに苦しめる結果となる。

③　環境を整える
　体験を安全・安心して語ることができる「場」を用意する。
・集会場の活用や分かち合いの会の開催。
　（死別体験をした当事者グループの集まり。思いを語り、分かち合う）
・戸別訪問による傾聴、ひとりで話したい方には個別に対応する。

④　人とのつながりを促進する
　周囲の人々からの支えは、生活ストレスに対処する力を向上させるといわれる。
・独居者、閉じ込もり者、孤立者が見過ごされないよう見守り支援する。
・仲間を組織化する。なじみの関係を維持する、また新たに人間関係をつくるためのきっかけづくりを工夫する。
・情報の共有を図り、地域の支援組織とのかかわりや他の援助チームやさまざまな資源やサービスの利用ができるよう連携し、支援する。

⑤　変化するニーズに沿ったケア
　被災者のニーズは時間経過とともに刻々変化している。多職種チームによる継続的な支援の必要性を理解して、介護福祉士は対象の立場に立ったアセスメントと、常に生活全体に目を向けたきめ細かな対応が求められる。

(6)　まとめ
　災害時に活動する介護福祉士は、被災者の喪失感、ストレス・悲嘆反応の特徴・対処方法を理解し、どの時期、生活の場のどこにおいても、被災者一人ひとりに寄り添い「今」必要なニーズに応じた質の高い全人的ケアの実践が求められる。さらに、その人らしい生活リズムをともにつくり、人との交流や心身のリフレッシュなど生活の活性化・再建が図られるように努める。そのためには多職種と連携し支援策を組み立て、中・長期的復興の進捗を見据えた継続的なかかわりが重要である。災害時、悲嘆のなかにある人を支え「その人らしく、よりよく生きるためのケア」を心がけ、実践すれば介護福祉士が行う多様なニーズに応えた「すべてのケアはグリーフケア」となり得ることを理解していただけたと

思う。

　また、被災者だけでなく、介護福祉士も自身の活動の過程において災害現場の悲惨な体験、想像を絶する厳しい現実に直面し、自分自身も被災者と同じストレスにさらされながらも、使命感が優先され、多岐にわたる活動がオーバーワークとなりやすい。結果、自身が燃え尽き症候群や共感的疲労の予備群であることが見過ごされがちであるという新たな課題をうみ、自分自身のセルフケアや、他者からの支援が必要になっていることも心得ておきたい。

最期の微笑

　エンバーミング（embalming）とは、ご遺体の保存処理、必要に応じて修復し長期保存を可能にする技法である。日本では、納棺師として、映画『おくりびと』によって広く知られるようになった。東日本大震災のあと、おもかげ復元師（笹原留似子さん）として、300人を超える人たちのご遺体を生前のおもかげに近く復元することを、すべてボランティアで行った。笹原さんは、最期の時こそ笑顔で眠っているような顔に戻してあげたいと願う。これも、遺された人の悲しみを癒し、命を支えるグリーフケアである。

区切りとしてのセレモニー

「事例紹介」

　Ａさん60代女性。夫は震災時「逃げよ」という言葉を最後に、未だ行方不明である。僧侶による三回忌法要が仮設の集会場で行われた。Ａさんは躊躇しながらも初めて参列した。そこでともに祈り、悲しみがこみ上げるなか、仏讃歌を一心に歌った。夫に初めて思いや祈りが通じたような気がした。それまでの２年間は遺体が見つからないことに苦しんでいたが、「やっと、夫がこちらを見守っているように感じ、胸のつかえが下りた」と、顔は涙で濡れていたが、表情は晴れやかであり、堰を切ったようにご主人との思い出を語りはじめた。

　お別れ会、祈りなど、故人を哀悼する特別な機会は、時の経過、環境の変化を自覚するきっかけになる。また故人を知る人との触れ合いは慰めになり得る。セレモニーは故人と遺された人、両者のためのものであり、祈りは宗教的というより、日本人の慣習として目に見えない存在・魂・先祖に、手を合わせる文化があり、「故人は私の中に生きている」という新たな関係性の修復が、安心や安らぎにつながる。『人間の魂は不滅である』という生命観は自分が死んだら愛する故人と再び会えるという希望・確信をもつことで悲嘆の癒しに貢献するとアルフォンス・デーケンは述べている。

Ⅴ　災害時の介護活動と役割

表5-38　被災者に対するこころのアセスメントと支援のポイント

災害への備え		・精神保健センターや他の資源とのあり方を事前に検討しておく ・こころのケア活動について事前に勉強会等を設けて理解しておく ・混乱している人に対する「安心させる」対応方法を日頃から心得ておく
災害発生後	アセスメント	心的要因の有無（被災体験の状況・内容） 　・近親者の死亡・不明の有無、障害の有無 　・遺体が戻らないなどその人の死を受容できないような現実があるか 　・家屋、財産の喪失の有無、家計の逼迫、失業等の有無 心理・感情面、身体面、行動面、思考面の観察 　・反応の時間経過と心理反応の変化 　・心理感情の状態（抑うつ気分、興味・関心・喜びの喪失、意欲の低下、不安等） 　・身体症状（不眠、食欲不振、全身倦怠感、疲労感、頭痛、めまい、吐き気等） 　・行動（引きこもり、飲酒や喫煙の増大、判断力・決断力の低下等） 　・思考（集中力低下、無気力、否認、混乱、考えつかない等） 精神症状の観察（PTSDの症状、うつ病） 　・フラッシュバック…出来事の記憶が繰り返し思い出される 　・回避…出来事を思い出すような状況や活動を避ける 　・現実感覚のまひ…感情反応の低下、現実感の喪失 　・覚醒の亢進…不眠、怒りっぽい、集中困難 　・うつ病…気分の障害、意欲の障害、思考の障害等 生活状況 　・生活史・家族・持病の有無、被災後の過ごし方、生活の様子 　・悲しみ・怒りなどの表現・表出のしかた、起きた事実の受け止め方 身近にいて支える人の有無
	支援のポイント	・支援者としての基本的心がまえをもつ ・有害性からの保護…安全・安心の確保、危険から身を守る ・傾聴…気持ちをありのままに聴く ・基本的ニーズのアセスメント…生活状況、生活ニーズを把握し、対応する ・仲間を組織化すること…なじみの関係を維持する、また新たにつくる

表5-39　悲嘆に対するアセスメントと支援のポイント

項目			内容
災害への備え			・人々とのネットワークを築いておく ・情緒的支援が得られる関係をつくっておく（友人、宗教関係者等） ・災害時における喪失・悲嘆の特徴を理解し、接し方を日頃から心得ておく
災害発生後	アセスメント		・その人のつらい体験の状況や内容（近親者の死亡・不明者の有無、家屋・財産等、喪失の有無） ・支える人の有無 ・生活史、家族、持病の有無、信仰、被災から後の過ごし方、生活の様子・行動 ・起きた事実の受けとめ方（それぞれ違う） ・こころの内・悲しみ・怒りなどの表現・表出のしかた ・こころのアセスメントから悲嘆反応を理解する（表5-38参照）
	支援のポイント	避難所生活におけるケアの必要性を認識 ↓	・悲嘆を理解し、寄り添う姿勢を大切に、傾聴する態度で感情をあるがままに受け止め、信頼関係を築く ・メンタルな問題として強調せずに被災者のニーズに合わせて多面的なケアが必要である ・災害による悲嘆の特徴を理解してかかわる。地域の行政、社会福祉協議会、自治会、地域住民を含めたネットワークの構築をする。情報の共有など、多職種チームによる継続的な支援をする
		生活再建に向けた中・長期的なケア	・時間経過とともに復興の見通し、仮設住宅での生活状況、生活再建の目途などに格差・個人差が生じる。孤立感、先行きが見えない不安、悲しみを抱えたストレスが持続する。その人に寄り添った継続的なかかわりと幅広い支援活動が必要になる

4 災害時の介護施設における役割と事業継続計画（BCP）活動

　介護や福祉の施設事業所は、災害が発生したときに災害時要援護者である利用者の「いのち」や「くらし」を守るためのサービスを継続していかなければならない。特に特別養護老人ホームや介護老人保健施設では、在宅にいる要介護者の緊急受け入れ先にもなる。施設においても、「ライフラインの障害」「職員不足」「業務の負担増」という問題を抱えながらも事業継続できる日頃の備えと計画策定、そしていざというときのマネジメント力が求められる。

1　災害時に求められる介護施設の役割

　介護施設では災害への対応力や抵抗力の弱い人々が集団でサービスを受けており、ひとたび大きな災害が発生するとその生命と生活が急速に脅かされ深刻なダメージを受ける。とりわけ入所施設では24時間365日のサービスが利用者の生活を支えており、災害時でも生活の維持に向けた業務の継続が基本的役割として求められる。被災地域の周辺状況によっては、より被害の大きい施設の利用者の一時受け入れ、地域の災害時要援護者や負傷者の応急手当およびケア、受け入れ可能な医療機関等へのつなぎ等の役割も期待される。また通所施設でも利用者の在宅生活を支える観点からはできる限り災害時の事業継続を検討すべきである。ただし行政や地域からの求めに応じて地域の災害時要援護者の一時的な受け入れや入所施設等への応援を優先させる場合も考えられる。

　いずれにしても利用者の生命と生活を守るという介護施設の役割は災害時も変わらず、厳しい状況下でも行政や地域と連携しながらその社会的使命を果たしていくことが求められる。

2　介護施設におけるBCP

(1)　BCPとは

　BCP（Business Continuity Plan：事業継続計画）とは、災害や事故が起きてしまったときに、組織のダメージを最小限に抑え、重要な事業を継続もしくは早期に復旧する手法をいう。BCPが大きく注目を集めたのは2001年の9.11米同時多発テロ事件のときである。当時ニューヨーク世界貿易センタービルにあった企業のいくつかは、事件当日BCPに

沿ってあらかじめ用意してあったバックアップオフィスを活用することで業務の中断と事業への影響を最小限に抑えることができた。その後、新型インフルエンザの世界的大流行（パンデミック）の脅威が叫ばれるなか、日本でも数多くの自治体や企業によりBCPが策定され、東日本大震災後はさらに多くの企業がその導入や見直しを進めている。

(2) BCPの定義

英国規格BS25999ではBCPを以下のように定義している。「組織が、あらかじめ定めた受容可能なレベルでその重要な活動を実施し続けることを可能にするため、何らかのインシデント発生時に備えて、開発され、まとめられ、維持されている文書化された一連の手順及び情報の集合体」(BS25999-2：2007より)

中小企業庁では以下のように定義している。「企業が自然災害、大火災、テロ攻撃などの緊急事態に遭遇した場合において、事業資産の損害を最小限にとどめつつ、中核となる事業の継続あるいは早期復旧を可能とするために、平常時に行うべき活動や緊急時における事業継続のための方法、手段などを取り決めておく計画のこと」(BCP策定運用指針)

(3) 防災計画とBCPとの違い

防災計画は地震や火災など特定の災害発生時の人命の安全確保と物的被害の軽減を目的としている。一方BCPは、何らかの災害や事故により経営資源、事業インフラが不足するなかで、重要業務の継続と早期復旧によるステークホルダー（利用者、家族、従業員、行政、地域社会等）への影響の最小化を目的としている。防災計画では被害を最小限にする方策と初動対応に力点が置かれているため、被災後の重要業務の継続に向けた代替策、復旧策についてまでは十分考慮されていない。

(4) BCPを取り入れる意義

自然災害は想定以上の規模で起こり得ること、二次災害は想定外の状況をもたらすことを私たちは先の震災で学んだ。大規模な災害では社会・経済活動全般にわたり被害の影響がおよぶため、介護施設の業務継続への障害も思わぬところに潜んでいる。利用者のいのちを預かる介護施設として業務中断は何としても避けなければならないが、すべての障害に完全な予防策を講じることはできない。想定外の状況でも柔軟に代替策、復旧策を講じることで重要業務への影響を最小限に抑えるBCPの取り組みは介護施設においても大変意義深い。将来、東海、東南海、南海大地震、首都直下型大地震などが予測されるなか、これまでの災害経験を教訓として、それぞれの施設が地域の特性に応じたBCPを策定することが重要である。

(5) BCPの策定

介護施設におけるBCPの基本的な作成手順の例を示したい。

① プロジェクトチームをつくる

　BCP は法人経営の危機管理にかかわる重要な取り組みであり、組織の全面的な協力を得られるような強い推進体制が望ましい。その意味でプロジェクトリーダーには経営層の責任ある役職者が適任である。

　また大規模災害時の業務継続は特定の部門部署だけで対応できるものではない。プロジェクトメンバーには利用者の心身の機能や生活を熟知する専門職の参加が必須である。できれば医師、看護師、介護福祉士、管理栄養士、相談員、リハビリスタッフなどの多職種チームが理想だ。被災の脅威が短時間で利用者のいのちと生活全般におよぶ介護施設では、発災直後からできる限りその影響を少なくするための現場の判断、知恵こそが貴重である。

② 基本方針を策定する

　ここでは施設がどういう考え方で、何を目標として BCP を策定するのかを決める。利用者や職員の安全確保に関する考え方、通常実施しているサービスのなかでどの業務を継続するのか、あるいは縮小・休止するのかといった事業継続の考え方、他施設との協力関係、地域貢献に対する考え方など、いわば施設から地域全体へのメッセージとしてまとめる。

　プロジェクトの課題はすべてこの方針に基づいて検討されるため、メンバー全員が十分に理解している必要がある。

③ 災害リスクを知る

　災害の発生可能性や損害の大きさから自施設で対策を要する災害リスクを特定する。まずは地震、豪雨、火災、噴火など自施設にとっての災害リスクをすべて洗い出す。地震も水害も、地域や立地によって想定される被害の大きさが異なる。自治体の災害予測データ、ハザードマップなどを使ってこの地域で起こりうる災害と具体的な被害例を想定してみる（建物倒壊、津波、水害、土石流など）。また地盤の状態や建物の耐震性能など自施設特有の強みと弱みを把握する。そのうえで、それぞれの災害が起こったときの自施設の物的損害、人的損害、ライフラインや物流の障害等の大きさを具体的に想定してみる。これらの想定から自施設に与える損害や影響の大きさを考慮して BCP で取り組むべき災害を特定する。

④ 想定シナリオをつくる

　対策検討の前提となる災害による被害や影響を想定シナリオにまとめる。地震であれば、地震の規模、時間帯、季節、天候などの条件を設定し、そのうえで周辺地域の被害の程度、社会インフラ（道路、水道、電力、ガス、通信など）への影響とそれらの復旧時期を想定する。同様に自施設の被害の程度、物的損害、人的損害、社会インフラの障害が及

ぼす業務への影響とそれらの復旧時期を想定する。

⑤ 優先する業務を絞り込む

　自施設で優先的に継続もしくは早期復旧する業務を定める。まずはすべての業務を洗い出し、そのなかから利用者の生命と生活に直結する業務から順に優先度を決めて整理していく。例えば医療行為は生命の維持に必要不可欠であり、何よりも優先させるべき重要業務といえる。食事介助、水分補給、排泄介助もまた生命と生活に直結するため優先度の高い業務といえる。一方シーツ交換や洗濯などは利用者の生命への直接的影響が少ないため優先度の低い業務といえる。

⑥ 目標復旧時間と目標復旧水準を定める

　それぞれの業務について災害時にどれくらいの中断なら許されるかを見極め、それまでに業務を復旧できるよう目標復旧時間を定める。当然ながら優先度が高い業務は中断を最小限にとどめなければならない。例えば、入所施設における食事提供、食事介助、水分補給、排泄介助などは少しの中断でも影響が大きくなるため、目標復旧時間は「継続」とする。同じく、入浴介助などは１～２日の中断を許容範囲内と考え、目標復旧時間は「３日以内」とする。

　目標復旧時間に通常水準まで業務を復旧できれば理想だがそれが難しい場合もある。その時はどの水準での復旧を目標とするかの目標復旧水準を定める。例えば、排泄介助はおむつの着用や陰部洗浄の簡素化などで業務水準を平時より下げることによって人員が少ないなかでの業務継続を目指す。

⑦ 課題（ボトルネック）を特定する

　業務継続に不可欠な経営資源で、それが十分に機能しないと業務に重大な支障を生じる部分をボトルネック（瓶の口）という。職員の人手不足、災害対策組織の混乱、ライフラインの停止、食事提供体制の不備、医薬品の供給不足、建物・設備の損壊などがこれに当たる。ここでは優先度の高い業務で必須となる経営資源（ボトルネック）を特定し、災害時にこれらがどのような被害や影響を受けるかを想定シナリオと重ね合わせながら予測してみる。非常時にいかにこれら経営資源を機能させるか、もしくは迅速に代替策、復旧策を講じるかが業務継続の最大の課題といえる。

⑧ 対策を考える

　優先度の高い業務でボトルネックとされた課題への対策を考える。まずは、非常時でもボトルネックをできる限り機能させるための被害予防策もしくは被害軽減策を考える。例えば地震の被害予防策としては、耐震診断による耐震補強対策、制震、免震装置の導入、機械・什器の固定、家具の転倒・落下防止対策などがあげられる。被害軽減策としては、

ガラス飛散防止対策、速やかな避難誘導、二次災害予防（防火、余震対策）、耐火金庫などでの重要書類（契約書類、有価証券類、預貯金関係、不動産権利証）保管等があげられる。

　次に、万が一ボトルネックが機能しなくなった場合に備えた復旧策と代替策を考える。復旧策としては、利用者の個人情報（基本情報、カルテ、薬歴）及び重要な記録のバックアップ、緊急時職員参集規定による応援要員の確保、有事の業務マニュアルの簡素化、食糧や医薬品の非常時調達リスト、支援物資およびボランティアの早期要請と受け入れ、設備保守・復旧マニュアルの整備、災害時協定や委託契約による協力業者の確保等があげられる。代替策としては、施設損壊時などの集団（広域）避難、自家発電装置や車載バッテリー（DC-ACインバーター等）の活用、電気を使用しない製品の活用（手動式吸引器、冷暖房対策、除圧マット）、調理不要な食品の備蓄、カセットコンロや屋外炊き出しによる調理、簡易代用トイレの活用等があげられる。

⑨　災害対策組織をつくる

　災害時にはより迅速な意思決定と初動対応活動ができるよう速やかに災害時緊急対策本部（以下、対策本部とする）を中心とした組織へと移行しなければならない。対策本部の設置は発災後の自動設置とするか、経営層の判断とするか、自動設置であればその基準（例えば震度6弱以上の地震発生など）等についてあらかじめ決めておく。また対策本部の設置場所と要員招集ルールも併せて決める。これも一定の基準で自動参集とするか本部長指示とするか等の要件を定める。

　次に対策本部における初動対応業務と役割分担を整理する。初動対応の役割分担には本部長のほかに安否確認担当、被害確認担当、外部情報収集担当、連絡担当、設備システム担当などが考えられる。また有事の際、本部長にすべての権限を集中させると負担が過大になりかえって意思決定が遅れる場合も考えられるので、状況によって適任者に権限を委譲するルールも検討する。各担当が参集できない状況も考え、本部長を含めた各役割担当者の代行者を複数選定し、その代行順位を定めておくことも重要である。

　対策本部と現場との間の指揮系統も明確にしておく必要がある。その際現場からの定期的な状況報告と本部指示の確実な伝達方法について検討する。また対策本部に集約すべき情報のうち、被害状況や安否確認など重要な意思決定にかかわるものは、確認事項に漏れがないようチェックリストにする。

　本部拠点に必要な備品を準備する。ホワイトボード、模造紙、手回し充電式ラジオ、懐中電灯、ワンセグ機能付き携帯、自家発電装置、パソコン、プリンター、テレビ、トランシーバーなどが考えられる。また外部との連絡や職員の安否確認は社会インフラの被災状況によって使える手段が異なるので複数決めておくとよい（衛星電話、防災無線、公衆電話、NTT災害伝言ダイヤル（171）、携帯メール、「Twitter」「Facebook」「Skype」など）。

⑩ 文書化する

プロジェクトで検討した内容を事業継続計画書およびマニュアル類として文書化する。全体像は事業継続計画書に落とし込み、より詳細、具体策をマニュアル類、様式類に整備する。これらの文書は定期的に見直して更新する。

＜事業継続計画書の例＞
・基本方針
・想定シナリオ
・優先業務・縮小業務・休止業務および目標復旧時間と目標復旧水準
・課題（ボトルネック）と対策（被害予防策、被害軽減策、復旧策、代替策）
・災害対策組織体制
・BCPの運用と見直し（定期的な教育訓練と文書の維持、更新）

＜マニュアル・様式集の例＞
・マニュアル類（災害時業務マニュアルなど）
・様式類（チェックリストなど）
・別表（緊急時連絡先、協力業者一覧、防災備蓄品一覧など）

⑪ 教育、訓練する

事業継続計画書を作成しただけでは災害発生時に全職員が迅速、的確に行動できるとは限らない。定期的に教育や訓練を行うことで、計画やマニュアル内容を職員に周知徹底していく必要がある。

訓練には護身訓練、避難訓練、安否確認訓練、状況報告訓練、状況判断訓練などが考えられ、一般職員、管理職、災害時緊急対策本部要員など対象者に合わせて実施する。訓練を通じて一人ひとりの職員が日頃から危険性への想像力と勘を働かせ、最悪の事態までを想定した対応ができるようになることを目標とする。また緊急時の行動指針や安否の連絡先等を示した携帯カードを全職員に配布する例もある。

3 広域的な相互支援のしくみ

(1) 災害援助協定

災害時に自力で業務を継続できるよう準備することは基本であるが、施設の大きな損傷や極端な人員不足があると単独での業務継続は難しくなる。こうした場合は事前に取り決めた災害援助協定により、一時的に他施設や指定避難所に避難したり、応援職員の派遣などの人的支援や物的支援を受けたりすることで業務継続を図ることとなる。ただし地元自治体や近隣施設と締結する従来型の災害援助協定では、地域全体が同時に被災する広域災害では十分に機能しないおそれもある。近隣の都道府県でなおかつ災害リスクを共有しない地域との災害援助協定も併せて検討したい。

(2) 外部支援のあり方と受け入れ方

　東日本大震災では、発災直後から厚生労働省をはじめさまざまな機関や団体により支援が呼びかけられ、その結果全国から数多くの支援者が名乗りを上げた。しかし、実際にこれらの外部支援が円滑に被災地に届いたとは言い難い。厚生労働省が都道府県を通じて行った介護職の派遣要請を受けて全国で8060人が派遣可能であったのに対し、実際に介護施設や障害者施設などに派遣されたのは1088人であった。その理由の1つは現地での外部支援に関する需要と供給の調整機能が十分に働かなかったこと、1つは慣れない外部支援者の受け入れに施設側が消極的だったことがあげられる。

　こうしたことから被災地には現地ニーズをできるだけ早く発信し、全国からの支援を現場につなげる災害時のコーディネーターが必要だと考えられる。また施設には災害時に外部との連携を円滑にするための連絡調整担当者を置くとよい。併せて応援職員やボランティアを受け入れた場合の依頼業務や業務の流れをあらかじめ決めておけば、いざという時の混乱を避けることができる。

(3) DCAT（Disaster Care Assistance Team：災害派遣ケアチーム*）

　災害時の医療支援に関してはDMAT（Disaster Medical Assistance Team：災害派遣医療チーム）やJMAT（Japan Medical Association Team：日本医師会災害医療チーム）があり、災害発生直後から自動的に動き出すしくみができている。一方災害時の介護支援に関しての全国的な取り組みはまだ少なく、これらを組織的に動かす枠組みは十分整っていない。こうしたなか、全国老人保健施設協会では、災害発生時に被災地の老健施設への支援活動を行う「全老健災害派遣ケアチーム（JCAT）」の構築を進めている（平成25年3月現在）。JCATとはJapan Care Assistance Teamの頭文字を取ったもので、多職種による介護ケアチームをあらかじめ各支部で編成・登録し、災害発生時に必要に応じて、速やかに支援活動が行える体制を整えることを目的としている。このようなDCATともいうべき災害時広域支援システムを全国レベルで構築していくことが今後の重要課題である。

参考文献

- 新井英靖・金丸隆太・松坂晃・鈴木栄子編著『発達障害者の防災ハンドブック―いのちと生活を守る福祉避難所を―』クリエイツかもがわ、2012年
- 災害時要援護者避難支援研究会編著『高齢者・障害者の災害時の避難支援のポイント』ぎょうせい、2006年
- 上田耕蔵『東日本大震災医療と介護に何が起こったか―震災関連死を減らすために―』萌文社、2012年
- ＪＲＣ（日本版）ガイドライン2010
  http://www.qqzaidan.jp/jrc2010.html
- 株式会社富士通総研「被災時から復興期における高齢者への段階的支援とその体制のあり方の

- 調査研究事業報告書」2012年
- しだ介護サービス事業者協議会「介護サービス事業者のための災害対応ガイドライン」2012年
- 災害救助実務研究会編『災害救助の運用と実務　平成23年版』第一法規、2012年
- 厚生労働省「避難所生活を過ごされる方々の健康管理に関するガイドライン」2011年
- 黒田裕子・神崎初美『事例を通して学ぶ避難所・仮設住宅のケア』日本看護協会出版、2012年
- 静岡県「避難所アメニティの向上に係る検討会（報告書）」2008年
  http://www.e-quakes.pref.shizuoka.jp/shiraberu/higai/amenity/pdf/02.pdf
- 厚生労働省「派遣保健師の活動報告から」
- 認定NPO法人ゆめ風基金『障害者市民防災提言集・東日本大震災版』2013年
- 独立行政法人国立健康・栄養研究所・社団法人日本栄養士会「避難生活を少しでも元気に過ごすために（高齢者リーフレット）」
- 厚生労働省「被災地での健康を守るために」2011年
- 独立行政法人国立健康・栄養研究所「災害時の健康・栄養情報」
- 厚生労働省「高齢者介護施設における感染対策マニュアル」2013年
- 厚生労働省「ノロウイルスに関するQ＆A」
- 厚生労働省通知「感染症法に基づく消毒・滅菌の手引きについて」（健感発第0130001号）
- 岐阜県健康福祉部保健医療課「岐阜県災害時栄養・食生活支援活動ガイドライン（初版）」2012年
- NPO法人日本コンチネンス協会・ユニ・チャーム株式会社排泄ケア研究所「「3・11被災地における排泄ケアの実態調査」結果報告～震災を通じて見える排泄ケアの課題と期待～」2011年
- ミニむつき庵神戸ゆうほう「災害時に役立つ情報」
  http://you-hoh.com/htm/saigai.html
- 兵庫県立大学大学院看護学研究科21世紀COEプログラム「ユビキタス社会における災害看護拠点の形成」看護ケア方略の開発研究部門高齢者看護ケア方法の開発プロジェクト『21世紀COEプログラム「ユビキタス社会における災害看護拠点の形成」高齢者に必要な災害への備えと対処（第3版）』兵庫県立大学災害看護拠点、2008年
- 萬谷健太「東日本大震災支援への取り組み」『福井県介護福祉士会災害研修資料』2013年
- 老人保健施設松原苑「2011年3月11日東日本大震災報告」（研修資料）
- 「災害時における難病患者等の行動・支援マニュアル」岡山県保健福祉部医薬安全課
- 内閣府「災害時要援護者の避難支援ガイドライン」2006年
- 「被災地における医療・介護―東日本大震災後の現状と課題―」国立国会図書館 ISSUE BRIEF NUMBER 713、2011年
- 秋田県障害者社会参加促進センター「障害者防災マニュアル」
- 厚生労働省「患者調査の概況（平成23年10月現在）」
- 公益財団法人日本リウマチ財団「関節リウマチの患者さんの災害の備え、災害時の対応について」
- 公益社団法人日本オストミー協会「人工肛門・人工ぼうこう用ストーマ装具の入手に関する情報　オストメイトの災害対策」
- 東京都福祉保健局「東京都在宅人工呼吸器使用者災害時支援指針」2012年
- 日本薬剤師会「東日本大震災時におけるお薬手帳の活用事例」2012年
- 東京都区部災害時透析医療ネットワーク「透析患者災害対策マニュアル」2010年
- 「腹膜透析ガイドライン」『日本透析医学会雑誌』42巻4号、2009年
- 大森病院腎センター
- 東邦大学医療センター
- 公益社団法人日本看護協会東日本大震災復旧復興支援室『東日本大震災災害支援報告書』2012年

Ⅴ　災害時の介護活動と役割

- 新潟県看協訪問看護ステーション「災害看護支援ナース活動報告書」2011年
- 日本認知症学会「被災した認知症の人と家族の支援マニュアル〈介護用〉」
- 毎日新聞「環境の変化で認知症が悪化も」2011年8月6日
- 毎日新聞「東日本大震災：被災ストレスで増える認知症、うつ家族、友人もギリギリ」2012年9月15日
- 兵庫県こころのケアセンター「サイコロジカル・ファーストエイド実施の手引き（第2版）」
- 上智大学グリーフ研究所『大災害後の悲嘆ケア（グリーフケア）』2011年
- 日本赤十字社事業局看護部編〈系統看護学講座統合分野〉『災害看護学・国際看護学』医学書院、2013年
- 山勢博彰編著『救急・重症患者と家族のための心のケア』メディカ出版、2010年
- 日蓮宗ビハーラネットワーク編『ビハーラ・ノート』2011年
- 小原真理子監修『いのちと心を救う災害看護』学研メディカル秀潤社、2011年
- 日本DMORT研究会ホームページ
- ビヴァリー・ラファエル、石丸正訳『災害の襲うとき』みすず書房、1989年
- J．W．ウォーデン、山本力監訳『悲嘆カウンセリング　臨床実践ハンドブック』誠信書房、2011年
- 坂口幸弘『悲嘆学入門　死別の悲しみを学ぶ』昭和堂、2010年
- エリザベス・キューブラー・ロス、デーヴィッド・ケスラー、上野圭一訳『永遠の別れ　悲しみを癒す知恵の書』日本教文社、2007年
- 高橋聡美編『グリーフケア　死別による悲嘆の援助』メヂカルフレンド社、2012年
- アルフォンス・デーケン『ユーモアは老いと死の妙薬　死生学のすすめ』講談社、1995年
- アルフォンス・デーケン・柳田邦男編『突然死とグリーフケア』春秋社、2005年
- 村上和雄・棚次正和『人は何のために「祈る」のか　生命の遺伝子はその声を聴いている』祥伝社黄金文庫、2010年
- 島薗進『日本人の死生観を読む　明治武士道から「おくりびと」へ』朝日新聞出版、2012年

VI

災害時の介護過程

1 災害時個別事例の展開例

　災害の種類や規模によっては甚大な被害が発生することがあり、人々の生活は一変する。そのなかでも、災害時要援護者である高齢者や障害をもつ人々の精神的・身体的状況の変化や、即座に必要なサービスが提供できないこと、それまでの生活環境が大きく変化することなどから、それまでの生活が維持されないことが予測される。

　この章では、災害時、利用者への個別ケアを展開するための、情報収集からアセスメント、計画立案までの一連のプロセスについて、指定避難所における一例を提示する。

1 災害時個別事例の展開例

演習事例

【事例の概要】

ケアマネジャーの佐藤さんは、山田花子さんのことについてB県に住む息子の誠一さんから電話相談を受けた。相談の内容は震災のため家屋が崩壊し、2週間前から避難所（小学校の体育館）で生活している母親（山田花子）のケアプラン作成依頼であった。

一人暮らしの山田花子さんは3年前に脳梗塞となり、後遺症として左半身に軽いまひが残った。自宅内での移動は左足を引きずりながらも杖歩行が可能だったが、下肢筋力が低下して現在は車いすを利用している。車いすを利用するようになってからは、ほとんど外出していない。食材などの買い物は近所のなじみの八百屋さんに電話して届けてもらっている。最近姿の見えない山田さんを心配した民生委員の木村さんが自宅を訪問した。

これまでは、「他人の世話になりたくない」と言って、1人で家事を行ってきたが、最近息子に電話で「歩けない」「炊事が思うようにできない」「トイレに間に合わないことがある」と声を詰まらせながら話したとのことであった。

ケアマネジャーの佐藤さんは、山田花子さんの現在の身体状況や生活状況等の簡単な聞き取りを行った後に、訪問の日程を打ち合わせた。

【面接内容】

避難所へ訪問した際の山田花子さんは、震災時の恐怖や不安をどこか感じていながらも、気丈な様子で応対した。山田花子さんの話では、「退院にあたっては在宅での生活を希望し、病院のケースワーカーや別居している息子たちとも話し合い、住宅改修を行った」「その甲斐あって何とか1人で生活することができていた」「最近は身体が思うように動かず、自分のことも満足にできないと嘆いていたところへ震災……家を失った」「どうしていいかわからない……」はじめは気丈に対応していた山田花子さんだったが、胸のうちを話し終える頃には涙を流していた。

ケアマネジャーの佐藤さんは「ねぎらい」の言葉をかけ、これからの生活のお手伝いをさせていただきたいと伝えると、「お願いします」と言って頷いた。

【アセスメント】

① プロフィール

氏名：山田花子　昭和12年7月1日　年齢76歳　女性
要介護度：要介護2
障害者の日常生活自立度：A1

（生活歴）

（A県A市生まれ）子どもたちが小学生の時、会社員の夫を病気で亡くした。それ

までは専業主婦であったが、夫の死後仕事に就き女手一つで2人の息子を成人させる。息子たちの独立後は自宅で一人暮らしをしていた。3年前に脳梗塞となり入院。退院後は自宅を改修して再び一人暮らしを始めた。最近はADLの低下から一人暮らしに不安を見せ始めていた矢先、震災に見舞われ家屋が崩壊。避難所での生活となった。

（家族状況）

　長男はB県で家庭をもち2人の子どもがいる。次男はC県在住で家庭をもっている。子どもはいない。2人息子とも実家には正月やゴールデンウィーク、お盆月などの比較的長い休みが取れた時に帰省する。普段は月に1、2回電話で近況を知らせている。

② 既往歴・健康状況：脳梗塞による左片まひ、便秘症
　・3年前に脳梗塞となりその後遺症として左片まひとなる。リハビリを経て杖歩行が可能であったが、加齢による下肢筋力の低下もあり、現在は車いすを利用している。
　・便秘症のため緩下剤を服用して現在に至る。

③ 服薬：抗凝固剤（ワーファリン）・緩下剤（ラキソベロン）

④ 機能障害
　・身体機能の状況：脳梗塞の後遺症により左片まひ。
　・精神機能の状況：正常。ADLの低下および震災の影響によりややネガティブ思考になっている。
　・言語機能の状況：特に支障なし。
　・感覚機能の状況：視覚、聴覚ともに生活に支障なし。

⑤ 生活の状況
　・起居動作：ベッドからの起き上がりやいすからの立ち上がりは可能。床に座った状態から立ち上がるには介助が必要。
　・移動：2～3mであれば伝い歩きが可能。現在は車いす使用。
　・整容：洗面所にて歯磨きや洗顔は自立。
　・更衣：着脱は自立。ボタンやファスナーのある服は時間を要する。
　・食事：常食。箸を使用。ワーファリン服用のため納豆は食べられない。
　・排泄：便尿意あり。洋式便器使用。便秘症のため排便が困難なことがある。歩行困難で排泄に間に合わず、時々下着を汚してしまうことがある。
　・入浴：自宅では転倒をおそれ、脱衣所で床に腰をおろし、ずらしながら移動している。
　・睡眠：ベッドを使用。21～22時の間に就寝、朝は6時に起床していたが、避難所に来てから床にマットを敷いて布団で寝ている。現在はあまり眠れていない。

・コミュニケーションの状況：言語による意思疎通は可能である。

⑥ 社会的状況

・居住環境：自宅（2階建て3LDKの1階部分）で生活していたが、現在は避難所（小学校の体育館）で20世帯がパーテーションで仕切られた空間で生活している。

・社会参加：特にない。

・趣味・楽しみ：週1回、NHKの「歌番組」と「のど自慢」を見ることを楽しみにしている。

⑦ 経済の状況

・厚生年金、預貯金あり。

Ⅵ　災害時の介護過程

アセスメントシート1

利用者氏名　山田　花子　氏　　男・㊛　　76　歳　　要介護　2　　利用年月日　　〇年　△月　□日

大項目	項目		内容	備考
起居	寝返り		■自力・□一部介助・□全介助	・床からの立ち上がりは介助者による一部介助が必要。いすからは手すりや肘掛があれば自力で立ち上がることができる。また、姿勢は保持できる。
	起き上がり		□自力・■一部介助・□全介助	
	座位保持		■自力・□一部介助・□全介助	
	立ち上がり		□自力・■一部介助・□全介助	
	起立保持		□自力・■一部介助・□全介助	
移動	室内	□歩行・■車いす	■自力・□一部介助・□全介助	・車いすは基本的には自走可能だが、段差は超えることができない。階段、屋外については未実施。
	階段	□歩行・■車いす	□自力・□一部介助・□全介助	
	屋外	□歩行・■車いす	□自力・□一部介助・□全介助	
整容・更衣	洗面の姿勢		■自力・□一部介助・□全介助	・義歯あり。
	整容動作		■自力・□一部介助・□全介助	
	口腔内の保清		■自力・□一部介助・□全介助	
	着脱動作		■自力・□一部介助・□全介助	
食事	姿勢保持		■自力・□一部介助・□全介助	・食器が滑るようであれば濡れたおしぼりを下に敷いて滑り止めにしている。 ・ワーファリン服用のため納豆は食べることができない。
	口に運ぶ		■自力・□一部介助・□全介助	
	自助具の使用		■はし・□スプーン・□その他	
	嚥下障害の有無		■なし・□あり	
	咳き込みの有無		■なし・□あり	
	咀嚼障害の有無		■なし・□あり	
	口腔の状態		■異常なし・□異常あり	
	主食の種類		■普通のご飯・□柔らかいご飯 □粥・□流動	
	副食の種類		■普通・□刻み・□すり潰し □ミキサー	
	食事バランス		■普通・□偏っている	
	治療食の有無		■なし・□あり	
	食欲の有無		■あり・□なし	
	水分の摂取量		□1ℓ以下・■1～2ℓ	
	好き嫌い		■あり・□なし	
排泄	1日の排泄回数		排尿：8～12回／日　排便：1回／3～4日	・排泄動作が間に合わず下着を汚してしまう。
	便意・尿意		■尿便意あり・□便意なし・□尿意なし	
	失禁の有無		□失禁なし・■便失禁あり・■尿失禁あり	
	トイレ移動		■自力・□一部介助・□全介助	
	排泄関連動作		■自力・□一部介助・□全介助 介助内容 □着脱・□姿勢保持・□清拭・□手洗い □その他（　　　　　　）	
	通常排泄方法		■トイレ・□おむつ・□Pトイレ □その他（　　　　　　）	
	24時間排泄方法の組み合せ		■終日トイレ・□終日自室のPトイレ・ □夜間のみPトイレ・□その他	
入浴	浴室移動		■自力・□一部介助・□全介助	・浴室へは転倒防止のため、床に腰をおろして移動 ・浴槽室内：手すりを使用
	入浴動作		■自力・□一部介助・□全介助	
	福祉用具の使用の有無		□なし・■あり	

作成者氏名　佐藤　美奈

睡眠	通常の睡眠時間	就寝：21〜22時頃　/　起床：6時頃	・避難所に来てからは夜間眠れない状況が続いている。
	睡眠障害	□なし・□時々ある・■ある	
	薬物の使用	■なし・□あり	
	寝具の種類	■和式布団・□ベッド・□エアーマット	
	夜間の体位変換	■自力・□要介助（　　　時間毎）	
余暇	趣味・娯楽の有無	□なし・■あり	・NHKの歌番組の視聴を楽しみにしている。
	外出の有無	■しない・□する	
	社会参加の参加状況	□参加している・■参加していない	
コミュニケーション	視力	補助具使用：□眼鏡・□拡大鏡・□その他（　　　） ■不便はない・□新聞の大文字は見える・□1m離れると人の判別は不能・□全く見えない・□不明	
	聴力	補助具使用：□補聴器・その他（　　　） ■不便はない・□大声で不通に聞こえる・□時々聞こえる □全く聞こえない・□不明	
	話し言葉	■不自由なく話せる・□少し話すことができる・□全く話せない	
	言葉の理解	■不便はない・□時々理解できない・□ほとんど理解できない □不明	
	文字の理解	■新聞が理解できる・□漢字が理解できない・□文字は全く理解できない・ □不明	
	日頃の話し相手	■いない・□いる（　　　　　　　　　　　　　）	
人間関係	他人との会話を好むか	会話を（□楽しんでいるように見える・□嫌がっているように見える・ 　　　■よくわからない）	
	近隣との関係	□良好・□よくない・■わからない	
	家族との関係	■良好・□よくない・□わからない	
経済	主な収入源	厚生年金　（預貯金もあり、生活可能な経済状況である）	
	金銭管理能力	■あり・□なし	

特記事項

- 避難所での生活は約1か月間となるようである。その後、仮設住宅での生活が予想されているが、今後のことに関しては子どもたちと話し合いながら決定する予定。

- 避難所生活のため、食事は提供されたものを食べている。健康面に配慮した献立だが、食べたいものが食べれている状態ではない。

- 金銭管理能力はあるが、郵便局や銀行に出かけての出し入れが困難な状態である。社会福祉協議会が行っている地域福祉権利擁護事業につなげていく必要があると思われる。

- 社会に関する情報入手の手段はラジオと自治会のアナウンス、新聞、掲示物からである。

VI 災害時の介護過程

居宅サービス計画書（1）

初回 ・ 紹介 ・ 継続　　　　認定済 ・ 申請中

第1表

利用者名　山田 花子 殿　　生年月日 昭和12年 7月 1日　　住所 A県A市
居宅サービス計画作成者氏名　佐藤 美奈
居宅介護支援事業者・事業所名及び所在地　○○○居宅支援事業所　A県A市
施設サービス計画作成（変更）　平成○年 △月 □日
認定日　平成○年 △月 □日　　認定の有効期間　平成○年 △月 □日 ～ 平成○年 △△月 □□日

要介護状態区分	要介護1 ・ 要介護2 ・ 要介護3 ・ 要介護4 ・ 要介護5
利用者および家族の生活に対する意向	①長男は一人暮らしが困難になっていることを心配している。 ②本人は、生活身辺自立が困難になっていることや避難所生活に不自由さを感じ、訪問看護、訪問介護支援に同意している。
介護認定審査会の意見およびサービスの種類の指定	特になし。
総合的な援助の方針	①避難所での生活に、長男が安心できるようにサービスを提供する。 ②介護サービスの導入により、生活身辺の自立を助長し、生活に自信がもてるようサービス計画を組み立てる。

緊急連絡先：山田誠一（長男）　勤務先TEL ○○○－××××－△△△△　自宅TEL ○○○－××××－△△△△

1 災害時個別事例の展開例

作成年月日 平成○年 △月 △日

居宅サービス計画書（2）

第2表

利用者名 山田 花子 殿

生活全般の解決すべき課題（ニーズ）	目標 長期目標	（期間）	短期目標	（期間）	援助内容 サービス内容	サービス種別	頻度	期間
①起居動作が自立でき、生活圏を拡大したい。	起居動作が自立できる。	1か月	ベッドや車いすを利用して起居動作が自立できる。	1週間	・床に座って過ごす生活から車いすに変更する。	購入		H○.△.□ ～ H○.△.□ （1か月）
					・訪問時に動作の見守りや助言を行う。	訪問看護	週1回	H○.△.□ ～ H○.△.□ （1か月）
					・共感・受容的コミュニケーションを図る。	訪問介護	週4回	H○.△.□ ～ H○.△.□ （1か月）
②スムーズな排泄動作ができ、下着の汚れを防ぎたい。	スムーズに排泄できる。	1か月	②-1 車いすでトイレに行きスムーズな動作で排泄できる。 ②-2 排泄物で下着を汚さない。	1週間	・体育館ステージ脇の小部屋に車いすが使用可能な仮設トイレ（ポータブルトイレ）を設置し、パーテーションで仕切る。	ポータブルトイレの購入	随時	H○.△.□ ～ H○.△.□ （1か月）
					・健康チェック、服薬管理	訪問看護	週1回	H○.△.□ ～ H○.△.□ （1か月）
					・訪問時に動作線の確認や見守りを行う。 ・排泄動作の助言を行う。 ・腹部マッサージを行う。	訪問看護	週1回	H○.△.□ ～ H○.△.□ （1か月）
						訪問介護	週4回	H○.△.□ ～ H○.△.□ （1か月）
					・尿とりパッドの使用		随時	H○.△.□ ～ H○.△.□ （1か月）
					・共感・受容的コミュニケーションを図る。	訪問看護	週1回	H○.△.□ ～ H○.△.□ （1か月）
						訪問介護	週4回	H○.△.□ ～ H○.△.□ （1か月）
						ご家族	随時	H○.△.□ ～ H○.△.□ （1か月）
③安眠したい。	不安を軽減し熟睡できる。	1か月	夜間熟睡できる。	1週間	・健康チェック、服薬管理 ・和布団からベッドに変更する。	訪問看護	週1回	H○.△.□ ～ H○.△.□ （1か月）
						レンタル		H○.△.□ ～ H○.△.□ （1か月）
					・共感・受容的コミュニケーションを図る。	訪問看護	週1回	H○.△.□ ～ H○.△.□ （1か月）
						訪問介護	週4回	H○.△.□ ～ H○.△.□ （1か月）
						ご家族	随時	H○.△.□ ～ H○.△.□ （1か月）

Ⅵ　災害時の介護過程

ケアカンファレンス

ケアマネジャーの佐藤さんは訪問面接の後、ケアプラン作成のためのカンファレンスを支援センターのスタッフと行った。

出席者：鈴木センター長、寺田看護師、渡辺主任介護福祉士、佐藤ケアマネジャー

佐藤（ケ）	さっそくですが、現在避難所で生活されている山田花子さんのケアプランについて協議したいと思います。避難所での生活がこれから約1か月はかかりそうとの話です。生活するにあたり環境を整え、身体的、精神的負担の軽減を図る方向でケアプランを作成してみました。
鈴木（セ）	山田花子さんの現在の様子はどうですか？
佐藤（ケ）	はい、避難してこられている方々もそれなりに不自由な思いをしているとの意識から、生活に不自由さを感じていながらも声に出すことなく、気丈に生活していらっしゃいます。
渡辺（主）	車いすでの移動や床での生活にご不便を感じていらっしゃるでしょう。
佐藤（ケ）	そのように見受けられました。避難所には山田さんを含めて2〜3人車いすを使用している方がいらっしゃるようで、通路は比較的広めにつくられていました。小学校の体育館ということもあり、トイレが小さく狭いので、車いすの方は不便に感じているようです。
鈴木（セ）	ケアプランを見ますと「仮設トイレの設置」とありますが、具体的にはどのようにするのかお聞かせください。
佐藤（ケ）	はい、体育館ステージ横の小部屋にトイレを設置しようと考えています。横開きのドアで体育館との段差がありません。パーテーションで仕切り、ポータブルトイレを設置することで、十分なスペースを確保することが可能です。避難所の自治会長さんにもお話しして了承を得ています。他に介助が必要な高齢者もいらっしゃるようで、小部屋を3つに区切り、介助もできるトイレ室にしていただけることになりました。また、山田さんは動作が間に合わずに下着を汚すことがあるので、尿とりパッドの使用を進めていきたいと思います。 それから、生活環境についてですが、現在の床に座った状態での生活は立ち上がりに介助を必要としますので、いすでの生活、ベッドでの就寝に切り替えようと思います。
鈴木（セ）	わかりました。
渡辺（主）	「精神的支え」についてですが、夫を亡くされてから働きに出たとのことですね。父親としての役割と母親としての役割をこなしながら、

	子どもを育て上げることは大変だったと思います。「人の世話になりたくない」という気持ちや「気丈な態度」はこれまでの生活歴からうかがい知ることができるような気がします。ただ、ADLが低下してきたことで身体と精神のバランスが崩れてきています。「老い」に対する受容ができずに葛藤しているように感じられます。
佐藤（ケ）	おっしゃるとおりだと思います。震災による喪失感とは別に、老いたことにより「できない」ことが多くなってきていることの喪失感もあります。今は山田さんの話を傾聴することが大事なことのように感じました。
寺田（看）	そうですね。そしてまた、気になるのが健康の維持ですね。服用中の薬の有無や便通の状態がどうかということも精神状態を不安定にする要因になりますから、早急に確認が必要ですね。また、現在よく眠れていないとのことですが、やはり不安からくるものなのでしょうか？
佐藤（ケ）	はい、それもありますが、体育館に20世帯が共同生活している状況なので、物音や赤ちゃんの夜泣きで浅眠状態が続いているようです。
寺田（看）	わかりました。睡眠時間の確保には、医師との連携も密にしていかなければならないと思います。
鈴木（セ）	人の世話になりたくないという気持ちや老いを受容する葛藤にいる山田さんに緩やかにサービスを導入し、避難所での生活が継続できるよう支援してください。
佐藤（ケ）	現在避難所にはボランティアの人たちが訪れています。自治会の機能も円滑に動き出しています。相互扶助的機能や社会資源を活用しながらモニタリング等を行い見守っていきたいと思います。よろしくお願いします。 本日はありがとうございました。

Ⅵ 災害時の介護過程

アセスメントシート2

利用者氏名	山田 花子 氏	男・⒲	76 歳	要介護度	2

障害の状況：左半身まひ、便秘症、下肢筋力の低下

作成年月日	H○ 年 11月 1日	障害者手帳	なし
障害者の日常生活自立度	J1・J2・A1・A2・B1・B2・C1・C2（A1に○）		
認知症高齢者の日常生活自立度	Ⅰ・Ⅱa・Ⅱb・Ⅲa・Ⅲb・Ⅳ・M		

Ⅰ（心身機能・身体構造／心身の状況・健康状態）

No.	項目	内容
1	既往歴・現在の主な疾患	脳梗塞後遺症による左片まひ／便秘症
2	服薬	抗凝固剤（ワーファリン4mg）／緩下剤（ラキソベロン）

入所における本人・家族の要望	① 避難所での生活に、長男が安心できるよう介護サービスを提供する。 ② 介護サービスの導入により、生活身辺の自立を助長し、生活に自信がもて

Ⅱ 日常生活の状況（活動）

No.	項目	現在の状況
3	起居動作・移動	起居動作については自立しているものの、避難所で床にマットを敷いた生活スタイルのため、立ち上がりには介助が必要である。また、車いすの自走は自立しているが、床からの移乗動作にも介助が必要である。
4	身じたく	自立している。立位が不安定なため、ベッドやいすに腰かけて更衣をしていたが、現在は床に座った状態での更衣のため、ズボンの着脱がスムーズにできない。
5	食事	避難所で配給される食事を食べている。これまでのように食べたいものを食べることや、自分の食べたい時に食べることができていない。
6	排泄	体育館を出たところにあるトイレを使用している。避難所が小学校ということもあり、スペースや便座が小さい。また、車いすでトイレの前まではいくことができるが、段差があるためつかまり立ちや手引き歩行で中に入っている。動作緩慢で間に合わないときがある。
7	入浴・清潔保持	自宅にいるときは週3～4回入浴していたが、現在は清拭のみ行っている。
8	睡眠	疲れているときはすぐ眠れるが、周りの物音や、赤ちゃんの夜泣きなどで眠れないことの方が多くなっている。夜中に1人でトイレに行けるか不安になることもあり、眠れなくなる。
9	コミュニケーション	視覚、聴覚とも日常生活に支障はない。避難所内で必要なことは伝えたり聞いたりすることができているが、密な会話のできる相手がいない。

Ⅲ 参加（豊かさ）

No.	項目	現在の状況
10	意欲・生きがい	特になし。子どもを成人させることが使命であり、ある意味生きがいだった。
11	余暇の過ごし方	自宅では庭に季節の花を植えたり、NHKの歌番組とのど自慢を見ることが楽しみであった。今はのど自慢をラジオ中継で聞いて過ごしている。
12	役割（家庭／社会）	現在は「役割」のある生活をしていない。子育て中、家庭においては父親や母親の役割を担っていた。

Ⅳ 環境（環境因子）

No.	項目	現在の状況
13	生活環境	避難所（小学校体育館）で生活している。個人で使える広さは約8畳ほどである。パーテーションで仕切られている。
14	生活に必要な用具	現在は車いすを使用。
15	経済状況	厚生年金とこれまでの預貯金で生活。
16	家族関係	2人の息子のうち、長男はB県で家庭をもち妻と子ども（2人）と暮らしている。次男はC県在住で結婚しており子どもはいない。正月やGW、お盆など長期に休みが取れた場合に帰省している。普段は月1、2回電話で近況を知らせている。

Ⅴ 個人因子（その他）

No.	項目	現在の状況
17	価値観・習慣	特にこだわりのある生活習慣はみられない。
18	生活歴・出身地	（A県A市生まれ）子どもたちが小学生の時、会社員の夫を病気で亡くした。それまでは専業主婦であったが、夫の死後仕事に就き女手一つで2人の息子を成人させる。息子たちが独立後は自宅で一人暮らしをしていた。3年前に脳梗塞となり入院。退院後は自宅を改修して再び一人暮らしを始めた。最近はADLの低下から一人暮らしに不安を見せ始めていた矢先、震災に見舞われ家屋が崩壊。避難所での生活となった。

1　災害時個別事例の展開例

作成者氏名　渡辺　圭祐

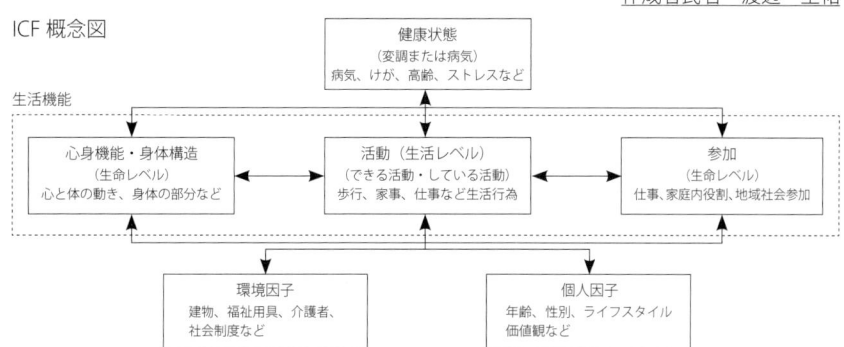

ICF 概念図

```
                        健康状態
                    （変調または病気）
                病気、けが、高齢、ストレスなど
                          ↕
生活機能
┌─────────────────────────────────────────────────┐
│  心身機能・身体構造 ↔ 活動（生活レベル） ↔ 参加  │
│   （生命レベル）    （できる活動・している活動）  （生命レベル）  │
│  心と体の動き、身体の部分など  歩行、家事、仕事など生活行為  仕事、家庭内役割、地域社会参加  │
└─────────────────────────────────────────────────┘
              ↓                       ↓
         環境因子                  個人因子
    建物、福祉用具、介護者、      年齢、性別、ライフスタイル
    社会制度など                 価値観など
```

		るようサービス計画を組み立てる。
		本人の思い
		自宅で生活していたときのように、起居動作や車いすへの移乗動作を安全に行いたい。
		和式の生活を余儀なくされているが、洋式に変えることで生活身辺が自立できる。
		現在の状況を考えると仕方ないと思う。配給する方も健康のバランスを考えてくれていることと思うので、健康は維持できそうだと思う。
		人の手を借りたり、つかまり立ちしたりしなければならず、おっくうになる。また、思うように動けないこともあり、下着を汚してしまうときがあり、自己嫌悪になる。他人に気づかれていないか心配になることもある。
		避難所で生活している人のなかには車で近くの公衆浴場に行く人もいるが、自分にはその手段がない。そういう人たちを送迎して公衆浴場へ連れて行くという案が自治会やボランティアの間で浮上しているので、近々には入浴できそうである。
		心配事が軽減して朝まで眠りたい。
		現在の思いを話せるような場がないし、それを受け止めてくれるような存在が身近にいない。
		家屋も失い、自分自身の「老い」も受容できずにいる状況で意欲・生きがいといわれても答えることのできる状況ではない。まずは、これまでの生活スタイルを取り戻したい。
		避難所の一角にテレビが視聴できるスペースが確保される予定なので、楽しみにしているが、できれば個人視聴がしたい。
		避難所で何か手伝えることをしたいと思っている。
		ここで約1か月生活することになるが、環境を整えることで自立できることは自立したい。
		生活身辺が自立するためにも車いすやいす、ポータブルトイレが必要。
		一人暮らしのため、生活を維持できる金額を考えている。
		子どもたちに会えることはうれしい。2人の息子とも、生活の基盤ができていて安心している。
19	性格（個性）	誠実で几帳面。人に頼ろうとするところがみられない。
20	1日の過ごし方	避難所ということもあり、生活そのものが受動的である。また、集団生活には欠くことのできない「日課」がある程度定められていて、集団的行動が求められる場面もあり、個人のペースが保てないこともある。集団に対しての「個人的役割」はもってはいない。 日中は何もすることがなく、横になってラジオを聞いている。

219

介護計画立案のための情報解釈シート

アセスメント項目No.	情報の解釈・関連づけ・統合化	生活課題（ニーズ）	優先順位
	課題抽出の視点 ・身体的に安全で健康的な状態かどうか。 ・精神的に安全で健康的な状態かどうか。 ・主体的で満足感のある生活状態（活動・参加）かどうか。	＊表現方法について 「（利用者が）〜したい、〜できるようになりたい。」（利用者が主語） 「○○によって△△を××し、□□したい。」（記載例） ・右股関節の痛みを軽減し、転倒しないで安全に歩きたい。 ・精神的に落ち着き、余暇活動を楽しみたい。 ・転倒せず安全で苦痛がない生活をしたい。 ・風邪をひかず、病状が悪化せず健康でいたい。	
No.3、13、14、18、19より	避難所である小学校の体育館では床にマットを敷いての生活である。左半身にまひがあり、自宅ではいすを利用してつかまり立ちができていた。現在、床に座ってしまうと自力で立ち上がるのが困難な状態である。また、布団での就寝も生活身辺自立生活の妨げになっている。 本人はこれまで人に頼ることなく1人で生活してきたことからも、自分でできることは行わないという強い意識が感じられる。なお、高齢であることから、転倒の危険も考えられるため、いすやベッドを使用しても動線の妨げになるものはないかなどの環境整備や、スムーズな動きかたの指導などを行い、継続的な見守りが必要と思われる。	起居動作が自立でき、生活圏を拡大したい。	#1
No.3、4、6、13、14、18、19より	体育館を出てすぐのところにあるトイレは小学生用で狭い。段差もあり、車いすで中に入ることが困難な状態で、排泄行為は山田さんにとってかなりの負担となっている。また、動作緩慢な状況のため、排泄に間に合わないことがあり、下着を汚してしまうことで悲観的になりつつある。尿とりパッドを使用することで不安を軽減することができるのではないかと思われる。便秘に関しては、訪問時に水分の摂取状況の確認、さらには、腹部マッサージや温罨法を試みてその効果を確認する必要があると思われる。	スムーズな排泄動作ができ、下着の汚れを防ぎたい。	#2
No.8、17、20より	震災で家屋を失ったことで、これからの生活をすることに対する不安がある。また、身体が思うように動かないことへの喪失感のなかで、避難所での共同生活をするのは精神的にもかなりの負担となっている。 「不眠」を解消していくには環境に「慣れる」ことも必要だが、精神的不安を軽減することが課題と思われる。共感的態度で山田さんの話を傾聴すること、受容することで睡眠状況にも変化があらわれてくるように思う。 また、現在の和布団からベッドに変更することで起居動作を含め、生活身辺の自立が拡大することも睡眠状況に変化が出ると考えられる。 ＊排泄や睡眠は健康状態に大きく影響を及ぼすため、医師、看護師と連携を密にしながら対応していきたい。	安眠したい。	#3

1 災害時個別事例の展開例

介護計画（立案）

| | | | | | | 記載年月日 | 平成〇年 △月 □日 | |
| | | | | | | 作成者氏名 | 渡辺圭祐 | |

全体的な援助の方針	①避難所での生活に、長男が安心できるようにサービスを提供する。 ②介護サービスの導入により、生活身辺の自立を助長し生活に自信がもてるようサービス計画を組み立てる。							
課題（優先順位）	長期目標	（期間）	短期目標	（期間）	具体的援助内容・方法			
					（内容）	（方法）		頻度
#1 起居動作が自立でき、生活圏を拡大したい。	起居動作が自立できる。	1か月	いすやベッドを利用して起居動作が自立できる。	1週間	・床に座って過ごすことからいすに変更する。	足底が床にしっかりと着くいすを購入。		随時
					・動作の見守りや助言を行う。	動作の確認を行い、改善できるようであれば助言する。		随時
					・動線を確認して環境を整える。	左片までも不自由さを感じないような配置を考え提案する。		随時
#2 スムーズな排泄動作ができ、下着の汚れを防ぎたい。	スムーズに排泄できる。	1か月	②-1 車いすでトイレに行きスムーズな動作で排泄できる。	1週間	・体育館ステージ脇の小部屋に車いす使用可能な仮設トイレ（ポータブルトイレ）を設置し、パーテーションで仕切る）を設置する。	継続的に見守り、効果を評価する。		随時
					・訪問時に動線の確認や見守りを行う。	移動の障害になっているものがないかを確認する。		随時
					・排泄動作を確認して助言を行う。	スムーズな排泄動作の妨げになっている行為を確認して助言する。		随時
					・健康状態や水分の摂取状況、服薬状態の確認。	医師や看護師との連絡を密にする。また、介護スタッフ間でも情報が共有できるようにする。		随時
			②-2 排泄物で下着を汚せない。	1か月	・腹部マッサージや温電法を行う。 ・排便時の便の性状を確認する。	腹部マッサージや温電法を試みてスムーズな排便を促し、その効果を継続的に観察する。		随時
					・尿とりパッドを使用する。	下着を汚してしまうときの状況について確認する。		随時
						尿とりパッドのあて方について指導、助言する。また、さまざまな形の物があるので、状況に合ったものを使用する。		随時
#3 安眠したい。	不安を軽減し熟睡できる。	1か月	夜間熟睡できる。	1週間	・布団からベッドに変更する。	継続的に見守り、効果について評価する。		随時
					・個人スペースの環境を整える。	周囲の状況を確認してベッドの設置場所を決める。		随時
					・コミュニケーションや言動から健康状態を確認する。	コミュニケーションを図ることでの時々の気分の状態を把握する。		随時
					・共感的、受容的態度で接し、信頼関係を築く。	「ねぎらい」声がけを行う。また、話すことを傾聴し、ポジティブな方向へと導く。		随時

221

参考文献

- 黒澤貞夫編著『事例で学ぶケアプラン作成演習（新訂版）』一橋出版、2007年
- 石野育子編著『介護過程（最新介護福祉全書）』メヂカルフレンド社、2010年
- 介護福祉士養成講座編集委員会編『新・介護福祉士養成講座⑨ 介護過程 第2版』中央法規出版、2013年
- 北海道ケアマネジャー連絡協議会広報誌「ケアマネ通信ほっかいどう」第10号、2004年
- 大川弥生『「よくする介護」を実践するためのICFの理解と活用』中央法規出版、2013年

災害関係用語集

AED
自動体外式除細動器（Automated External Defibrillator）とは、不整脈によって動かなくなってしまった心臓に、電気ショックを与えて、元の収縮を取り戻させるための機器。

ASD
急性ストレス障害（Acute Stress Disorder）とは、災害などのショックで感覚や感情のまひした状態、もしくは神経が昂ぶった状態（興奮、心悸亢進、発汗、不眠）であるが、たいていは数日で治まる。

BLS
一時救命措置（Basic Life Support）とは、その場に居合わせた人が、救急隊や医師に引き継ぐまでの間に行う応急手当のこと。

BPSD
認知症の人の周辺症状（Behavioral and Psychological Symptoms of Dementia）といわれるもので環境・心理的要因から起こる。行動症状として暴力、暴言、徘徊、拒絶、不潔行為など、心理症状としてイライラ感、抑うつ、不安、幻覚、妄想、睡眠障害などの症状が起こる。

CSR
企業の社会的責任（Corporate Social Responsibility）としての活動を展開することである。東日本大震災においては、いくつもの企業が会社負担のもとで、被災地に従業員を定期的に派遣し、社会貢献活動の一環としてボランティア活動を展開した。

CPR
心肺蘇生法（Cardio Pulmonary Resuscitation）とは、気道確保、人工呼吸、心臓マッサージなど呼吸や循環機能が低下、停止した者に行う処置方法。

DCAT
災害派遣ケアチーム（Disaster Care Assistance Team）は、介護の面から連動できるチーム。

DMAT
災害派遣医療チーム（Disaster Medical Assistance Team）とは、自己完結型の医療チームで、災害後の急性期（おおむね48時間以内）に迅速に被災地に駆けつけ、①消防機関等と連携してのトリアージ、緊急治療等の現場活動、②被災地病院支援、③消防ヘリや救急車等による近隣・域内の後方搬送時の医療支援、④広域搬送、などを行うトレーニングを受けた医療チームであり、災害拠点病院に所属する医師、看護師、事務職によって構成される。

JMAT
日本医師会災害医療チーム（Japan Medical Association Team）は、主にDMAT撤収後の被災地医療を支援しており、国立病院機構も被災した機構内病院の支援だけでなく、DMATや避難所で医療支援等を行う医療班の派遣を行った。また、精神科医などの専門家からなる。

NGO
非政府組織（Non-governmental Organization）の略称で、開発、貧困、平和、人

道、環境等の地球規模の問題に自発的に取り組む非政府非営利組織の総称である。

NPO

　非営利組織（Non Profit Organization）の略称で、さまざまな社会貢献活動を行い、団体の構成員に対し収益を分配することを目的としない団体の総称である。

PTSD

　心的外傷後ストレス障害（Post Traumatic Stress Disorder）のことであり、人間が体験する近親者の生命や身体保全に対する重大な脅威となる、心的外傷的な出来事に巻き込まれ通常の範囲を超えた過酷な体験によって生じる心的な障害であり、特徴的な症状として、強い恐怖、無力感、戦慄を伴い、以下のような症状が続く。
　① フラッシュバック……出来事の記憶が繰り返し思い出される
　② 回避……出来事を思い出すような状況や活動を避ける
　③ 現実感覚のまひ……感情反応の低下、現実感の喪失
　④ 覚醒の亢進……不眠、いらいら、怒りっぽい、集中困難

PTSR

　被災直後からみられる心的外傷後ストレス反応（Post Traumatic Stress Reaction）という正常なストレス反応である。

エコノミークラス症候群

　避難所内では、床上生活や狭い場所（特に車中など）での寝泊まりが続いた場合、長時間同じ姿勢でいることによって運動量が低下し、血液の流れが悪くなり、血中の電解質バランス悪化により上下肢の浮腫、静脈に血液の固まりができる。この症状をエコノミークラス症候群という。この血栓がはがれて血流にのって肺に流れて、肺の血管でつまることで（塞栓）、呼吸困難やショック状態を起こす。

仮設住宅

　応急仮設住宅とは、住家が全壊、全焼または流失し、居住する住家がない者であって、自らの資力では、住家を得ることができないものを収容するものである。

クラッシュ症候群

　圧挫症候群ともいう。四肢や臀部などの筋肉量の多い部分が、倒壊した柱や壁などに長い間挟まれると、圧挫と虚血により骨格筋の炎症が起こる。救出によって、この圧迫から解放されることにより、容態が急変し、死に至ることもある症候群のことをいう（クラッシュシンドロームとも呼ぶ）。

グリーフ

　悲嘆のことである。愛する人を大切なものを失った時に体験する複雑な心理的、身体的、社会的反応をいう。その喪失の対象は人に限らず、その人にとって大事だと思うものすべてにおよぶ。

グリーフケア

　家族や愛する人との死別後の悲嘆に苦しむその人に寄り添い、あたたかく見守り、その人に備わっている自己治癒力を活用して、心の平安と日常生活が戻る過程を援助することである。

心のケアチーム

　精神科医を中心としたメンバーで構成される精神医療チームであり、災害などによる精神的ダメージに対する治療やストレス反応を軽減するために精神科医、看護師、保健師、

臨床心理士、精神保健福祉士などによって構成される。

災害関連死
建物の倒壊や火災、津波など地震による直接的な被害ではなく、その後の避難生活での体調悪化や過労など間接的な原因で死亡することである。

災害時要援護者
必要な情報を迅速かつ的確に把握し、災害から自らを守るために安全な場所に避難するなど、災害時の一連の行動をとるのに支援を要する人々をいい、一般的に高齢者、障害者、外国人、乳幼児、妊婦等があげられている。

生活不活発病
狭い空間の中で、動きが制限されることにより、生活活動の支障を来たすことによって起こる（廃用症候群）。

避難所
自宅が被災したとき、安全に過ごしたいと願う生活維持困難な人が利用する施設で地域の学校や体育館、公民館等が指定されている場合が多い。

福祉避難所
避難所は学校や公民館などが指定されているが、避難者のなかで支援が必要な高齢者や障害者など（災害時要援護者）にとっては過ごしにくい環境といえる。そのような方々に対して、災害救助法に基づいて、要援護者に対する特別な配慮をする避難所を「福祉避難所」と位置付けており、バリアフリー化されているなど要援護者の利用に適しており、防災拠点型地域交流スペースを付設する社会福祉施設や特別支援学校などが指定されている。

要介護者
身体障害者（児）では、身体障害者手帳1、2級の交付を受けている人、知的障害者では療育手帳Aの交付を受けている人、精神障害者では、精神障害者手帳1級の交付を受けている人、高齢者では、要介護の認定を受けている人、一人暮らしの人で、要支援の認定を受けている人、難病患者では、特定疾患医療受給者証を受けている人等である。

リロケーションダメージ
避難所から親類宅などを転々とするなど、環境の変化から生じる不安やストレス状態。住みなれた生活環境や人間関係から引き離された場所で、介護を受けることから生じる精神的な悪影響（ダメージ）のことをさす。認知症高齢者の場合、介護されるために（息子の家などへ）転居したり、介護施設に住み替えることで、新しい環境や人間関係が精神的なストレスとなり、精神症状や認知症が急速に進むことがある。

おわりに

　災害時の支援には、いのちを守る医療、くらしを守る行政機関、民生委員、自治会等、NPO法人、企業、ボランティア、さらに介護を守る福祉施設や介護事業所等、多くの機関や組織、人々の支援が必要となる。そのなかでも介護職は、施設や自宅で生活する地域住民と密着しており、災害時に果たす役割が大きい。

　どんな状況下にあっても、人間の生活は継続する。災害という非日常的な状況においても病気や障害をもちながら生活を送っている人々が、日常性をできるだけ早期に取り戻すことができるよう、あるいは維持できるよう、介護職が働きかけることの重要性をわれわれは東日本大震災の経験を通して学んだ。日頃の災害への備えや災害時の生活支援について考え人々の「いのち」と「くらし」を守ることが、その教訓を活かすことにつながると考える。

　介護福祉教育の役割は、社会のニーズに沿った質の高い人材を育成することにある。地震や豪雨などの自然災害は、人間の「いのち」を奪い、「日々のくらし」という日常性を奪う。超高齢社会を迎える今日、介護職に求められるものは質・量ともにきわめて増大している。災害時、地域住民のニーズを的確に把握し人間の「いのち」や「くらし」を守り、日常性を回復するために介護職が果たす役割は大きく、災害に関する基礎知識をもつことが重要である。同時に、地域のなかで、地域住民と学生が互いに助け合える互助の関係づくりを、日常のなかで築いていくことも求められる。こうした日常の関係が、いざという時の力になるのである。改めて、ここに、地域に対する大学等の教育の貢献が強く要請される意味を考えることができる。

　本書が、介護現場の皆様をはじめとして介護福祉を学ぶ学生の皆様の、平常時からの取り組み強化やスキルアップの一助になり得たら幸いである。また、本書を手にした皆様の感想やご意見をいただき、「災害介護」分野の構築につなげていきたいと考えている。

　最後に、本書籍の出版に至るまで、アンケートやインタビュー、執筆や貴重な情報をご提供いただいた、福祉施設、介護施設の関係者の皆様、介護福祉士会及び社会福祉協議会や行政の方々、ご指導をいただきました日本赤十字豊田看護大学の奥村潤子先生、東北福祉大学の富田きよ子先生、調査にご協力いただきました元中部学院大学・短期大学部の壬生尚美先生に深く感謝致します。

　同じ仲間である被災地の介護職員もまた被災者であり、犠牲者であることをわれわれは忘れてはならない。あらためて、亡くなられた方々のご冥福をお祈りするとともに、東日本大震災の被災地の1日も早い復興を心よりお祈り致します。

日本赤十字秋田短期大学介護福祉学科教授
高橋美岐子

編者・執筆者一覧

【編集】

後藤 真澄（ごとう ますみ）
中部学院大学人間福祉学部教授

高橋 美岐子（たかはし みきこ）
日本赤十字秋田短期大学介護福祉学科教授

【編集協力】

高野 晃伸（たかの あきのぶ）
中部学院大学短期大学部社会福祉学科准教授

【執筆者】（五十音順）

伊藤 奈奈（いとう なな）……………………………………第Ⅴ章第3節1(6)
福井県立大学生活支援保健管理センター

今出川 武志（いまでがわ たけし）………………………………第Ⅳ章第6節3
宮城県介護福祉士会代表理事・会長

入澤 美紀子（いりさわ みきこ）…………………………第Ⅴ章第1節コラム
医療法人　勝久会　介護老人保健施設　松原苑

漆間 伸之（うるま のぶゆき）………………………………第Ⅳ章第6節4
医療法人社団　裕正会　介護老人保健施設　ウェルケア新吉田事務長

榎本 学（えのもと まなぶ）………………………………第Ⅳ章第6節4
医療法人社団　裕正会　介護老人保健施設　ウェルケア新吉田通所リハビリテーション主任

大藪 元康（おおやぶ もとやす）………………………………………第Ⅲ章
中部学院大学人間福祉学部准教授

菊池 啓子（きくち けいこ）………………………………第Ⅴ章第2節4
中部学院大学短期大学部幼児教育学科准教授

後藤 真澄（ごとう ますみ）…………第Ⅰ章、第Ⅱ章第6節、第Ⅳ章第1～4節、第Ⅴ章第1節2・3、第2節1・2
中部学院大学人間福祉学部教授

佐藤 沙織（さとう さおり）………………………………第Ⅴ章第2節5～7
日本赤十字秋田短期大学介護福祉学科助教授

高野 晃伸（たかの あきのぶ）……………第Ⅳ章第6節2、第7節、第Ⅴ章第1節1、第2節8・9、第3節3
中部学院大学短期大学部社会福祉学科准教授

高橋 謙一（たかはし けんいち）…………………………………………第Ⅵ章
日本赤十字秋田短期大学介護福祉学科講師

高橋 美岐子（たかはし みきこ）………………第Ⅱ章第1～5節、第Ⅴ章第2節3、第3節1・2
日本赤十字秋田短期大学介護福祉学科教授

内藤 圭之（ないとう けいし）………………………………第Ⅳ章第6節4(1)
医療法人財団　青山会　福井記念病院理事長

長縄 伸幸（ながなわ のぶゆき）……………………………………………………………第Ⅳ章第5節
特定医療法人フェニックス・社会福祉法人フェニックス理事長

中庭 良枝（なかにわ よしえ）…………………………………………………………第Ⅳ章第6節4⑵
医療法人財団　青山会　福井記念病院看護部長

早川 潤一（はやかわ じゅんいち）………………………………………………………第Ⅴ章第1節4
中部学院大学人間福祉学部准教授

林 妙和（はやし みょうわ）………………………………………………………………第Ⅴ章第3節4
日蓮宗僧侶

松田 彰洋（まつた あきひろ）……………………………………………………………第Ⅳ章第6節1
宮城県美里町社会福祉協議会事務局長

吉田 理（よしだ おさむ）…………………………………………………第Ⅳ章第4節2、第Ⅴ章第4節
特定医療法人フェニックス・社会福祉法人フェニックス　法人本部企画管理室室長

災害時の要介護者へのケア
いのちとくらしの尊厳を守るために

2014年2月15日 発行

編　集	後藤真澄・高橋美岐子
発行者	荘村明彦
発行所	中央法規出版株式会社
	〒151-0053　東京都渋谷区代々木2-27-4
	代　　表　TEL：03-3379-3861　FAX：03-3379-3820
	書店窓口　TEL：03-3379-3862　FAX：03-3375-5054
	編　　集　TEL：058-231-8745　FAX：058-231-8166
	http://www.chuohoki.co.jp/

印刷・製本　　三協印刷株式会社
装幀デザイン　藤田ひかる（株式会社ユニオンワークス）

ISBN978-4-8058-3964-5
落丁本・乱丁本はお取り替えいたします。
定価はカバーに表示してあります。